# A bem-aventurança
# da chama interior

LAMA THUBTEN YESHE

# A bem-aventurança da chama interior

## Prática do coração das Seis Yogas

Editado por **Robina Courtin** e **Ailsa Cameron**
Introdução de **Jonathan Landaw**

Tradução
**Lúcia Helena de Brito**

São Paulo
2009

Editora Gaia

© Lama Thubten Yeshe, 2006.

1ª Edição, Editora Gaia, São Paulo 2009

*Diretor Editorial*
Jefferson L. Alves

*Diretor de Marketing*
Richard A. Alves

*Gerente de Produção*
Flávio Samuel

*Coordenadora Editorial*
Dida Bessana

*Tradução*
Lúcia Helena de Brito

*Preparação de texto*
Denise Dognini

*Revisão*
Regina Machado
Tatiana F. Souza

*Capa*
Reverson R. Diniz

(IMAGENS DE CAPA: LAMA TSONGKHAPA, EM POSIÇÃO DE DOMBHI HERUKA, UM DOS 84 MAHASIDDHAS.
© VÖLKERKUNDEMUSEUM DER UNIVERSITÄT ZÜRICH. FOTO DE PETER NEBEL.
EXTRAÍDO DE GREAT KAGYU MASTERS, DE KHENPO KONCHOG GYALSTEN)

*Projeto e Editoração Eletrônica*
Luana Alencar

**Dados Internacionais de Catalogação na Publicação (CIP)**
**(Câmara Brasileira do Livro, SP, Brasil)**

Thubten Yeshe
  A bem-aventurança da chama interior: prática do coração das Seis Yogas de Naropa / Lama Thubten Yeshe ; [tradução Lúcia Helena de Brito]. – 1. ed. – São Paulo : Gaia, 2009.

  Título original : The bliss of inner fire : heart practice of the six yogas of Naropa.
  ISBN 978-85-7555-210-0

  1. Budismo – China – Tibete 2. Oração 3. Thubten Yeshe, 1935-1984 – Ensinamentos 4. Yoga – Budismo tântrico I. Título.

09–06459                                                                 CDD–294.3923

**Índices para catálogo sistemático**
1. Lama Thubten Yeshe : Ensinamentos : Budismo tibetano   294.3923

*Direitos Reservados*
**Editora Gaia Ltda.**
(pertence ao grupo Global Editora
e Distribuidora Ltda.)

Rua Pirapitingui, 111-A – Liberdade
CEP 01508-020 – São Paulo – SP
Tel.: (11) 3277-7999 – Fax: (11) 3277-8141
e-mail: gaia@editoragaia.com.br
www.editoragaia.com.br

Obra atualizada
conforme o
**Novo Acordo
Ortográfico da
Língua
Portuguesa**

Colabore com a produção científica e cultural.
Proibida a reprodução total ou parcial
desta obra sem a autorização do editor.

Nº de Catálogo: **2856**

*A bem-aventurança
da chama interior*

Prática do coração das Seis Yogas

# Sumário

Apresentação – Lama Thubten Zopa Rinpoche .................................................. 8
Prefácio dos editores .......................................................................................... 20
Introdução – Jonathan Landaw .......................................................................... 23
Prece para os Lamas da linhagem das Seis Yogas de Naropa ........................... 33
Prece resumida da linguagem ............................................................................ 37

## Parte 1 – As Seis Yogas de Naropa

Tantra e chama interior ...................................................................................... 40
As Seis Yogas e o Mahasiddha Naropa ............................................................. 45
O Mahasiddha Dje Tsongkhapa ......................................................................... 49
O importante é praticar ...................................................................................... 53

## Parte 2 – Práticas Preliminares

Preparando a mente ........................................................................................... 60
Recebendo iniciação ........................................................................................... 64
Purificando negatividades ................................................................................... 67
A inspiração do guru ........................................................................................... 70

## Parte 3 – Indo além das aparências

Transformando a morte, o estado intermediário
  e o renascimento ............................................................................................. 78
Surgindo como um ser divino ............................................................................. 85
As características de corpo e mente ................................................................... 92
Unificando relativo e absoluto ............................................................................. 97

## Parte 4 – Despertando o corpo vajra

Hatha yoga ......................................................................................................... 104
Canais e chakras ................................................................................................ 109

Sílabas bem-aventuradas ............................................................................. 117
Meditação da respiração do vaso ............................................................. 124

## Parte 5 – DESCOBRINDO A TOTALIDADE

Meditação da chama interior .................................................................... 132
Coisas boas e coisas ruins podem acontecer ......................................... 142
Grande sabedoria bem-aventurada nascida simultaneamente ............ 154
Tornando-se Vajradhara ............................................................................ 161

## Parte 6 – VIVENDO COM A CHAMA INTERIOR

Seu prazer é responsabilidade sua .......................................................... 168
Jamais esqueça a chama interior ............................................................. 173

### Apêndice 1
Guia de pronúncia em sânscrito .............................................................. 180

### Apêndice 2
Relação de transliterações de palavras estrangeiras ............................ 181

### Apêndice 3
Resumo de *Tendo as três convicções*: um guia para os estágios do
   caminho profundo das Seis Yogas de Naropa ................................. 187

Glossário ..................................................................................................... 190
Bibliografia ................................................................................................. 207
Sugestões de leitura adicional ................................................................. 209
Índice remissivo ........................................................................................ 211

# Apresentação

Lama Thubten Zopa Rinpoche

As inimagináveis qualidades e ações secretas de um Buddha são objeto de conhecimento apenas das mentes oniscientes de outros Buddhas. Portanto, não há como seres ordinários conseguirem entender as qualidades secretas de Lama Yeshe; eles apenas podem vê-las de acordo com o nível de sua mente. Contudo, uma vez que a experiência pessoal é um dos meios mais efetivos de compreender que a essência do guru é Buddha, gostaria de lembrar mais uma vez as maravilhosas qualidades de Lama Yeshe que tive o Karma de observar.

## AS QUALIDADES DO CORPO SAGRADO DO LAMA

Mesmo pessoas que nunca encontraram o Lama Yeshe têm uma sensação muito afetuosa simplesmente ao ver uma fotografia dele; sentem imediatamente que ele foi alguém muito bondoso e interessado pelos outros. Certa vez, enviei uma foto do Lama entre um grupo de monges a Audrey Cohen, uma amiga inglesa com quem me correspondia. Embora não tivesse dito qual dos monges era o Lama, Audrey escreveu-me para dizer que tivera uma sensação muito boa ao ver determinado monge na fila de trás; esse monge era o Lama.

Muitas pessoas reagiam de modo semelhante ao ver o corpo sagrado do Lama. Embora muitos tibetanos não soubessem quem era Lama Yeshe e não tivessem ouvido falar de sua formação como grande erudito, ficavam muito felizes simplesmente por vê-lo e, com frequência, passavam a sentir devoção por ele. Certa vez, quando visitávamos Bodhgaya, alguns tibetanos do Sikkim encontraram-no na rua e imediatamente sentiram nele uma pureza sagrada; sentiram que devia ser um grande bodhisattva. O encontro lhes causou um impacto tão forte que perguntaram a monges que estavam por perto quem era o Lama. Mas ninguém sabia ao certo. Naquela noite, um dos tibetanos veio me ver e explicou-me o quanto todos eles haviam ficado impressionados ao encontrar o Lama na rua. Ele acreditava piamente que o Lama era um grande ser sagrado.

A simples visão do corpo sagrado do Lama trazia paz e alegria à mente, e um desejo de vê-lo mais vezes. Mesmo sem serem apresentadas a ele, as pessoas naturalmente respeitavam-no. Mesmo quem não havia encontrado o Dharma sentia que o Lama era diferente das pessoas ordinárias. Quando conheciam o Lama, as pessoas percebiam qualidades muito particulares de pureza e santidade; não só sentiam que ele era culto, mas também que possuía uma qualidade espiritual muito profunda.

De um ponto de vista geral, o aspecto físico do Lama mudou com o desenvolvimento de sua mente. Por muitos anos antes de seu falecimento, ele pareceu muito leve e radiante. Essa era uma expressão de suas realizações tântricas. Aqueles que estavam cientes dos sinais podiam reconhecer as mudanças externas que evidenciavam seu desenvolvimento interior, especialmente do estágio de completude das realizações tântricas.

Mesmo enquanto o Lama exibia um aspecto de grave enfermidade, repentinamente parecia tão brilhante e magnífico que quase se podia pensar que ele não estivesse doente. Em virtude de sua grande compaixão, o Lama manifestou os vários aspectos necessários para subjugar diferentes seres sencientes.

## AS QUALIDADES DA FALA SAGRADA DO LAMA

A fala sagrada do Lama era como néctar e seu poder é a experiência pessoal daqueles que receberam ensinamentos dele. Cada uma das palavras provinha de sua bodhichitta; cada uma de suas palavras destinava-se aos outros.

Quando outros lamas tibetanos proferem uma palestra pública no Ocidente, onde em geral há iniciantes no Dharma, com frequência falam sobre temas com os quais estão familiarizados, em vez de temas sobre os quais as pessoas da plateia precisam ouvir. Porém, o Lama geralmente não falava sobre um tema fixo, mas abordava os vários problemas – espirituais e terrenos – das pessoas na plateia.

Como se oferecesse um bufê, o Lama falava de um tema, depois passava para outro, e mais outro, sem que necessariamente houvesse uma conexão entre os assuntos. Embora pudessem não apreciar todos alimentos oferecidos, todos achavam algo de que gostassem entre os vários pratos. Não importava a classe social ou o grau de escolaridade, todos recebiam uma resposta para seus problemas, adequada à natureza de sua mente. Embora pudessem ter chegado com a mente confusa, as pessoas voltavam para casa extremamente felizes e satisfeitas. Depois de uma hora de palestra do Lama, ninguém podia dizer que não havia encontrado a solução para seus problemas. Essa espantosa habilidade é prova de que a ação sagrada de ensinamento do Lama era a ação de Buddha.

Alguns poderiam pensar que o Lama estava apenas contando piadas para divertir as pessoas, mas aqueles com um embasamento no Dharma apreciavam o caráter prático de suas palestras. Alguém que seguisse o Buddhadharma por vinte anos e já tivesse ouvido muitos ensinamentos profundos e secretos ainda assim consideraria as palestras do Lama práticas e benéficas. Os conselhos do Lama não eram utópicos; podiam ser aplicados à vida cotidiana.

Algumas pessoas iam às palestras do Lama por curiosidade, só para ver como era um lama tibetano; não tinham um desejo específico de receber ensinamentos de um monge tibetano ou de estudar os ensinamentos de Buddha. Outras iam sinceramente buscar paz mental e alguma solução para os problemas de suas vidas. Levando em conta sua aparência, provavelmente não esperavam que o Lama tivesse algum método para resolver problemas. Contudo, quanto mais o escutavam, mais pacificadas ficavam suas mentes e mais as qualidades especiais do Lama eram apreciadas. Mesmo pessoas com imenso orgulho do próprio conhecimento, que ninguém conseguiria aniquilar, tinham o orgulho abrandado ao ouvi-lo falar. A pessoa tornava-se naturalmente mais humilde com o ensinamento. Ao mesmo tempo, o próprio Lama era de uma humildade incrível, a qualidade de uma pessoa culta.

Depois de ouvi-lo falar por uma hora, as pessoas na plateia percebiam que aquele lama tibetano era notável, com vasto conhecimento e muitas respostas que elas não tinham. Durante aquela uma hora, elas eram imensamente inspiradas a aprender mais sobre o budismo tibetano; o refúgio no Dharma era efetivado em suas mentes. O Lama era incrivelmente bondoso, porque plantava a primeira inspiração para escutar o Dharma sagrado e depois aplicá-lo na prática. Dessa inspiração provém a iluminação.

Quando o Lama aconselhava pessoalmente seus alunos, dava a cada um o conselho exato de que precisava e o deixava extremamente feliz. O Lama tinha uma incrível capacidade de perceber as várias soluções que se ajustavam ao nível mental de cada pessoa. Quando aconselhava as pessoas, ele não se baseava em dados e escrituras; suas predições provinham de sua sabedoria.

Quando o Lama ministrava cursos introdutórios sobre LamRim, o caminho gradual para a iluminação, as pessoas que o escutavam sentiam que quase podiam transformar sua mente nas realizações do caminho para a iluminação. Quando, por exemplo, o Lama dava ensinamentos sobre bodhichitta, mesmo que por poucos minutos, em virtude de sua realização pessoal de bodhichitta, as pessoas da plateia sentiam como se tivessem obtido a realização de bodhichitta. Isso não dava oportunidade para o surgimento de uma atitude egoísta.

Quando o Lama ensinava sobre tantra ocorria o mesmo. Um sinal de ter atingimentos no caminho tântrico é que os ensinamentos sobre tantra do praticante são muito claros e muito eficientes. Isso ficava óbvio quando o Lama ensinava sobre práticas do estágio de completude, como as Seis Yogas de Naropa. Só de ouvir seus ensinamentos sobre as Seis Yogas e fazer uma ou duas meditações, muitos alunos tinham experiências. A clareza e o efeito dos ensinamentos comprovavam que estes provinham da experiência do Lama no caminho tântrico.

Essa é a essência da pequena compreensão que um ser ordinário poderia ter das qualidades da fala sagrada do Lama. Depois de ouvi-lo falar, as pessoas não tinham dúvida de que ele era um ser sagrado, um grande bodhisattva. Assim como o sol nascente dissipa a escuridão da Terra, por meio de seus ensinamentos o Lama dissipava a escuridão da ignorância da mente de muitas pessoas.

## AS QUALIDADES DA MENTE SAGRADA DO LAMA

O Lama tinha o coração e a mente muito abertos; ele era aberto a todas as tradições do budismo tibetano e a todas as religiões. Tinha uma visão muito ampla e também era muito sagaz. Não havia nada de estreito, fechado ou limitado em sua abordagem de vida. Ele não era o tipo de pessoa que anda por uma estrada estreita.

Embora o Lama não tivesse reputação de erudito, era respeitado por lamas de todas as tradições do budismo tibetano. O Lama tinha um entendimento do sutra e do tantra não só de acordo com a apresentação Gelug, mas também conforme as visões Nyingma, Sakya e Kagyu. Era versado não apenas em cultura tibetana, mas também em cultura e filosofia ocidentais, que havia estudado a sério. O Lama não se confundia com palavras e aparências que pareciam implicar diferenças entre sutra e tantra e as várias ordens. Ele verificava o significado por detrás das palavras para chegar a seu próprio entendimento; depois, concentrava-se em pôr aquele significado em prática. Essa era uma qualidade particular de Lama Yeshe.

A verdadeira essência da mente sagrada do Lama era a grande compaixão, assim como é com Sua Santidade, o Dalai Lama. O Lama era repleto de grande compaixão, zelando pelos outros seres sencientes. Pode-se perceber a grande bondade amorosa do Lama pelo modo como ele cuidava de seus alunos, como se fossem bebês. Ele era mais do que uma mãe, mais do que um pai. Não apenas dava ensinamentos a seus alunos, mas os encorajava constantemente na prática do Dharma e os ajudava a resolver os problemas. Como um pai, escutava todos problemas e em seguida dava conselhos pessoais, bem como ensinamentos. Escrevia muitas cartas todos dias, tarde da noite, para aconselhar seus alunos. Embora tivesse muitas outras coisas para fazer, o Lama dedicava muito de seu tempo e de sua vida à solução dos problemas de seus alunos e de suas famílias.

O Lama misturava-se às pessoas, entretendo-as de qualquer forma que as deixasse felizes e dissolvendo o aperto em seus corações. Para deixá-las felizes, ele ia à praia ou a restaurantes. Como fazia essas coisas apenas para beneficiar os outros, elas se tornavam causas para o desenvolvimento de sua própria mente e de suas realizações.

O Lama disse-me que a questão era transformar cada ação – comer, beber, dormir – em Dharma, de modo que sua vida se tornasse significativa. O Lama costumava dizer que alguns seres usavam até mesmo a respiração para beneficiar os outros. Embora o Lama não dissesse isso, eu sentia que, na verdade, ele estava descrevendo suas próprias qualidades e experiências, particularmente sua realização de bodhichitta.

Apesar de muitos médicos advertirem-no da gravidade de sua condição cardíaca, o Lama estava sempre extremamente ocupado viajando, ensinando, escrevendo, lendo, dirigindo os Centros da FPMT e dando conselhos aos alunos. Quando o Lama estava no Monastério de Kopan, por exemplo, embora estivesse envolvido em dar orientação a todos os Centros e alunos individuais, ensinava os monges de lá, cuidava da alimentação e das vestimentas deles, supervisionava o que acontecia na cozinha e na biblioteca, regava o jardim – e ainda achava tempo para lavar os cachorros com sarna. Ele executava tantas coisas em um só dia em virtude da intolerável compaixão que sentia por seres sencientes em sofrimento.

Desde a primeira vez que o Lama fez exames de raios X em Katmandu, no início da década de 1970, os médicos já disseram que ele não viveria muito. O primeiro médico disse-lhe que sua condição cardíaca era tão grave que ele teria apenas um ano de vida. Posteriormente, muitos médicos fizeram o mesmo diagnóstico. Entretanto, mesmo com sua condição física ameaçada de morte, o Lama viveu por muitos anos, durante os quais viajou extensivamente e envolveu-se em muitas atividades. O Lama dedicou sua vida aos outros.

Uma pessoa comum, com uma saúde tão perigosamente frágil, não conseguiria viver nem realizar tanto. Em virtude da intolerável compaixão que sentia por seus alunos, o Lama tentou viver o máximo de tempo possível para orientá-los e ajudá-los a tornar suas vidas significativas. Em vida, dedicou integralmente seu tempo e sua energia aos outros, dia e noite. O Lama foi capaz de manter-se vivo mesmo quando fisicamente a situação parecia irremediável em virtude do poder de sua grande bodhichitta, sua força de vontade e suas realizações tântricas.

Outro dos poderes particulares do Lama era a visão de longo alcance; ele tinha a capacidade de fazer grandes planos para beneficiar os ensinamentos e os seres sencientes. Muita gente não conseguia compreender a escala dessas obras e achava que os projetos eram difíceis demais de se executar. Contudo, quando os planos do Lama eram efetivados, mostravam-se altamente benéficos para aqueles que os haviam levado a cabo, bem como para muitos outros seres sencientes. Essas grandes obras revelavam as qualidades da mente sagrada do Lama: sua grande compaixão, grande vontade, capacidade e entendimento. Se o Lama não tivesse uma atitude tão intrépida de trabalhar pelos outros, além do planejamento e da execução de tais projetos, nem mesmo a ideia deles teria surgido.

Para mim, uma das qualidades mais espantosas do Lama era que, embora ficasse tão ocupado dirigindo todos os Centros da FPMT e alunos individuais, sua própria prática e suas realizações não degeneravam. Na verdade, a prática do Lama desenvolveu-se mês a mês, ano após ano. Essa incrível capacidade é um dos principais motivos de minha fé no Lama. Quando ele visitava cada Centro, via todos alunos e os aconselhava, bem como cuidava do Centro em si. Enquanto trabalhava plenamente pelos outros, fazendo centenas de coisas, o Lama ainda era capaz de fazer sua própria prática e sempre havia desenvolvimento de suas realizações.

De certo modo, parece que o Lama nasceu com as realizações dos três caminhos principais: renúncia, bodhichitta e visão correta. O Lama mostrou claros sinais de renúncia nesta vida. Quando era criança, ficou durante certo tempo no Monastério de Sera e depois voltou para visitar a família. Ver os sofrimentos e as privações da vida familiar e a grande diferença entre ser monge e viver uma vida mundana laica o fez valorizar os incríveis benefícios de viver em ordenação. Ao visitar a casa de sua família, o Lama desenvolveu a renúncia e não teve o mais leve interesse pela vida mundana.

Embora o Lama desse a impressão de ter nascido com bodichitta, segundo o que ele realmente dizia, parece ter gerado bodhichitta enquanto recebia um comentário de Lama Chöpa de Sua Santidade Trijang Rimpoche, o falecido Tutor Júnior de Sua Santidade o Dalai Lama. O Lama, com o grande meditante Gen Jampa Wangdu, Gueshe Lama Könchog e milhares de outros monges, inclusive muitos gueshes eruditos e lamas elevados, recebeu o comentário de Lama Chöpa. Após ouvir o comentário, muitos gueshes deixaram o monastério e foram para as montanhas nos arredores para meditar e levar vidas ascéticas.

Quando chegou ao comentário sobre a prece LamRim no Lama Chöpa, o Lama disse que não encontrou nada novo no trecho sobre impermanência e morte. Também não encontrou nada de especial na parte sobre renúncia. Mas, quando chegou ao trecho sobre bodhichitta, sobre nivelar e trocar o eu pelos outros, o Lama disse que sentiu muito fortemente que esse era o real ensinamento de Buddha, o verdadeiro coração do Dharma.

O Lama disse que, enquanto ele e Gen Jampa Wangdu recebiam esses ensinamentos, eles não perderam tempo; meditaram todos dias imediatamente depois das sessões. Em termos gerais, a impressão é de que o Lama gerou a realização de bodhichitta naquela ocasião.

Quando Gen Jampa Wangdu visitava o Lama no Centro de Retiros Tushita, em Dharamsala, eles frequentemente se provocavam. O Lama sempre desmerecia os monges ascetas, dizendo que, embora fisicamente pudessem estar vivendo nas altas montanhas, suas mentes estavam agarradas às coisas mundanas. O Lama, então, dizia: "Oh, mundo inteiro vem a mim. Eu tenho tudo e desfruto disso".

Gen Jampa Wangdu costumava dizer: "O treinamento da mente nos três caminhos principais é uma conversa antiga". Isso significava que ele havia completado as realizações havia muito tempo. O Lama, então, replicava: "Oh, eu realizei a vacuidade há um tempão, quando debatia sobre o Madhyamaka no pátio de Sera Dje". O Lama dizia que havia realizado a vacuidade quando era um jovem monge no Tibete.

Em termos de prática tântrica, a divindade principal do Lama era Heruka Chakrasamvara. Eu não sabia muito sobre as escrituras quando o Lama e eu vivemos juntos em Buxa Duar,[1] mas mesmo naquele tempo, quando o Lama estava estudando as regras de disciplina de Buddha, ele já lia muitos textos tântricos. Desde a época em que fomos da Índia para o Nepal em 1968, o Lama leu apenas ensinamentos tântricos, não tanto sobre o estágio de geração de Heruka, mas sobre o estágio de completude. De tempos em tempos, eu olhava os textos que ele estava lendo. Em 1975, na segunda turnê de ensinamentos pela América, ficamos um mês em Madison, próximo à casa de Gueshe Sopa Rinpoche, em férias. Naquele tempo, o Lama estava lendo vários textos tântricos que abordavam a clara luz. Isso indica que o Lama era experimentado nessas práticas e tinha esses atingimentos.

---

1 Buxa Duar, em Bengala Ocidental, Índia, local onde foi instalada a maioria dos monges tibetanos que fugiram para a Índia em 1959; durante o governo britânico, fora um campo de prisioneiros.

Uma das qualidades especiais do Lama era que ele nunca mostrava aos outros que era um grande praticante. Mesmo àqueles próximos a ele, o Lama nunca exibiu a aparência de meditação. Nunca se via o Lama sentado com as pernas cruzadas em postura de meditação por muito tempo. Ou ele estava muito ativo, ou estava relaxado. Contudo, o Lama a praticava muito habilmente. Como Shantideva, era um grande yogue oculto. Quando Shantideva estava em Nalanda, os outros monges do monastério pensavam que ele passava o tempo todo fazendo apenas três coisas: comendo, dormindo e defecando. Não imaginavam que Shantideva fizesse qualquer prática do Dharma.

Como Shantideva, o Lama mantinha sua verdadeira meditação oculta. Quer estivesse no Ocidente ou no Oriente, todos dias, depois do almoço, o Lama geralmente ia descansar por uma ou duas horas; na verdade, todas aquelas "sestas" eram sessões de meditação. No começo, não percebia o que o Lama estava fazendo e pensava que seu descanso fosse apenas um cochilo ordinário; aos poucos, percebi que era, na verdade, meditação. A realidade é que, quando o Lama parecia estar dormindo, à noite e depois do almoço, ele estava praticando o Dharma de forma muito hábil.

Lembro de um dia no Monastério de Kopan quando a família de Yangtse Rinpoche foi nos visitar depois do almoço. Yangtse Rinpoche é a encarnação de um famoso lama, Gueshe Ngawang Gendun, que foi um dos professores do Lama. O pai de Yangtse Rinpoche, Jampa Thinley, foi colega de aula do Lama no Tibete e era um amigo próximo. Em virtude da visita, o Lama não teve tempo de descansar após o almoço e, depois que a família foi embora, ele disse ter sentido muito não ter tido tempo para descansar. O Lama pareceu muito desolado, como qualquer pessoa que tivesse perdido um grande saco de ouro. Para alguém que não estivesse ciente da prática oculta do Lama, pareceria que ele estava agarrado ao conforto de dormir. Não fazia sentido sentir-se tão desolado por ter perdido uma hora de descanso, especialmente para um praticante do Dharma.

O "repouso" do Lama não tinha nada a ver com um problema físico ou com Karma e pensamentos perturbadores. Era para garantir a continuidade de suas realizações do caminho. Visto que, uma vez que um praticante tenha realizações, a continuidade da experiência precisa ser mantida por meio da meditação diária; mesmo poucos minutos de meditação tornam-se extremamente preciosos.

Na segunda e última vez que o Lama esteve em Kopan, um dia foi descansar em uma cabaninha no topo do morro. Quando voltou, disse: "É estranho. Normalmente não adormeço, mas dessa vez caí no sono por poucos minutos e sonhei que um poderoso protetor estava fazendo oferendas para mim". Foi uma mera observação, mas mostra que, quando o Lama repousava depois do almoço, ele normalmente não dormia.

Além disso, com frequência o Lama dizia que era importante ingerir alimentos como coalhada, mel, alho e carne. Entendi o motivo disso somente quando vi na Coleção de notas de Pabongka Dechen Nyingpo que meditantes com realizações do estágio de completude usam esses alimentos para desenvolver os elementos e as gotas em seu corpo, de modo que tenham experiências mais intensas da clara luz e fortaleçam as condições para o corpo ilusório. O Lama ingeria esses alimentos não para beneficiar seu corpo, mas para desenvolver suas realizações. Estava preocupado não com a saúde física externa, mas com a saúde mental interna.

Quando o Lama solicitou a Sua Santidade Trijang Rinpoche ensinamentos sobre as Seis Yogas de Naropa, Rinpoche aconselhou-o a solicitar os ensinamentos de Sua Santidade, o Dalai Lama, que possuía experiência recente da prática. O Lama recebeu os ensinamentos sobre as Seis Yogas na sala privativa de meditação de Sua Santidade – uma salinha desprovida de mobília. Enquanto recebia os ensinamentos, o Lama praticou e teve muitas experiências.

Certa vez, em Dharamsala, quando tive lung, ou doença do vento, o Lama me disse: "Com a efetivação de bem-aventurança e vazio, não existe doença do vento. Não existe lugar para aperto se você tem bem-aventurança no coração". Achei que o Lama estivesse falando de sua experiência pessoal. Grandes meditantes, mesmo quando lidam com problemas, não experienciam depressão em virtude de suas realizações tântricas. Penso que a realização de bem-aventurança e vazio do Lama subjugou seus muitos problemas com os Centros de Dharma e os alunos. Ele jamais ficava deprimido e estava sempre muito feliz.

No fim de 1982, o Lama ministrou o primeiro curso sobre as Seis Yogas de Naropa no Instituto Lama Tzong Khapa, na Itália. Daquela ocasião em diante, embora normalmente não viajasse com thangkas e fotografias, o Lama sempre manteve consigo uma fotografia específica de Lama Tsongkhapa. Era um cartão-postal comum, mas o Lama disse que era muito precioso, e em minha visão ele pareceu ter muito mais devoção por Lama Tsongkhapa. Quando retornou do curso, o Lama me contou: "Enquanto eu estava no Instituto Lama Tzong Khapa, fiz a autoiniciação de Heruka todas as manhãs antes de ensinar as Seis Yogas de Naropa. Pareceu beneficiar muito os alunos. Como eu li muitas escrituras, os ensinamentos foram muito produtivos, e muita gente teve experiências". Naquela época, o Lama estava lendo o trecho sobre corpo ilusório do estágio de completude do Guhyasamaja, na Lâmpada iluminando completamente os cinco estágios, de Lama Tsongkhapa, que contém o ensinamento mais extensivo sobre o corpo ilusório. O Lama, então, acrescentou: "Naquela ocasião, desenvolvi uma devoção incrivelmente profunda por Lama Tsongkhapa em virtude de seus profundos ensinamentos".

Jacie Keeley, secretária do Lama, também contou-me que, durante o curso no Instituto Lama Tzong Khapa, certa manhã ela percebeu que o Lama estava chorando, pouco antes de começar seu ensinamento sobre as Seis Yogas. Depois que o Lama voltou do ensinamento, Jacie perguntou-lhe por que havia chorado. O Lama disse: "Eu vi meu guru". Parece que o Lama viu Sua Santidade Trijang Rinpoche, seu guru de raiz, que falecera havia mais de um ano.

O Lama escreveu um poema em louvor das explicações claras de Lama Tsongkhapa sobre o corpo ilusório. O Lama disse ter estado em dúvida sobre como efetivar o corpo ilusório até ler os escritos de Lama Tsongkhapa sobre o assunto. Ele sentiu que foi apenas pela bondade de Lama Tsongkhapa que as práticas do corpo ilusório foram esclarecidas. O Lama também escreveu um comentário sobre as Seis Yogas de Naropa, mas não o concluiu.

Em minha opinião, o Lama efetivou o corpo ilusório quando estava no Instituto Lama Tzong Khapa. Penso isso porque ele disse que havia encontrado uma fé incrível em Lama Tsongkhapa e porque, na época, ele só lia textos sobre o corpo ilusório, basicamente do Guhyasamaja Tantra. Relaciono a devoção do Lama a Lama Tsongkhapa ao fato de este ter dado as mais claras e extensivas explicações sobre como atingir o corpo ilusório.

Ao examinar os textos que o Lama levou consigo para o Instituto Vajrapani, em meados de 1983, quando ministrou o segundo curso sobre as Seis Yogas de Naropa, verifiquei que eram todos sobre o Guhyasamaja e o corpo ilusório. Isso indica que o Lama havia obtido o corpo ilusório.

O Lama parecia ser capaz de ler vários textos em salas diferentes, ao mesmo tempo. Quando estava em retiro no Centro de Retiros Tushita, por exemplo, o Lama abria um texto na sala de retiro, outro na sala externa e mais outro na estufa. Isso me fazia lembrar das histórias que Sua Santidade Zong Rinpoche contou sobre meditantes que efetivaram o corpo ilusório. Enquanto dormiam à noite, eles usavam o corpo sutil para ler e memorizar várias escrituras ao mesmo tempo. Achei que o Lama era capaz de ler tantos textos em tempo tão pequeno porque o fazia à noite, com o corpo ilusório. Pelo modo tão confiante com que o Lama falava sobre as muitas ações que um yogue pode fazer com seu corpo sutil, pude ver que ele mesmo tinha tal poder.

Certa manhã, no Centro de Retiros Tushita, quando uma nova casa de retiro estava em construção, um grande incêndio irrompeu. Os marceneiros e outros trabalhadores tentavam apagar o fogo com água, mas todos temiam que o incêndio estivesse fora de controle. Naquele momento, o Lama estava tomando o desjejum ali perto, no terraço de sua casa, com seu irmão, Gueshe Thinley. O Lama nem se levantou para olhar o incêndio. Apenas ficou sentado em sua cadeira, bastante relaxado. Todos nós estávamos bastante preocupados, mas o Lama não se abalou. Quando fui ter com ele, o Lama disse: "O incêndio não é um grande perigo. Não vai causar nenhum mal".

Embora as chamas fossem muito altas, o Lama permaneceu relaxado e mencionou a história de um monastério tibetano que pegou fogo nos tempos de Lama Tsongkhapa. Lama Tsongkhapa não precisou de água nem de um monte de gente para ajudá-lo. Simplesmente permaneceu sentado onde estava e usou seu corpo sutil para apagar o incêndio. Senti que a história estava relacionada às ações do Lama para conter o perigo do incêndio.

Lama Yeshe foi um grande praticante tântrico, um verdadeiro asceta meditante, embora não vivesse sozinho em uma caverna. O Lama foi um grande yogue oculto. Foi uma base válida para se rotular de "yogue", não porque soubesse executar rituais tântricos, mas porque tinha realizações inequívocas da clara luz e do corpo ilusório. Ele atingiu o estágio do tantra mahamudra.

◆◆◆

Pouco antes de falecer, quando estava considerando se faria uma cirurgia no coração, o Lama disse: "Não importa se a operação vai ser bem-sucedida ou não. Usei a mim mesmo como um servo dos outros. Fui capaz de fazer o bastante e agora estou completamente satisfeito. Não tenho preocupações".

Este é um grande ensinamento para nós; é o ensinamento essencial de Lama Yeshe e do Guru Buddha Shakyamuni.

Conforme diz Shantideva, em *Guia para o modo de vida do Bodhisattva*:[2]

> Que eu possa me tornar um protetor para aqueles sem nenhum,
> Um guia para aqueles que entraram no caminho;
> Que eu possa me tornar uma ponte, um barco e um navio
> Para aqueles que desejam atravessar.

---

2  Versos 18 e 19 no capítulo 3.

Que eu possa ser uma ilha para aqueles que buscam uma
E uma lâmpada para aqueles necessitados de luz,
Que eu possa ser um leito para todos que desejam descansar
E um servo para todos que desejam um servo.

Esse foi o ensinamento principal do Lama e exatamente o que ele praticou a vida toda. Esta é a biografia essencial de Lama Yeshe.

♦♦♦

*Esta apresentação foi compilada de várias palestras dadas por Lama Thubten Zopa Rinpoche, o discípulo do coração de Lama Yeshe. Quando Lama Yeshe faleceu, em 1984, Rinpoche tornou-se o diretor espiritual da FPMT, rede internacional estabelecida por Lama Yeshe, atualmente com mais de cem centros para o estudo e a prática do budismo tibetano e outras atividades. Detalhes da biografia de Lama Yeshe podem ser encontrados em suas obras publicadas, relacionadas no fim deste livro.*

# Prefácio dos editores

*A bem-aventurança da chama interior* combina os dois últimos grandes ensinamentos dados por Lama Thubten Yeshe (1935-1984), ambos comentários sobre o texto *Tendo as três convicções*, de Lama Tsongkhapa, este mesmo um comentário sobre as Seis Yogas de Naropa, prática do estágio de completude do Yoga Tantra Superior. O primeiro ensinamento de Lama Yeshe sobre as Seis Yogas foi dado a 150 alunos no Instituto Lama Tzong Khapa, seu centro perto de Pomaia, na Itália, durante um curso de três semanas, em estilo de retiro, iniciado em meados de dezembro de 1982. Em junho de 1983, o Lama ensinou sobre as Seis Yogas para cem alunos durante duas semanas em outro curso em estilo de retiro, dessa vez no Instituto Vajrapani, seu centro no norte da Califórnia.

Em ambos os cursos, a ênfase principal de Lama Yeshe foi a prática da chama interior (tummo, em tibetano), a primeira das Seis Yogas. O Lama disse que seu objetivo não era cobrir todos temas do texto de Lama Tsongkhapa e, de fato, ensinou apenas um terço dele em detalhes. Antes dos dois cursos, o Lama deu a iniciação de Heruka Chakrasamvara e subsequentemente explicou as técnicas da chama interior em relação a essa divindade.

Durante os cursos, o Lama concedeu uma transmissão oral do texto em tibetano, entremeada de traduções, comentários experienciais, meditações guiadas, anedotas pessoais, conselhos práticos, piadas, pantomima e muito riso. Mais do que tudo, o Lama queria que todos "provassem" a prática da chama interior. Esperava que todos trabalhassem duro e mantivessem um regime de retiro. Entre as preleções, os alunos meditavam intensivamente sobre as técnicas que haviam sido explicadas, mantinham períodos de silêncio e praticavam os exercícios físicos associados à prática. O Lama sublinhava repetidamente que queria que todos agissem com o fim de adquirir experiência real da chama interior e não se contentassem com mero entendimento intelectual. Ele gastou pouco tempo com o embasamento histórico e filosófico, mas esmerou-se nas descrições das técnicas de meditação da chama interior e das várias práticas preliminares.

Após a "Introdução", incluímos uma prece tradicionalmente usada para invocar as bênçãos dos lamas da linhagem das Seis Yogas de Naropa.

Na Parte 1, "As Seis Yogas de Naropa", o Lama inspira-nos a praticar o tantra, especialmente a chama interior, a pedra fundamental de todo o caminho tântrico. Depois de oferecer breves mas inspiradoras biografias dos mahasiddhas Naropa e Lama Tsongkhapa, o Lama enfatiza a necessidade de praticar em vez de intelectualizar.

A Parte 2, "Práticas preliminares", trata rapidamente das preliminares da prática tântrica: as preliminares comuns do Mahayana (as meditações do caminho gradual para a iluminação) e as preliminares incomuns (as práticas gerais de receber iniciação tântrica e observar votos e as preliminares tântricas específicas da prática de Vajrasattva e da guru yoga).

A Parte 3, "Indo além das aparências", introduz o estágio de geração do Yoga Tantra Superior, que envolve o desenvolvimento do orgulho divino e a aparência clara de uma divindade de meditação, por meio do treinamento para transformar as experiências ordinárias de morte, estado intermediário e renascimento nas experiências puras de um Buddha. Nessa parte, Lama Yeshe também explica as características de corpo e mente conforme o tantra, com ênfase especial no entendimento da natureza absoluta, ou vacuidade, da mente.

A Parte 4, "Despertando o corpo vajra", discute as práticas preparatórias próprias da chama interior: exercícios físicos que tornam o corpo aproveitável, meditações sobre os canais, os chakras e as sílabas e meditação da respiração do vaso.

A Parte 5, "Descobrindo a totalidade", contém ensinamentos experienciais do Lama sobre o processo de gerar a chama interior, a culminação da prática, o desenvolvimento da grande sabedoria bem-aventurada nascida simultaneamente e, com uma breve discussão das outras cinco yogas, a completude do caminho tântrico para a iluminação.

Finalmente, na Parte 6, "Vivendo com a chama interior", Lama Yeshe oferece conselhos práticos sobre como levar a prática da chama interior para a vida cotidiana.

Optamos por transliterar acuradamente todos os mantras e sílabas e incluímos um guia de pronúncia em sânscrito (p. 180) para ajudar os leitores. Contudo, o conselho essencial é pronunciar os mantras da mesma forma como o faz o lama que lhe dá a transmissão oral do mantra. Para outras palavras em sânscrito, usamos uma grafia que se aproxima de sua pronúncia. Leitores interessados podem consultar a relação de transliterações de palavras estrangeiras (p. 181) para a real transliteração dessas palavras.

♦♦♦

Oferecemos nossos sinceros agradecimentos a Lama Thubten Zopa Rinpoche, Sua Santidade Sakya Trizin, Kirti Tsenshab Rinpoche, Khen Jampa

Tegchog, Gueshe Lama Könchog, Khijo Rinpoche, Gueshe Tashi Tsering, Gueshe Norbu Dorje e Khenpo Tsultrim Gyatso por sua paciência e bondade em esclarecer vários aspectos técnicos das práticas.

Também agradecemos a Sua Santidade o Dalai Lama a inestimável transcrição de seu ensinamento sobre *Tendo as três convicções*, de Lama Tsongkhapa, em Dharamsala (1990), assim como a Daniel Cozort a Highest Yoga Tantra e Glen Mullin as Tsongkhapa's Six Yogas of Naropa; Glenn Mullin suas inumeráveis sugestões editoriais; Venerável Sarah Thresher e Alfred Leyens a transcrição de material contido na apresentação; Venerável Helmut Holm a transcrição dos ensinamentos no Instituto Lama Tzong Khapa; Paula Chichester e Roger Munro a transcrição dos ensinamentos no Instituto Vajrapani; Karon Kehoe sua edição inicial desses ensinamentos; David Molk, Gueshe Lobsang Donyo e Samten Chhosphel sua tradução das preces para os lamas da linhagem e Khensur Lobsang Tharchin sua gentil assistência para localizar o texto; Venerável George Churinoff, Venerável Thubten Samphel, Venerável Ngawang Jigdol, Venerável Connie Miller, Tubten Pende, Sonam Rigzin, Jon Landaw, Merry Colony, Robert Beer, Martin Brauen e Jampa Gendun suas sugestões e ajuda; Timothy McNeill e David Kittelstrom da Wisdom Publications; e Peter e Nicole Kedge, cujo apoio material e encorajamento ajudaram-nos a realizar o projeto.

Que todos que lerem *A bem-aventurança da chama interior* possam ser inspirados a buscar um mestre tântrico, entrar no supremo caminho tântrico e rapidamente alcançar a iluminação, para o bem de todos seres vivos. Que Lama Tenzin Osel Rinpoche, a reencarnação de Lama Yeshe, possa preservar os incomparáveis ensinamentos de Lama Tsongkhapa e completar o comentário sobre as Seis Yogas de Naropa que Lama Yeshe começou. Bem ao final do curso no Instituto Vajrapani, nove meses antes de falecer, o Lama disse: "Se eu estiver vivo e vocês estiverem vivos, talvez nos vejamos de novo. Da próxima vez, discutiremos em detalhe o corpo ilusório, a experiência do sonho, a experiência da clara luz, a transferência de consciência e a ida da consciência para outro corpo. Esses assuntos são mais profundos e sofisticados. Devemos trabalhar com o que já abordamos e vamos rezar para que no futuro façamos o restante das Seis Yogas de Naropa. Se não pudermos fazê-las no ano que vem, poderemos fazê-las na próxima vida".

# Introdução

Jonathan Landaw

Em 1987, a Wisdom Publications lançou um livro de Lama Thubten Yeshe intitulado *Introdução ao tantra*. Naquela obra, uma compilação de excertos de numerosos ensinamentos dados por Lama Yeshe, entre 1975 e 1983, oferecia-se ao leitor um vislumbre do profundo – e muitas vezes mal compreendido – mundo do budismo tântrico tibetano. Com discussões claras e inspiradoras de tópicos como a pureza básica da mente, os meios de reconhecer e superar nossos padrões de pensamento limitados, as técnicas autotransformadoras da meditação tântrica da yoga da divindade e assim por diante, Lama Yeshe apresentou a visão tântrica da totalidade de forma acessível para uma plateia tão ampla quanto possível. Naquela obra introdutória, sua intenção era transmitir o sabor desses ensinamentos budistas muito avançados de tal modo que buscadores espirituais, a despeito de sua base cultural ou afiliação religiosa, pudessem ser motivados a descobrir sua própria pureza básica, consumar seu mais elevado potencial e ser de máximo benefício para os outros. *Introdução ao tantra* incluiu uma série de passagens selecionadas dos dois últimos grandes ensinamentos dados por Lama Yeshe antes de falecer. Esses ensinamentos foram proferidos no Instituto Lama Tzong Khapa, em Pomaia, Itália, em 1982, e no Instituto Vajrapani, em Boulder Creek, Califórnia, em 1983. O foco eram as práticas da chama interior do Yoga Tantra Superior – o quarto e mais avançado nível do tantra –, conforme expostas nas famosas Seis Yogas de Naropa e elucidadas no comentário de Je Tsongkhapa sobre as Seis Yogas intitulado *Tendo as três convicções*. A presente obra, *A bem-aventurança da chama interior*, é um amálgama desses dois ensinamentos finais.

## FONTE DOS ENSINAMENTOS

Embora as origens das práticas da chama interior explicadas neste livro remontem às Seis Yogas do famoso erudito e adepto tântrico do século XI Pandit Naropa, em cuja homenagem foram intituladas, não devemos pensar que foram uma criação dele. Em vez disso, como é o caso em todos ensinamentos autênticos do tantra budista, elas provêm em última análise do próprio Buddha Shakyamuni, o chamado Buddha histórico, que viveu há 2.500 anos (563-483 a.C.). Contudo, conforme Sua Santidade o 14º Dalai Lama escreveu em *O mundo do budismo tibetano*,

> não precisamos presumir que todos os ensinamentos do tantra foram expostos por Buddha durante sua vida histórica. Em vez disso, penso que os ensinamentos do tantra possam também ter emergido por *insights* extraordinários de indivíduos altamente realizados que foram capazes de explorar na mais plena extensão os elementos físicos e o potencial dentro do corpo e da mente humanos. Como resultado de tal investigação, um praticante pode atingir realizações e visões muito elevadas, capacitando-se assim a receber ensinamentos tântricos em nível místico. Portanto, quando refletimos sobre ensinamentos tântricos, não devemos limitar nossa perspectiva a noções rígidas de tempo e espaço. (p. 93 no original, p. 135-136 na ed. brasileira)

Tanto Naropa – o mahasiddha (ou grandemente consumado) indiano – quanto o mestre tibetano Dje Tsongkhapa (1357-1419) são relacionados entre os "indivíduos altamente realizados" a quem o Dalai Lama se refere e, portanto, capazes de receber instruções de práticas profundas como a chama interior diretamente de uma fonte iluminada.

A principal forma que Buddha Shakyamuni assume ao apresentar os ensinamentos avançados do tantra é a de Vajradhara – o Detentor do Cetro de Diamante – que às vezes é chamado de Buddha dos Tantras. Em geral, as bênçãos, instruções e realizações desses ensinamentos tântricos chegam até hoje por dois tipos de linhagem: a distante e a próxima. A primeira compreende os sucessivos relacionamentos guru-discípulo que ligam uma geração à seguinte, o discípulo realizado de um determinado mestre tornando-se mentor de seus próprios discípulos. Do ponto de vista dos ensinamentos tântricos em que estamos interessados aqui, essa linhagem de geração para geração, iniciada por Buddha Vajradhara, inclui célebres mahasiddhas indianos, como Saraha, Nagarjuna, Ghantapa e Tilopa.

Quanto às chamadas linhagens próximas, acontecem da maneira mais imediata previamente indicada. No caso de Naropa, ele não só recebeu iniciação tântrica, ou habilitação, de seu guru humano, Tilopa, como também foi capaz de estabelecer comunicação direta com Buddha Vajradhara; o Buddha dos Tantras manifestou-se para ele na forma de divindades tântricas de meditação, como Hevajra, Heruka Chakrasamvara e Vajrayogini. Quanto a Dje Tsongkhapa, não só foi herdeiro da linhagem de mestres indianos, nepaleses e tibetanos que se estendia pelos quatrocentos anos que o separavam de

Naropa, como também recebeu inspiração de Vajradhara por meio de sua divindade protetora, Manjushri, a personificação da sabedoria de todos seres iluminados. Assim, os ensinamentos que conhecemos como as Seis Yogas de Naropa, inclusive as práticas da chama interior que são o tema principal deste livro, não devem ser consideradas criações posteriores de gurus indianos ou lamas tibetanos, pois em última análise estão enraizadas nas realizações iluminadas do próprio Buddha Shakyamuni, passadas adiante por linhagens ininterruptas de praticantes realizados até hoje.

## O AUTOR E SEU ESTILO DE ENSINAR

Lama Thubten Yeshe começou seu treinamento budista no Monastério de Sera, uma das três grandes instituições de ensino e prática fundadas por Dje Tsongkhapa e seus discípulos nas proximidades de Lhasa, a capital do Tibete. Depois da tomada do Tibete pela China na década de 1950, ele completou seu treinamento formal no campo de refugiados de Buxa Duar, no nordeste da Índia. Diferentemente da maioria de seus colegas monges em Sera, que limitavam seus estudos à tradição Gelug fundada por Dje Tsongkhapa, Lama Yeshe tinha enorme interesse pelos ensinamentos dos mestres de todas as tradições. Sua abordagem liberal e não sectária é atestada pelo fato de que, em Buxa Duar, seus próprios alunos incluíam lamas das várias tradições.

A educação budista que Lama Yeshe recebeu tinha duas divisões principais. A primeira é chamada de sutra, que deve esse nome aos ensinamentos ou discursos – como os Sutras do Prajnaparamita ou Discursos sobre a perfeição da sabedoria – nos quais Buddha Shakyamuni expôs os vários aspectos do caminho geral que leva ao despertar espiritual pleno. O currículo de estudos nos monastérios tibetanos incluía não só os ensinamentos do próprio Buddha, mas comentários sobre eles, feitos por mestres indianos como Chandrakirti (*Guia para o caminho do meio*), Maitreya/Asanga (*Ornamento das realizações claras*), Shantideva (*Guia para o modo de vida do bodhisattva*), Atisha (*Lâmpada no caminho para a iluminação*) e muitos outros. Por meio de estudo, debate e meditação desses textos e dos comentários posteriores feitos por mestres tibetanos e por meio da exposição pessoal às tradições orais autênticas que dão vida a esses textos, os alunos de Sera e de outros monastérios tinham a oportunidade de adquirir *insight* e realização sobre o vasto e profundo significado dos ensinamentos de Buddha.

Com o embasamento em disciplina moral, análise lógica, motivação compassiva, sabedoria com *insight* e todo o resto proporcionado pelo estudo dos sutras, praticantes muito qualificados tinham condições de penetrar na segunda das duas principais divisões de sua educação: o estudo profundo do tantra. O termo sânscrito tantra é aplicado àqueles ensinamentos avançados de Buddha Shakyamuni/Vajradhara por meio dos quais a plena iluminação do estado de Buddha, a meta última de todos caminhos budistas, pode ser alcançada no menor tempo possível. Cada tantra enfoca uma divindade de meditação que personifica um aspecto particular da consciência iluminada; no caso de Lama Yeshe, ele recebeu iniciação e instruções nos tantras de divindades de meditação, como Heruka Chakrasamvara, Vajrayogini, Vajrabhairava e Guhyasamaja, e estudou as famosas Seis Yogas de Naropa segundo o comentário *Tendo as três convicções*, baseado nas experiências pessoais de Dje Tsongkhapa, conforme citado acima. Ele recebeu as bênçãos da linhagem dessas práticas de alguns dos grandes mestres tântricos da época, inclusive Kyabje Ling Dorjechang (1903-83) e Kyabje Trijang Dorjechang (1901-81), tutores sênior e júnior, respectivamente, de Sua Santidade o 14º Dalai Lama (1935).

Lama Yeshe não se limitou a estudar esses profundos ensinamentos tântricos, eles os colocou em prática em extensivos retiros de meditação e em sua vida cotidiana. Como ficou claro para muitos, perto do fim de sua vida, sua prática principal era a de Heruka Chakrasamvara e ele dedicou muito tempo e energia para obter realizações mais e mais profundas desse Yoga Tantra Superior. De acordo com seu filho de coração e discípulo, Lama Thubten Zopa Rinpoche, Lama Yeshe escreveu reservadamente sobre suas experiências meditativas tanto de Heruka Chakrasamvara quanto das Seis Yogas de Naropa e com frequencia falava para Lama Zopa sobre clara luz e bem-aventurança, a essência dessas práticas tântricas avançadas.

Por isso, não é de surpreender que os dois últimos ensinamentos mais importantes dados por Lama Yeshe fossem sobre as práticas da chama interior das Seis Yogas, por meio das quais a experiência bem-aventurada da clara luz é atingida, e que ele tenha começado cada um desses ensinamentos com uma iniciação do tantra de Heruka Chakrasamvara. Tampouco surpreende que a prática final em que ele se empenhou, até seu coração parar de bater, tenha sido a de Heruka Chakrasamvara. Entretanto, a coisa particularmente inspiradora é que, por meio de seu domínio da consciência bem-aventurada de clara luz que desponta na hora da morte, Lama Yeshe foi capaz de falecer e renascer em um estado de pleno controle consciente, a ponto de escolher como futuros pais dois de seus alunos que haviam ajudado a estabelecer um centro de meditação na Espanha chamado Osel Ling, o Local da Clara Luz. O filho deles, Tenzin Osel Rinpoche, nascido em 1985, foi reconhecido como a reencarnação de Lama Yeshe por Sua Santidade o Dalai Lama, e atualmente está matriculado no Monastério de Sera no sul da Índia, onde várias das grandes escolas de ensino tibetanas foram reinstaladas.

Embora as práticas da chama interior pertençam ao ramo mais avançado dos ensinamentos budistas, Lama Yeshe os apresentava com frequência, de forma simplificada, até mesmo para seus alunos mais novos. Fazia isso para dar-lhes uma prova do tesouro inexaurível de energia bem-aventurada que existe dentro de todos e cada um de nós neste exato instante. Embora essa energia bem-aventurada não possa por si só nos liberar do ciclo vicioso de insatisfação e sofrimento, nossa capacidade para experienciá-la diretamente – "provar o chocolate", como ele dizia muitas vezes – pode ter um efeito significativo e benéfico sobre nós. Uma experiência dessas nos convence, como a mera investigação filosófica não pode fazer, das profundas mudanças que podemos efetuar simplesmente por adquirir controle sobre nossa mente em concentração meditativa. A inspiração proporcionada por uma experiência direta como essa pode dotar toda nossa prática espiritual de poder.

Os cursos na Itália e na Califórnia, de onde foi retirado o material deste livro, foram conduzidos como retiros de meditação e as preleções de Lama Yeshe foram planejadas a fim de guiar e encorajar os participantes em seus esforços para adquirir uma experiência real – em vez de mero entendimento intelectual – do que a meditação tem a oferecer. A ênfase foi esclarecer as instruções das Seis Yogas, sem examinar em profundidade sua importância histórica ou base filosófica. Como a maioria dos participantes do curso já estava familiarizada com o material preparatório necessário por meio de contato prévio com ensinamentos budistas, o caminho estava aberto para se enfocarem, passo a passo e unidirecionalmente, as práticas da chama interior. Assim, de certa forma, *A bem-aventurança da chama interior* é como uma segunda *Introdução ao tantra*, revelando o mundo das práticas avançadas do Yoga Tantra Superior da mesma forma como a obra anterior revelou o mundo do tantra em geral.

Este livro, além de tratar de tema mais avançado, difere do predecessor por se concentrar em aspectos técnicos específicos da prática tântrica. Conforme o leitor irá descobrir, *A bem-aventurança da chama interior* oferece instruções detalhadas a respeito das várias fases da meditação da chama interior. Essa ênfase em instruções de meditação faz da presente obra um valioso manual para aqueles interessados em se engajar em uma prática séria e prolongada. Entretanto, como muitos leitores carecem do embasamento necessário para a plena apreciação desses ensinamentos, pode ser útil apresentar as instruções de Lama Yeshe com algumas observações sobre o caminho tântrico em geral e o lugar da yoga da chama interior nesse caminho.

## UM ESBOÇO DO CAMINHO

Para começar o propósito último de todos ensinamentos budistas é conduzir à iluminação ou estado de Buddha. Esse estado de consciência plenamente purificado e vasto é caracterizado por compaixão, sabedoria e meios hábeis ilimitados; os ensinamentos do Mahayana, ou Grande Veículo, de Buddha Shakyamuni sublinham que apenas atingindo esse completo despertar da mente e do coração podemos consumar nosso potencial espiritual inato e, mais importante, ser de máximo benefício para os outros.

Conforme já foi dito, o Mahayana apresenta duas abordagens inter-relacionadas dessa iluminação plena e completa: o caminho mais geral do sutra e o caminho esotérico do tantra. O veículo do sutra (Sutrayana, em sânscrito) descreve métodos pelos quais os obscurecimentos que encobrem a pureza inata da mente são gradualmente removidos, como se retirando as camadas de uma cebola. Ao mesmo tempo, as qualidades positivas da mente – amor, compaixão, sabedoria e assim por diante – são gradualmente intensificadas, de modo que por fim se atinja um estado para além das limitações da consciência ordinária e egocêntrica.

Os treinamentos em desapego, altruísmo compassivo e *insight* penetrante tão vitais à prática Sutrayana compõem também o fundamento do veículo tântrico. Mas o Tantrayana – também conhecido como Mantrayana e Vajrayana – distingue-se do Sutrayana por ser um "veículo resultante". Ou seja, o praticante qualificado do tantra é habilitado a tomar o futuro resultado do caminho, a experiência de iluminação em si, como base de sua prática. Em lugar da autoimagem ordinária, limitada, o praticante tântrico cultiva a poderosa visão de já ter atingido a plena iluminação na forma de uma divindade específica de meditação (yidam, em tibetano). Todos os elementos da experiência ordinária – ambiente, desfrutes sensoriais e atividades – são vistos como tendo passado por uma transformação iluminada similar. Tudo é visto como puro e bem-aventurado, da mesma forma como um Buddha experienciaria. Treinando dessa maneira é possível alcançar o resultado real da iluminação plena muito mais depressa do que se baseando apenas na abordagem Sutrayana.

O tema da transformação iluminada permeia o vasto âmbito dos ensinamentos e das práticas tântricos. Energias e estados da mente considerados negativos e antiéticos ao crescimento espiritual, de acordo com outros caminhos religiosos, são transformados pela alquimia do tantra em forças auxiliares ao desenvolvimento interior. Entre esses estados, o mais importante é a energia do desejo. De acordo com os ensinamentos fundamentais do Sutrayana, o apego desejoso serve apenas para perpetuar os sofrimentos do samsara – o círculo vicioso de vida e morte descontroladas, nascido da ignorância e repleto de insatisfação, dentro do qual os seres não iluminados prendem a si mesmos. Portanto, se alguém anseia libertar-se de verdade desse ciclo samsárico de miséria, é necessário eliminar por completo do coração e da mente o veneno do apego desejoso. O Tantrayana concorda que, no fim das contas, todos os desejos gerados pela ignorância devem ser superados para a liberdade e a iluminação serem alcançadas; ao mesmo tempo, reconhece a tremenda energia subjacente a esse desejo como um recurso indispensável que pode, com habilidade e treinamento, ser utilizado para dar poder ao desenvolvimento espiritual em vez de atrapalhá-lo.

Claro que qualquer caminho que utilize as energias poderosas e potencialmente destrutivas do desejo e das outras delusões é de fato perigoso. Se seguido de forma imprópria ou com uma motivação egoísta, o tantra pode levar o praticante mal orientado a reinos de inimaginável sofrimento mental e físico. É por isso que, embora as técnicas tântricas possam ser esboçadas em um livro como este, só podem ser seguidas de modo seguro e produtivo sob o olhar vigilante de um mestre tântrico plenamente qualificado e apenas por aqueles que cultivem uma motivação altruísta particularmente poderosa, recebam as iniciações requeridas, mantenham seus votos tântricos puros e passem pelos treinamentos preliminares apropriados. Diz-se que a quem confia em um mestre tântrico consumado e observa os preceitos tântricos genuinamente é possível alcançar a meta da iluminação plena no espaço de uma curta vida humana, até mesmo em poucos anos.

Nem todos os sistemas tântricos têm igual poder em impulsionar seus praticantes ao longo do caminho para a iluminação. O tantra é dividido em quatro classes progressivas – (1) Ação, (2) Atuação, (3) Yoga e (4) Yoga Superior – e apenas por meio da prática pura de um sistema que pertença à classe suprema do Yoga Tantra Superior a iluminação plena pode ser atingida da maneira mais rápida possível. O que diferencia essas quatro classes entre si são principalmente as capacidades variadas de seus respectivos praticantes de utilizar o desejo no caminho espiritual. Enquanto os praticantes das classes inferiores de tantra conseguem controlar e utilizar apenas os níveis menos passionais de apego – tradicionalmente comparados ao desejo despertado ao (1) olhar para, (2) rir com e (3) abraçar um parceiro atraente –, o praticante qualificado do Yoga Tantra Superior é aquele que consegue canalizar para o caminho da evolução espiritual energias tão intensas quanto as associadas à (4) união sexual em si.

O aproveitamento do desejo no Yoga Tantra Superior é efetivado em dois níveis sucessivos de prática: o estágio evolutivo e o estágio de completude.

O primeiro, também conhecido como estágio de geração, serve de preparação e ensaio para o último e envolve, entre outras coisas, cultivar o que é conhecido como aparência clara e orgulho divino da divindade de meditação escolhida. Por exemplo, se está seguindo o tantra da divindade irada masculina Heruka Chakrasamvara, a pessoa pratica a superação da visão ordinária de si mesma como um ser humano samsárico, limitado, e cultiva a autoimagem iluminada de realmente ser aquela poderosa divindade. Isso requer não só familiarizar-se com as várias qualidades do corpo, da fala e da mente de Chakrasamvara, de modo que a pessoa possa experienciar-se como detentora desses atributos, mas também um grau de domínio da meditação sobre a verdade absoluta – shunyata ou vacuidade.

O tema da vacuidade é vasto demais para que entremos em detalhes aqui. No momento, basta dizer que envolve livrar a mente de todos os modos de existência falsamente concebidos, fantasiosos, surgidos da ignorância sobre o modo como as coisas realmente existem. É fundamental a todos sistemas budistas de prática, sejam de sutra, sejam de tantra, reconhecer que a visão limitada, concreta que temos de nós mesmos e de nosso ambiente é da natureza da ignorância e, portanto, da fonte de todo sofrimento; todas essas concepções errôneas devem ser superadas para um dia obtermos a liberação perene da insatisfação samsárica. Como Lama Yeshe declarou em *Introdução ao tantra*:

> Enquanto ficarmos oprimidos por esses pontos de vista errôneos, estaremos presos ao mundo de nossas próprias projeções, condenados a vagar para sempre no círculo de insatisfação que criamos para nós mesmos. Mas se conseguirmos erradicar completamente essa visão errônea, vamos experienciar a liberdade, o espaço criativo e a felicidade espontânea que atualmente negamos a nós mesmos. (p. 69 no original, p. 75-76 na edição brasileira)

Então, como foi dito, a prática do tantra envolve uma combinação de yoga da vacuidade – por meio da qual todas as concepções ordinárias da pessoa são dissolvidas – e yoga da divindade – na qual se cultiva a identidade iluminada de uma divindade de meditação específica. Como o Dalai Lama destaca em *O mundo do budismo tibetano*:

> Uma característica singular do [...] Yoga Tantra Superior é empregar em seu caminho profundo várias técnicas meditativas que possuem semelhanças não só com o estado de Buddha resultante, ou seja, com os três kayas, mas especialmente com as bases de purificação no nível ordinário de existência humana – por exemplo, morte, estado intermediário e renascimento. (p. 125 no original, p. 183-184 na ed. brasileira)

Essas correspondências estão delineadas no Quadro 1, a seguir, e o significado dos três corpos de Buddha (kaya) pode ser brevemente explicado como segue. É dito que o atingimento da iluminação plena, ou estado de Buddha, cumpre dois propósitos: um para a própria pessoa e um para os outros. Com a iluminação vêm a eliminação de todos obscurecimentos da mente – criados pela ignorância e causadores de sofrimento – e o incremento de ilimitadas qualidades benéficas, como percepção bem-aventurada e compaixão universal; essa perfeição da consciência preenche por completo o propósito pessoal do praticante para seguir o caminho espiritual. Mas uma consciência tão sutil, desobstruída e plenamente evoluída – o corpo da verdade, ou dharmakaya, de um Buddha – pode preencher as necessidades dos outros apenas se manifestar-se em formas com as quais aqueles não plenamente iluminados possam se relacionar. Portanto, com o motivo compassivo de beneficiar os outros, primeiro emerge da esfera desobstruída do dharmakaya o corpo de deleite sutil (sambhogakaya), que apenas bodhisattvas mais elevados conseguem perceber, e em seguida o corpo de emanação mais grosseiro (nirmanakaya), que até seres ordinários conseguem contatar. É por meio da orientação e inspiração proporcionada por esses dois corpos da forma (rupakaya) que os propósitos dos outros são consumados.

Quadro 1 – Correspondências das várias técnicas meditativas com o estado de Buddha resultante

| OS TRÊS TEMPOS | VISÃO MEDITATIVA | CORPO DE BUDDHA |
|---|---|---|
| Morte/sono | Clara luz | Corpo de sabedoria |
| Estado intermediário/sonho | Sílaba semente ou facho de luz | Corpo de deleite |
| Renascimento/redespertar | Divindade de meditação | Corpo de emanação |

Durante o estágio evolutivo do Yoga Tantra Superior, o praticante simula o movimento a partir da morte, por meio do estado intermediário (bardo, em tibetano) até o renascimento – o que também corresponde ao movimento do sono, por meio dos sonhos, até despertar de novo –, de tal modo que esses três tempos são assimilados no caminho e considerados os três corpos de um Buddha. Embora a pessoa contemple profundamente os estados de consciência cada vez mais sutis experienciados durante a morte e as transformações associadas ao estado intermediário e ao renascimento, estas mudanças não ocorrem realmente nessa ocasião. Em vez disso, as práticas do estágio evolutivo servem como um ensaio para as transformações reais que têm lugar apenas durante os graus avançados do estágio de completude, pois é durante este estágio que se adquire controle sobre os elementos do corpo vajra – os canais sutis, ventos e gotas existentes dentro do invólucro do corpo físico grosseiro – e, com esse controle, vem a capacidade não só de simular a experiência de morte, mas de ocasionar as verdadeiras transformações de consciência que ocorrem durante aquela experiência.

Todas as práticas do estágio de completude estão direta ou indiretamente associadas à técnica meditativa conhecida como chama interior, tema principal deste livro. Por meio do domínio da chama interior, podem-se adquirir pleno controle consciente sobre o corpo vajra e a capacidade de levar a mente a seu estado mais sutil e penetrante: a experiência de clara luz bem-aventurada. Esse estado extraordinariamente poderoso da mente é inigualável em sua capacidade de obter *insight* direto e penetrante sobre a verdade última e, assim, eliminar todos os estados aflitivos de mente.

Por meio das profundas práticas do estágio de completude, as atividades de corpo, fala e mente tornam-se recursos naturais de crescimento espiritual sem precedentes, assim como todas as formas de energia desejosa são canalizadas para o caminho. Por fim, a pessoa desenvolve a capacidade de transpor todos os perigos da morte e do além-morte com percepção e controle completos. Finalmente, na culminação do caminho, atinge-se o estado bem-aventurado de percepção ilimitada, conhecido como iluminação plena, preenchendo espontaneamente e sem esforço a intenção compassiva de trabalhar para o bem-estar de todos outros seres. Dessa forma, a promessa do potencial interior de compaixão, sabedoria e habilidade ilimitadas é realizada e a vida da pessoa torna-se verdadeiramente significativa.

◆◆◆

Este sumário extremamente breve de alguns dos pontos principais da prática tântrica visa a proporcionar um contexto no qual as explicações a seguir sobre os ensinamentos da chama interior das Seis Yogas de Naropa possam ser mais plenamente apreciadas. Para uma discussão mais detalhada desses pontos, o leitor pode se remeter às sugestões de leitura adicional selecionadas ao final deste texto (p. 209). Aqueles cujo interesse tenha sido suficientemente aguçado, o melhor a fazer é procurar mestres tântricos confiáveis e deles receber instrução pessoal no âmbito completo das práticas do sutra e do tantra.

# Prece para os lamas da linhagem das Seis Yogas de Naropa

Glorioso e precioso lama-raiz,
Por favor, sente-se no lótus de meu coração
E, cuidando de mim com sua grande bondade,
Conceda atingimentos de corpo, fala e mente.

Heruka, senhor penetrante da mandala da grande bem-aventurança,
Tilopa, que realizou plenamente a bem-aventurança e a vacuidade,
E Naropa, personificação do próprio Heruka,
Imploro-lhes que me concedam a sabedoria da bem-aventurança e da vacuidade.

Marpa, joia da coroa dos detentores vajras,
Milarepa, que atingiu o estado vajra,
E Gampopa, supremo dentro da família vajra,
Imploro-lhes que me concedam a sabedoria da bem-aventurança e da vacuidade.

Pagmo Drupa, grande senhor dos seres vivos,
Jigten Sumgön, guia dos seres vivos,
Rechungpa, que efetiva o bem-estar dos seres vivos,
Imploro-lhes que me concedam a sabedoria da bem-aventurança e da vacuidade.

Jampa Pel, senhor dos tradutores,
Sönam Wangpo, tesouro do significado do Dharma,
Sönam Senge, explanador da linguagem e da lógica,
Imploro-lhes que me concedam a sabedoria da bem-aventurança e da vacuidade.

Yang Tsewa, que contemplou o significado das escrituras,
Butön Rinchen Drup, joia da coroa dos sábios,
Jampa Pel, grande sábio e siddha,
Imploro-lhes que me concedam a sabedoria da bem-aventurança e da vacuidade.

Dragpa Wangchug, dotado do olho do Dharma,
Onisciente Losang Dragpa, Rei do Dharma,
Grande Khedrub Je, o supremo filho do Dharma,
Imploro-lhes que me concedam a sabedoria da bem-aventurança e da vacuidade.

Venerável Baso Chögyen, que possui inteligência perfeita,
Chökyi Dorje, que encontrou a liberação total,
Losang Döndrup, o grande guia de todos,
Imploro-lhes que me concedam a sabedoria da bem-aventurança e da vacuidade.

Sangye Yeshe, que destrói concepções errôneas,
Onividente Losang Chökyi Gyeltsen,
Damchö Gyeltsen, que abandonou todas as delusões,
Imploro-lhes que me concedam a sabedoria da bem-aventurança e da vacuidade.

Wangchug Menkangpa, o yogue secreto,
Nada, que manifesta o grande caminho secreto,
Ngawang Jampa, detentor do tesouro de segredos,
Imploro-lhes que me concedam a sabedoria da bem-aventurança e da vacuidade.

Yeshe Gyeltsen, o tutor sagrado,
Ngawang Tempa, mestre da totalidade dos ensinamentos de Buddha,
Yeshe Tenzin, guia para tudo do tantra,
Imploro-lhes que me concedam a sabedoria da bem-aventurança e da vacuidade.

Manjushila, manifestação de todos Buddhas,
Maitri, que faz os ensinamentos profundos de Buddha florescerem,
Kelsang Tenzin, o grande filho de Buddha,
Imploro-lhes que me concedam a sabedoria da bem-aventurança e da vacuidade.

Tendo compreendido perfeitamente que o significado do tantra é método e sabedoria inseparáveis,
E treinado a mente com método, os profundos pontos vitais do caminho para a iluminação,
Habilidoso guia dos seres vivos, Chökyi Dorje,
Imploro-lhe que me conceda a sabedoria da bem-aventurança e da vacuidade.

Por praticar unidirecionalmente em lugar algum,
Você tornou-se um senhor supremo dos siddhas que experiencia plenamente o significado definitivo.
Revelador do caminho para o segredo definitivo, Padma Dorje,
Imploro-lhe que me conceda a sabedoria da bem-aventurança e da vacuidade.

Você personifica os canais grosseiros e sutis, os dakas e dakinis,
Todos os lamas-raiz e lamas da linhagem, bem como as Três Joias,
Ó lama-raiz Dechen Nyingpo,
Imploro-lhe que me conceda a sabedoria da bem-aventurança e da vacuidade.

Chakrasamvara, senhor todo-penetrante da grande bem-aventurança,
Suprema Vajravarahi, que concede as quatro bem-aventuranças,
Dakas e dakinis que sempre desfrutam de grande bem-aventurança,
Imploro-lhes que me concedam a sabedoria da bem-aventurança e da vacuidade.

A vida é impermanente, como um relâmpago no céu,
E todas as coisas boas obtidas no samsara devem ser deixadas para trás.
Vendo isso, abençoem-me para que minha mente volte-se para o Dharma,
E, exasperado, eu desenvolva a determinação de ficar livre.

Minhas pobres e idosas mães estão exaustas pela dor mental e física
Experienciada para o meu bem ao longo de incontáveis vidas.
Abençoem-me para que eu desenvolva o desejo compassivo de libertá-las e bodhichitta,
E para transcender pelos caminhos de um bodhisattva.

Abençoem-me para que eu desenvolva constante e espontânea admiração
E devoção pelo bondoso lama, raiz de todos atingimentos,
E para proteger quaisquer votos e compromissos
Que eu tenha recebido tão ardentemente quanto protejo minha vida.

Com o que quer que apareça manifestando-se como a mandala da divindade,
Abençoem minha mente para que amadureça
Por meio da efetivação da experiência da grande bem-aventurança
E da realização da natureza de todas as coisas, livre de elaboração.

Por meio da condução dos ventos frescos mediante métodos externos e internos

Para dentro dos canais centrais e por meio da ignição da chama ardente,
Abençoem-me para que eu realize a bem-aventurança nascida simultaneamente
Que surge do contato com a kundalini derretida.

Abençoem-me de modo que o sono no qual minha mente e respiração grosseiras cessaram
Torne-se a natureza da clara luz de bem-aventurança e vacuidade,
E que tudo que é desejado surja sem obstrução,
Tal como uma emanação de corpo ilusório em sonhos semelhantes ao bardo.

Tendo atingido a gloriosa bem-aventurança da clara luz nascida simultaneamente,
Com a gota límpida surgindo como a divindade e consorte veneráveis,
Tendo manifestado a rede miraculosa,
Abençoem-me para que eu atinja a unificação nessa vida.

Caso a morte ocorra por força do Karma,
Abençoem-me para que eu gere confiança para reconhecer a clara luz mãe e filha,
E, surgindo no bardo como o sambhogakaya,
Que eu possa, por meio de emanações miraculosas, guiar os seres vivos.

Abençoem-me para efetivar a concentração da transferência de consciência,
A partir do caminho de Brahma, pelo espaço, até a terra pura das dakinis,
E para efetivar o yoga de entrar
Na moradia de outros agregados, à minha escolha.

Cuidado com compaixão pelos gloriosos Heruka e consorte
Bem como pelas dakinis dos três locais,
Que todos obstáculos internos e externos possam ser pacificados, condições favoráveis ser estabelecidas,
E que eu possa rapidamente completar os dois estágios do caminho excelente.

Que tudo possa ser auspicioso!

# Prece resumida da linguagem

Grande Vajradhara, Tilopa, Naropa,
Marpa, Milarepa e Mestre do Dharma Gampopa,
Pagmo Drupa, o Vencedor Drikungpa.
Súplica ao lama direto e aos lamas da linhagem.

Você personifica os canais grosseiros e sutis, os dakas e dakinis,
Todos os lamas-raiz e lamas da linhagem, bem como as Três Joias,
Ó lama-raiz Dechen Nyingpo,
Imploro-lhe que me conceda a sabedoria da bem-aventurança e da vacuidade.

Nessa mesma vida, abençoe-me para que eu efetive
Todas as realizações das gloriosas Seis Yogas de Naropa,
Essas instruções supremas, combinando centenas de milhares
De torrentes do profundo néctar essencial dos tantras pai e mãe.

PARTE 1

# As Seis Yogas de Naropa

# Tantra e chama interior

O Senhor Buddha ensinou o caminho para a iluminação em muitos níveis diferentes, de acordo com a variedade de necessidades e capacidades dos seres sencientes. Para transmitir seus ensinamentos mais avançados, conhecidos como Tantrayana ou Vajrayana, ele se manifestou em seu aspecto esotérico de Vajradhara. O Tantrayana é o veículo mais rápido para a iluminação plena.

De acordo com os ensinamentos gerais do Senhor Buddha, conhecidos como Sutrayana, o desejo é causa dos problemas dos seres humanos, de modo que deve ser evitado. De acordo com o Tantrayana, porém, esse mesmo desejo pode ser usado no caminho para a iluminação. Com base na firme renúncia, na grande compaixão de bodhichitta e na visão correta da vacuidade, praticantes tântricos usam a energia de seu próprio prazer como um recurso e, na concentração profunda da meditação samadhi, unificam-no com a sabedoria que realiza a vacuidade. Isso por fim dá origem à grande sabedoria bem-aventurada nascida simultaneamente, que por sua vez leva à iluminação.

No tantra lidamos com prazer, não com dor. A pessoa qualificada a praticar o tantra é capaz de lidar com o prazer, de experimentar o prazer sem perder o controle, de utilizá-lo. Essa é a característica essencial da personalidade tântrica. O tantra não funciona para pessoas miseráveis, pois elas não têm nenhum recurso de prazer para utilizar.

Na prática tântrica, trabalhamos com a energia de nosso corpo humano. Esse recurso é composto de seis fatores: os quatro elementos (terra, água, fogo e ar), os canais de nosso sistema nervoso sutil e as gotas de kundalini bem-aventurada que existem dentro dos canais.[1] O corpo humano é a mina de ouro do tantra, é seu bem mais precioso.

O que precisamos é de um método hábil para controlar essa energia poderosa, de modo que não apenas possamos obter cada vez mais satisfação em nossa vida cotidiana, como, enfim, obter a satisfação total da iluminação plena. O que precisamos é da prática da chama interior.

A chama interior é o primeiro assunto do conjunto de práticas tântricas conhecidas como as Seis Yogas de Naropa. As outras cinco são as yogas do corpo ilusório, clara luz, transferência de consciência, transferência para

---

[1] Uma lista alternativa dos seis fatores é osso, tutano e sêmen, recebidos do pai, e carne, sangue e pele, recebidos da mãe.

outro corpo e estado intermediário ou bardo. Durante esse ensinamento, minha ênfase principal será na yoga da chama interior.

Em tibetano, dizemos que a chama interior é lam-kyi mang-do, "a pedra fundamental do caminho". É fundamental para as realizações do corpo ilusório e da clara luz – de fato, para as realizações de todas as práticas avançadas do estágio de completude do tantra. Discutirei isso em detalhes mais adiante; mas, em resumo, a fim de alcançar a iluminação usamos a prática da chama interior para fazer que todos ares, ou energias vitais, entrem em nosso corpo, se estabilizem e sejam absorvidos no canal central de nosso sistema nervoso sutil. Isso leva à experiência de grande bem-aventurança nascida simultaneamente. Essa bem-aventurança – que não é mero prazer sensorial, mas uma experiência profunda para além de nossa imaginação ordinária – é então unificada com a sabedoria que entende a vacuidade em um processo que, por fim, conduz à união do corpo ilusório e da sabedoria absoluta de clara luz e finalmente à iluminação plena.

Chama interior é tummo em tibetano e o significado literal de tummo é "fêmea corajosa". Tum significa coragem ou bravura; mo, usado na gramática tibetana como um modificador feminino, representa a sabedoria da não dualidade. Tummo é corajosa, porque destrói todas as delusões e superstições, e feminina, porque permite a nosso nível de consciência mais sutil perceber a grande sabedoria bem-aventurada nascida simultaneamente. Este é o propósito essencial da prática tântrica e a chama interior nos ajuda a atingi-lo.

A meditação da chama interior realmente combina com a mente ocidental porque os ocidentais gostam de trabalhar com matéria, com energia. Vocês gostam de brincar com ela, fixá-la, modificá-la, manipulá-la. Com a chama interior, vocês fazem exatamente isso, mas a diferença é que estão brincando com sua energia interna, com seu próprio recurso de prazer.

Além disso, ocidentais gostam de satisfação instantânea. É o que vocês esperam. Bem, a chama interior lhes dá isso. É o caminho direto para a iluminação de que vocês ouviram falar. É um processo muito simples – muito prático, muito científico e muito lógico. Você não precisa acreditar que a chama interior trará bem-aventurança para que esse método funcione; você simplesmente a pratica e obtém os resultados.

O LamRim, a apresentação passo a passo do caminho para a iluminação, traz satisfação de uma maneira mais religiosa; a chama interior é mais científica porque sua efetivação não depende de crença religiosa. Se você age, a experiência vem automaticamente. Não estão envolvidos costumes ou rituais. Com a chama interior, você está lidando diretamente com sua realidade interna; está simplesmente aumentando o poder da kundalini e da energia de calor que você já possui. É algo espantosamente poderoso, como um vulcão entrando em erupção dentro de você.

A filosofia e os métodos do LamRim são apresentados intelectualmente e você pode ser intelectualmente convencido em certa medida. Mas essa convicção é como uma nuvem no céu. Quando está ali, sua prática espiritual é forte; mas, quando a nuvem desaparece, você fica desencorajado e sua prática torna-se fraca. Após ter sido orientado para o LamRim, quando você ouve que a meditação da chama interior é o caminho fundamental que conduz à realização da iluminação, você subitamente se encontrará em um novo mundo.

A chama interior é o verdadeiro chocolate! Ainda que você possa achar difícil conseguir resultados com outras meditações, a chama interior é um meio rápido de se convencer de que você está progredindo sensivelmente. Você ficará surpreso. Ao praticá-la, irá pensar: "Do que mais eu preciso? Este é o único caminho". Outras práticas vão parecer de segunda classe. O Sutrayana explica técnicas de meditação detalhadas para o desenvolvimento do samadhi profundo, mas não há nada que se compare à meditação da chama interior, que gera uma explosão de sabedoria da não dualidade, uma explosão de bem-aventurança. Concentrar-se em uma sensação ou mesmo no Buddha é ótimo, mas não pode levá-lo à realização maior da grande sabedoria bem-aventurada nascida simultaneamente.

A chama interior é como a porta principal conduzindo para dentro de um conjunto de centenas de depósitos de tesouros. Todas as facilidades para realizações fascinantes estão ali. Visto que penetra bem no centro do universo do corpo, sua produção de realizações é incrivelmente sensível. De fato, a mente supersticiosa e conceitualizadora não consegue enumerar as realizações trazidas pela chama interior. É a chave secreta que abre você para todas as realizações.

Mesmo que você conseguisse ficar em meditação samadhi 24 horas por dia durante 20 dias, Milarepa lhe diria: "Isso não significa nada! Não se compara à minha realização da chama interior". Foi assim que ele respondeu a Gampopa no primeiro encontro deles, depois de Gampopa ter descrito suas experiências de meditação. Deve haver uma razão para Milarepa ter dito isso. Ele não estava apenas fazendo propaganda, exagerando o poder da chama interior. Ele não era parcial e já havia abandonado toda competição mundana. Milarepa estava simplesmente dizendo que até mesmo vários dias de meditação samadhi profunda e imperturbável não são nada se comparados à meditação da chama interior. A chama interior é incomparável.

Pessoalmente, gosto da meditação da chama interior. Não me arrogo quaisquer realizações, mas experimentei-a e estou convencido. A meditação da chama interior também vai convencê-lo de modo absoluto. Vai mudar completamente sua noção de realidade. Por meio dessa meditação, você virá a confiar no caminho tântrico.

Precisamos realmente do tantra hoje em dia porque há uma grande explosão de delusão e distração. Coisas boas estão acontecendo em nossas vidas, mas muitas coisas ruins também nos acontecem e precisamos da energia atômica da chama interior para nos tirar de nossa delusão. De fato, sem prática tântrica a iluminação não é possível.

No começo, sua meditação da chama interior pode não ter êxito. Você pode até experimentar uma reação negativa, como uma explosão de calor que lhe encharque o corpo de suor. Contudo, creio que mesmo um resultado imperfeito como esse ainda é significativo porque lhe mostra o poder de sua mente.

Dizem que qualquer um pode praticar a meditação da chama interior. Se você nunca a praticou antes, pode parecer difícil, mas na verdade é simples. "Como posso meditar desse jeito?", você pode pensar. "Não sou um grande meditante. Em todo caso, criei tanto Karma negativo – como posso fazer práticas avançadas como essa?". Você não deve pensar desse jeito! Você não sabe do que é capaz; você nem sempre consegue ver seu próprio potencial. Talvez você tenha sido um grande meditante em uma vida anterior. Nesse momento sua mente pode estar completamente distraída, mas um dia seu potencial irá amadurecer subitamente e você será capaz de meditar.

Olhe Milarepa. Duvido que você tenha criado mais Karma negativo do que ele; ele matou muita gente quando era jovem. Mas, em virtude de sua força interior, também foi capaz de desenvolver renúncia perfeita, bodhichitta perfeita, visão correta perfeita, Seis Yogas de Naropa perfeitas. Ele deu adeus ao samsara.

Milarepa é um bom exemplo para nós. Olhe para o mundo ao redor. Às vezes, aqueles que ficam presos no samsara, que criam forte negatividade, também conseguem ser bem-sucedidos na liberação. Por outro lado, aqueles que não têm sucesso no samsara podem não ter sucesso tampouco na liberação.

O que estou afirmando é que nunca se sabe do que os seres humanos são capazes. Seja corajoso! Tente tanto quanto possível fazer a meditação da chama interior. Mesmo que não seja completamente bem-sucedido, pelo menos você vai adquirir alguma experiência, e isso já é muito bom.

♦♦♦

Vamos dedicar nossa energia a todos seres vivos do universo, rezando para que efetivem a essência do tantra e descubram a união entre bem-aventurança incomparável e sabedoria da não dualidade.

A dedicação é importante, não é apenas um ritual tibetano. Tendo criado uma atmosfera de energia positiva dentro de nossas mentes, resolvemos dividi-la com os outros.

Pense: "Agora, e pelo resto de minha vida, vou desfrutar de mim mesmo tanto quanto possível e tentar criar uma boa situação ao meu redor, dando aos outros a melhor parte de minhas qualidades divinas e energia bem-aventurada. Que esse presente jubiloso possa conduzir a incomparáveis realizações jubilosas no futuro".

# As Seis Yogas e o Mahasiddha Naropa

As Seis Yogas de Naropa não foram descobertas por Naropa. Elas têm origem nos ensinamentos do Senhor Buddha e acabaram sendo transmitidas a Tilopa, o grande yogue indiano do século XI, que as transmitiu a seu discípulo Naropa. Elas foram então passadas adiante para muitos mestres tibetanos, inclusive para Marpa e Milarepa, sendo que alguns deles registraram suas experiências como comentários sobre as Seis Yogas.

Vou explicar a prática da chama interior conforme o comentário *Tendo as três convicções*, de Lama Dje Tsongkhapa, sobre as Seis Yogas. Não vou traduzir o texto inteiro; em vez disso, darei a essência dos ensinamentos. Embora não seja um meditante bem-sucedido, recebi ensinamentos sobre esse texto de meus gurus em pelo menos três ocasiões[1] e tentei fazer a prática.

Conforme já mencionei, Lama Tsongkhapa relaciona as Seis Yogas como meditação da chama interior, yoga do corpo ilusório, yoga da clara luz, transferência de consciência, transferência para outro corpo e yoga do estado intermediário. Lama Tsongkhapa explica os assuntos sem acrescentar ou subtrair nada. Ele diz que todos os temas são abordados por esses seis tópicos e quem quer que espere meditações adicionais é ignorante quanto à tradição. O que ele quer dizer? Em minha opinião, Lama Tsongkhapa quer dizer que ensinar algo de sua experiência pessoal que não esteja contido nesses seis temas é uma tolice. Seria como se os tibetanos se gabassem de poder fazer pizzas melhores que os italianos.

Às vezes, os temas das Seis Yogas de Naropa são classificados em duas, três, quatro ou mesmo dez divisões. De acordo com as necessidades da mente de um meditante, por exemplo, pode haver três divisões: práticas para atingir a iluminação nessa vida, no estado intermediário e em uma vida futura. Ou pode haver duas divisões: os temas próprios da meditação do estágio de completude e as causas cooperativas para desenvolvê-los. Por exemplo, alguns exercícios de respiração não são parte formal da prática do estágio de completude, mas ajudam em suas meditações.

---

[1] Lama Yeshe recebeu comentários sobre as Seis Yogas tanto de seu guru-raiz, Kyabje Trijang Rinpoche, quanto de Sua Santidade o 14º Dalai Lama.

No passado, alguns lamas interessaram-se apenas pelas meditações próprias do estágio de completude e não explicaram os métodos auxiliares. Os detentores da linhagem de Marpa,[2] contudo, explicam as várias técnicas menores necessárias para ajudar você a ter êxito na yoga do estágio de completude. Apenas para a meditação da chama interior, Marpa explicou centenas de métodos técnicos.

Alguns textos Kagyus sobre as Seis Yogas de Naropa, com explicações segundo a herança de Marpa, enumeram seis objetos: meditação da chama interior, yoga do corpo ilusório, yoga dos sonhos, yoga da clara luz, yoga do estado intermediário e yoga da transferência de consciência. Outros lamas Kagyus relacionam oito yogas, acrescentando a yoga do estágio evolutivo e a prática de consorte àquelas seis. Milarepa divide as seis yogas de forma diferente: yoga do estágio evolutivo, meditação da chama interior, prática de consorte, yoga da clara luz, yoga do corpo ilusório e yoga dos sonhos. Existem muitas formas diferentes de se enumerarem as yogas.

Alguns textos tibetanos questionam se todas as Seis Yogas de Naropa de fato provêm de Naropa. Parece que no tempo de Naropa pode ter havido seis textos separados e alguns discípulos de Naropa teriam combinado os seis posteriormente. Realmente, não interessa saber se isso é ou não verdadeiro. A história sempre pode ser debatida. Contanto que possamos provar o chocolate dessa prática, quem se importa com tais questões acadêmicas?

O título tibetano do texto de Lama Tsongkhapa é *Yi-che sum den*, que traduzi para *Tendo as três convicções*. Yi-che significa convicção, o que indica que se deve ter confiança, sum significa três e den significa ter. Em outras palavras, esse comentário tem três características distintas. A primeira é que as descrições de Lama Tsongkhapa sobre as meditações são claras, límpidas e integradas. A segunda é que, embora existam muitos temas, cada um é apresentado de forma tão distinta e clara que pode ser facilmente compreendido por qualquer um com sabedoria perspicaz. A terceira é que, a fim de provar seus pontos de vista, Lama Tsongkhapa cita muitas escrituras, tanto textos tântricos de Buddha Shakyamuni quanto tratados de muitos lamas da linhagem.

Lama Tsongkhapa toma grande cuidado para basear cada uma de suas afirmações nas palavras de lamas da linhagem como Tilopa, Naropa, Marpa e Milarepa. Ele usa citações para mostrar como suas explicações estão ligadas às deles e para demonstrar a longa história desses ensinamentos. Ele dá

---

2 Marpa deu a Milarepa apenas transmissão oral da instrução sobre as Seis Yogas de Naropa; entretanto, dois outros discípulos, Ngokton e Tsurton, receberam o ensinamento completo, com explicações dos tantras-raiz e comentários.

explicações claras e científicas e apresenta provas convincentes em cada tema. Assim, podemos ter confiança no comentário de Lama Dje Tsongkhapa.

Em tibetano, as Seis Yogas de Naropa são chamadas de Na-ro chö druk. Na-ro refere-se a Naropa, chö, que significa dharma, pode se referir a doutrina ou fenômenos e druk significa seis. Algumas pessoas traduziram Na-ro chö druk como "As Seis Doutrinas de Naropa", outras como "As Seis Yogas de Naropa". Embora a expressão "Seis Doutrinas" esteja literalmente correta, penso que dá a impressão de que os ensinamentos são puramente filosóficos ou teológicos. Não são. São algo muito prático, algo para ser efetivado agora. Creio que "As Seis Yogas de Naropa" transmite o significado correto, a sensação correta. Penso que Naropa ficaria infeliz se usássemos a expressão "As Seis Doutrinas de Naropa".

♦♦♦

Tenho motivos para dizer que Naropa ficaria infeliz se considerássemos suas Seis Yogas puramente filosóficas. Naropa era um monge bem instruído e o principal professor da antiga universidade budista indiana de Nalanda. Com uma mente de computador, tinha vasto conhecimento dos sutras e tantras. Era famoso como um debatedor especialista e foi capaz de derrotar todos eruditos não budistas em embates públicos.

Não obstante, Naropa era infeliz e insatisfeito e ansiava por realização. Ele refletiu: "Há algo errado. Aprendi todas essas ideias intelectuais e posso explicar absolutamente tudo sobre o Buddhadharma, mas mesmo assim me sinto vazio e insatisfeito. Está faltando algo".

O guru de Naropa instruiu-o a recitar um dos mantras de Heruk, *oṃ hrīḥ hā hā hūṃ hūṃ phaṭ*, até encontrar uma solução para seu problema. Naropa recitou o mantra milhões de vezes. Então, certo dia, enquanto o recitava, sentiu a terra tremer. Uma voz vinda do espaço lhe disse: "Você ainda é um bebê! Você tem um longo caminho a percorrer. Seu conhecimento é meramente intelectual, e isso não é o bastante. A fim de obter satisfação real você deve encontrar Tilopa. Ele é seu guru especial".

Assim, Naropa deixou o monastério em busca de Tilopa. Quando enfim encontrou-o, após meses de dificuldades, Tilopa estava sentado no chão, cozinhando peixes vivos. Parecia mais um louco do que um grande yogue! Não obstante, Naropa tornou-se discípulo de Tilopa. Ano após ano, Naropa solicitava iniciação a seu guru e, ano após ano, Tilopa fazia-lhe praticar alguma ação ultrajante, sempre negando a iniciação que Naropa desejava tão desesperadamente. Naropa esforçou-se dessa forma por doze anos e quase morreu por doze vezes.

Um dia, quando caminhavam juntos no deserto, Tilopa de repente decidiu dar a iniciação a Naropa. Sem condições de fazer nenhuma outra preparação, Naropa misturou sua urina com areia e ofereceu-a a seu guru como uma mandala. Então – pam! – Tilopa bateu na cabeça dele com sua sandália. Naropa entrou em meditação profunda por sete dias.

É bom que ouçamos a história de Naropa. Hoje em dia, não temos escassez de informação intelectual, mas creio sinceramente que haja uma escassez de fertilização. Colecionamos muita informação, mas fazemos muito pouco com ela. É por isso que temos tão pouco sucesso em nossa prática espiritual. Muitos de meus alunos mais antigos, por exemplo, ouviram o LamRim vinte ou trinta vezes e sabem tudo a seu respeito, do princípio ao fim. Mesmo assim, estão insatisfeitos.

◆◆◆

É por isso que Naropa é um bom exemplo para nós. Embora fosse intelectualmente muito avançado, não havia descoberto satisfação dentro de si mesmo. Ele deixou Nalanda em busca de um mestre tântrico e então esforçou-se por todos aqueles anos. Ele praticou continuamente até atingir sua meta, a iluminação.

# O Mahasiddha Dje Tsongkhapa

No mundo acadêmico ocidental, a interpretação comum é que Lama Dje Tsongkhapa foi apenas um filósofo. Os acadêmicos ocidentais não parecem reconhecê-lo como um grande yogue, um grande praticante tântrico, um mahasiddha. Na verdade, Lama Tsongkhapa ensinou e escreveu mais sobre tantra do que sobre sutra; mas, como não exibiu publicamente seu aspecto mahasiddha, os ocidentais têm a impressão de que ele foi apenas um intelectual.[1]

Algumas pessoas pensam que os Gelugpas, os seguidores de Lama Tsongkhapa, não praticam meditação não conceitual. Pensam que as outras tradições do budismo tibetano meditam dessa maneira, mas que Lama Tsongkhapa rejeitou a meditação não conceitual e ensinou apenas meditação intelectual, analítica. Ouvi ocidentais dizerem: "Gelugpas estão sempre intelectualizando, sempre espremendo seus miolos". Isso não é verdade.

Lama Tsongkhapa era um grande meditante já na adolescência. Daí em diante, não foi acometido por doenças comuns; quando tinha algum pequeno problema de saúde, curava a si mesmo. Além disso, se uma enchente ou avalancha estava prestes a acontecer, ele fazia uma prece, e o desastre era evitado. Se você ler a biografia de Lama Tsongkhapa, verá que ele era um grande mahasiddha.

Mönlam Chenmo, o grande festival de preces celebrado em Lhasa durante duas semanas após o Ano-Novo Tibetano, teve início com Lama Dje Tsongkhapa.[2] Os monges, monjas e leigos de todas as tradições do budismo tibetano reuniam-se para fazer oferendas, incluindo milhares de lamparinas de manteiga, e para fazer preces. Certo dia, durante o primeiro festival, os muitos milhares de lamparinas de manteiga no templo tornaram-se uma enorme massa em chamas. O incêndio logo fugiu do controle. Aterrorizadas porque todo o templo poderia queimar, as pessoas correram a Lama Tsongkhapa em busca de socorro. Ele se sentou, entrou em meditação samadhi profunda e de repente todas as chamas foram extintas, como se sopradas por uma rajada de vento.

---

1 Por exemplo, Lama Tsongkhapa completou um retiro de Guhyasamaja de quatro anos acompanhado de oito discípulos nas Montanhas Wolka no Tibete. Durante o retiro ele viveu apenas com um punhado de bagas de junípero por dia. Para detalhes biográficos adicionais, ver *Life and teachings of Tsong Khapa*, de Robert Thurman (Dharamsala: Library of Tibetan Works and Archives, 1982).

2 *Tendo as três convicções* foi composto a pedido de dois irmãos, um dos quais, Miwang Dragpa Gyaltsen, era o principal patrocinador do Mönlam Chenmo.

Lama Tsongkhapa conseguiu fazer isso por meio de sua meditação da chama interior. Nós, tibetanos, acreditamos que, quando você consegue controlar os quatro elementos de seu próprio sistema nervoso por meio da meditação da chama interior, também consegue controlar os elementos externos. Lama Tsongkhapa não precisou de um equipamento comum para fogo; com sua chama interior, ele extinguiu as chamas instantaneamente. Isso prova que Lama Tsongkhapa era um poderoso ser realizado. Naquela ocasião, ele também teve visões dos 84 Mahasiddhas, observando-os nos céus acima de Lhasa.

Também não faltava poder telepático a Lama Tsongkhapa. Por exemplo, certa vez ele estava em uma pequena cabana de retiro a uns 30 minutos de caminhada do local onde mais tarde aconselhou que o Monastério de Sera fosse construído. Certo dia, ele desapareceu de repente e ninguém sabia por quê. Mais tarde naquele mesmo dia, chegou uma delegação do imperador da China, que tinha ouvido falar da fama de Lama Tsongkhapa e desejava convidá-lo para ir à China, mas ele não foi encontrado em lugar nenhum. Ninguém sabia que a delegação chegaria naquele dia, mas Lama Tsongkhapa sabia e fugiu pelas montanhas.

Isso mostra o poder telepático de Lama Tsongkhapa, mas é também um bom exemplo de sua renúncia perfeita. Ele vomitava ante o pensamento de prazer mundano. Vocês conseguem nos imaginar nessa situação? Certamente aceitaríamos o convite. Eu não consigo resistir sequer a um convite para visitar um benfeitor rico, que dirá a um imperador. Embora Lama Tsongkhapa fosse incrivelmente famoso, jamais ia a locais de distração, preferindo ficar em locais isolados nas montanhas. Por outro lado, nós vamos para os locais mais confusos, o que mostra como nossa renúncia ainda não é perfeita.

Lama Dje Tsongkhapa tinha milhares de discípulos por todo o Tibete e recebia oferendas constantemente, mas não tinha conta em banco, nem casa, nem mesmo um pedaço de terra para plantar sua comida. Ele doava tudo que recebia e permanecia claro e límpido. Lama Tsongkhapa era o dirigente de Ganden, um monastério que ele fundou, mas ficava lá como se fosse um simples hóspede: chegava, recebia oferendas, doava-as, depois partia sem nada. Lama Tsongkhapa é um exemplo perfeito de alguém vivendo de acordo com o Dharma.

A morte de Lama Tsongkhapa também revela que ele era um mahasiddha. Desde a infância, Lama Tsongkhapa tinha um relacionamento especial com Buddha Manjushri e recebeu ensinamentos diretamente dele. Dois ou três anos antes de Lama Tsongkhapa morrer, Manjushri disse-lhe que estava prestes a morrer. De repente, apareceram incontáveis Buddhas. Eles pediram a Lama Tsongkhapa que não morresse e lhe deram uma iniciação de energia ilimitada, de modo que pudesse viver por mais tempo. Manjushri disse-lhe então que a duração de sua vida havia sido estendida e previu o novo momento da morte.

Pouco antes de Lama Tsongkhapa morrer, um de seus dentes caiu, e todo mundo viu que ele emitia luz de arco-íris. Ele deu o dente para Khedrub Dje, um de seus filhos do coração, mas isso decepcionou os outros discípulos, que lhe perguntaram se também poderiam ter um pedaço do dente. Lama Tsongkhapa disse a Khedrub Dje para colocar o dente dentro de uma caixa no altar, de onde a luz de arco-íris continuou a emanar e todos rezaram e meditaram.

Uma semana depois, quando Lama Tsongkhapa abriu a caixa, o dente havia se transformado em uma minúscula imagem de Tara, cercada por pílulas de relíquia. Lama Tsongkhapa deu a estátua de Tara para Khedrub Dje e as pílulas de relíquia para os outros discípulos. Ele também previu que, quinhentos anos depois, as relíquias seriam levadas para Bodhgaya, na Índia. Essa previsão foi acurada. Embora os comunistas chineses tenham destruído o que restava do corpo de Lama Dje Tsongkhapa, algumas das relíquias foram salvas e levadas a Bodhgaya por tibetanos em fuga para o exílio na Índia.

Quando Lama Tsongkhapa finalmente morreu, o fez de modo perfeito. Primeiro, colocou tudo em ordem. Em seguida, pediu a um dos discípulos para trazer sua taça de crânio. Então, executou a meditação de oferenda interna e tomou 33 goles desta, um sinal de que por dentro ele era a divindade Guhyasamaja.[3] Finalmente, sentado em meditação com todos os seus mantos, morreu. Essas são as ações que distinguem um mahasiddha de um ser comum. Um mestre consumado não precisa anunciar: "Sou um mahasiddha". Suas ações o provam.

Você consegue imaginar-se capaz de morrer de modo deliberado, pura e simplesmente? Quando morremos, deixamos uma bagunça. Devemos nos motivar e rezar para que, em vez de morrer como uma vaca, venhamos a morrer como Lama Dje Tsongkhapa. É nosso direito humano. Reze para que, em vez de morrer em um estado deprimido, miserável, você morra de modo bem-aventurado. Tome a resolução: "Quando eu morrer, vou controlar minhas emoções e morrer pacificamente, assim como Lama Tsongkhapa". Você deve se motivar, porque a motivação tem poder. Quando a hora de sua morte chegar, você vai lembrar de sua resolução. Por outro lado, se não tiver uma forte motivação agora, vai acabar tremendo de terror e perder o controle por completo quando a morte chegar. Se você tiver se preparado com antecedência, vai se lembrar do que fazer na hora da morte.

---

3 A mandala de Guhyasamaja contém 33 divindades.

Algum tempo depois da morte de Lama Dje Tsongkhapa, Khedrub Dje ficou triste porque sentiu que os ensinamentos de Lama Tsongkhapa estavam desaparecendo. Lama Tsongkhapa havia ensinado meticulosamente todo o caminho para a iluminação, do início ao fim, do Hinayana ao Paramitayana e Tantrayana, e milhares e milhares de pessoas haviam meditado sobre seus ensinamentos e alcançado realizações. Porém, Khedrub Dje pensou: "Os ensinamentos de Lama Dje Tsongkhapa parecem uma miragem. Infelizmente, o povo tibetano está se degenerando. Ele nos ensinou a não nos agarrarmos aos desejos do mundo sensorial; contudo, as pessoas têm mais apego e mais desejos do que nunca".

Khedrub Dje sentiu-se muito triste e chorou e chorou. Então, rezou e ofereceu uma mandala. De repente, Lama Tsongkhapa apareceu-lhe em uma visão. Estava com aspecto jovem, sentado sobre um trono de jo cercado de divindades, dakas e dakinis. Ele disse a Khedrub Dje: "Meu filho, você não deve chorar. Minha mensagem principal é praticar o caminho tântrico. Faça isso e depois transmita os ensinamentos a discípulos qualificados. Em vez de chorar, você deve ajudar a fazer isso o máximo possível e me fará muito feliz".

Em outra ocasião, Khedrub Dje teve algumas dúvidas técnicas sobre prática tântrica, mas não conseguiu achar ninguém que pudesse respondê-las. Irrompeu em lágrimas de novo. Seu coração estava se partindo. Depois que ele rezou intensamente e ofereceu uma mandala, Lama Dje Tsongkhapa manifestou-se outra vez para ele em uma visão e deu-lhe muitos ensinamentos e iniciações.

Ainda em outra ocasião, Khedrub Dje chorou tão sentidamente e rezou tanto que Lama Tsongkhapa se manifestou a ele no aspecto de um mahasiddha. De cor avermelhada, ele segurava uma espada e uma taça de crânio, montado em um tigre. Também manifestou-se a Khedrub Dje na forma de Manjushri e outra vez em sua forma usual, mas montado em um elefante branco. Cinco visões apareceram quando, por diferentes motivos, Khedrub Dje chorou e rezou para Lama Tsongkhapa.

Por que conto essas histórias? É inspirador saber que Lama Dje Tsongkhapa era sem dúvida um grande yogue, um mahasiddha, e que Khedrub Dje possuía tantas realizações internas que Lama Tsongkhapa manifestava-se quando Khedrub Dje simplesmente o chamava. Você deve entender também que o campo principal de Lama Tsongkhapa era o tantra. Embora sejamos degenerados, somos muito afortunados por termos a chance de ouvir o modo como Lama Tsongkhapa explica o caminho tântrico e por tentar efetivá-lo. Mesmo que não saibamos muita coisa sobre ensinamentos budistas, se praticarmos o que sabemos, Lama Tsongkhapa ficará muito feliz conosco.

# O importante é praticar

É bom pensar sobre as vidas de mahasiddhas como Naropa e Lama Dje Tsongkhapa para que saibamos como praticar. Mesmo depois que aprendemos o LamRim, há épocas em que ficamos em dúvida sobre o que devemos fazer. Quando olhamos para o estilo de vida dos mahasiddhas, muitas coisas ficam claras.

Pela biografia deles, podemos ver que apenas conhecimento intelectual do Dharma não basta – temos de praticar. Existem muitas histórias de mestres eruditos do Dharma tendo de pedir orientação a pessoas que não haviam estudado nenhum dos vastos tratados, mas que haviam realmente experimentado os poucos ensinamentos recebidos. Lembro de Kyabje Trijang Rinpoche, Tutor Júnior de Sua Santidade o Dalai Lama, dizer em seus ensinamentos que, quando chega a hora de praticar, muitos intelectuais têm de procurar mendigos na rua em busca de conselhos. Embora esses eruditos possam ter aprendido intelectualmente todos ensinamentos do sutra e do tantra e possam até mesmo ensinar muitos alunos, eles ainda estão vazios quando se trata de prática.

Rinpoche dizia que isso está acontecendo na comunidade tibetana, mas é bom que nós também mantenhamos suas palavras em mente. Você consegue se imaginar passando vinte ou trinta anos estudando o Dharma e ainda assim não melhorar a si mesmo, ainda não saber nem como começar a prática? Você pode achar que isso não é possível; contudo, pode acontecer.

As Seis Yogas de Naropa não são algo filosófico. Você tem de agir para que ocorra alguma transformação interior. Veja o Karma, por exemplo. Quando falamos sobre Karma, intelectualizamos demais. Precisamos colocar os pés no chão. O Karma não é algo complicado ou filosófico. Karma significa vigiar o corpo, vigiar a boca e vigiar a mente. Tentar manter essas três portas tão puras quanto possível é a prática do Karma.

Existem muitos monges levando vidas ascéticas em Dharamsala na Índia, onde vive Sua Santidade o Dalai Lama. Embora talvez não sejam muito cultos, passam muitos anos meditando e fazendo retiro em pequenas cabanas nas encostas de montanhas. Por outro lado, existem outros monges muito cultos que não querem viver vidas ascéticas. Aqueles que vivem em retiro na montanha realmente tentam experimentar o Dharma e acho que são bem-sucedidos. Eles provam o chocolate, enquanto os eruditos famosos deixam-no passar. No fim, não importa quem você é; se quer experimentar algo, tem de ir ao local onde possa experimentar.

É exatamente igual no Ocidente. Muita gente adquire um incrível entendimento intelectual do budismo com facilidade, mas este entendimento é estéril se não fertiliza o coração. Existem alguns professores ocidentais, por exemplo, que estudaram budismo durante anos. Têm alta graduação em estudos budistas e livros publicados sobre os sutras e tantras. Contudo, muitos admitem que nem mesmo são budistas, o que significa que não puseram em prática aquilo sobre o que escreveram. Conseguem ler e traduzir textos de Lama Dje Tsongkhapa usando palavras incríveis, mas para eles continua sendo mera teoria. Considero isso chocante.

Por outro lado, algumas pessoas ouvem apenas uns poucos ensinamentos LamRim, como o funcionamento da mente negativa, mas começam a olhar para dentro de si mesmas e a meditar. Os ensinamentos tornam-se parte delas gradativamente. Os meros intelectuais, porém, pensam que a mente negativa está em algum outro lugar – no topo do Monte Everest, talvez. Não se importam com a mente negativa porque pensam que não se refere a eles.

Muitos de meus alunos que têm interesse em aprender mais sobre o Dharma me perguntam se deveriam aprender tibetano. Eu lhes digo: "Se quiser aprender tibetano, aprenda. Se não quiser aprender, não aprenda. Existe bastante informação disponível em inglês e outros idiomas". Tenho meus motivos para responder dessa maneira. Sou compreensivo com os estudantes ocidentais e os tenho observado por muitos anos. Muitos de meus alunos aprenderam tibetano, mas depois de aprender, alguns deles pareceram praticar menos o Dharma. Isso não faz sentido para mim. Tibetano não é um idioma sagrado. Em cada cultura você aprende um idioma – faz parte do samsara. Ao aprender tibetano, você aprende uma viagem samsárica tibetana. É por isso que não estou muito interessado em que meus alunos aprendam tibetano. O importante é provar o chocolate. Não importa quão pequeno seja o pedaço; contanto que experimente, você ficará satisfeito.

Lembro-me de uma coisa que Sua Santidade o Dalai Lama disse em um comentário sobre as Seis Yogas de Naropa. Ele descreveu sua visita a alguns monastérios Kagyus, onde viu muitos monges que não eram especialmente instruídos, mas que estavam praticando a sério em retiro, levando vida ascética e passando por muitas privações. Esses monges estudaram uma pequena parte de um comentário e, em seguida, empregaram grande energia e esforço em meditar sobre ela. Sua Santidade disse que, por outro lado, alguns monges Gelugpas eram muito instruídos, mas não empregavam muita energia na prática. Sua Santidade expressou o desejo de que houvesse um equilíbrio entre aqueles que não aprendem muito mas empregam uma energia incrível na prática da meditação e aqueles que são incrivelmente instruídos mas fazem pouquíssima prática de meditação. Tenho certeza de que Sua Santidade não estava brincando, nem estava sendo sectário. Ele ficou impressionado com os Kagyus em retiro.

Para mim, tão logo você entenda um assunto com clareza, deve guardá-lo no coração e praticá-lo. Então, você vai experimentar o ensinamento. Por exemplo, se alguém lhe mostrar exatamente como fazer pizza – como combinar os tomates, o queijo muçarela, os temperos e assim por diante –, isso basta para você fazer uma pizza e comê-la. Entretanto, os ocidentais confundem-se facilmente. Se alguém diz: "Oh, você não sabe muito! Você não pode fazer pizza porque não sabe como fazer curry", você vai pensar que não pode cozinhar de jeito nenhum.

Claro que não estou dizendo que você não deve aprender o Dharma direito; mas assimile no coração e integre tudo que aprende. De fato, conforme o grande Sakya Pandita, alguém que tenta meditar sem antes receber os ensinamentos é como uma pessoa sem braços e pernas tentando escalar uma montanha íngreme. Isso significa que, se você não obtiver primeiro as informações sobre como fazer uma pizza, tentar fazer uma pizza será desastroso. Mas é um disparate dizer que pessoas que não sabem fazer curry não podem fazer uma pizza. Muita gente comete esse mesmo equívoco com o Dharma.

Existem outras concepções equivocadas. Por exemplo, Lama Dje Tsongkhapa disse que primeiro devemos estudar extensivamente, depois entender como praticar os ensinamentos e, então, praticar dia e noite. Podemos interpretar as palavras "primeiro isso, depois isso, depois aquilo" como se tivéssemos de estudar por trinta ou quarenta anos antes de começarmos a meditar. Tais concepções equivocadas existem mesmo.

Suponhamos que eu pergunte a um de meus alunos quanto tempo ele estudou o Buddhadharma e ele responda: "Dez anos". Então, eu digo a ele: "Dez anos? Dez anos de estudo não significam nada. Para poder praticar, você tem de estudar pelo menos trinta ou quarenta anos, porque primeiro deve estudar por um longo tempo, depois deve refletir sobre tudo e, finalmente, precisa praticar dia e noite. Foi o que disse Lama Dje Tsongkhapa". É fácil ser induzido ao erro dessa maneira.

Entender as três negatividades de corpo, as quatro de fala e as três de mente é o bastante para você aprender a evitá-las.[1] Não precisamos aprender

---

1 As três negatividades de corpo são assassinato, roubo e má conduta sexual. As quatro negatividades de fala são mentira, fala rude, calúnia e fofoca. As três negatividades de mente são cobiça, má vontade e visões errôneas. O conjunto constitui as dez ações não virtuosas.

todos os ensinamentos do sutra e do tantra para praticar o oposto delas, as dez ações virtuosas. É essencial que se traga o entendimento correto do budismo para o mundo ocidental, não um entendimento restrito por grilhões culturais. Quando tudo está claro e límpido em sua mente, ninguém pode criar obstáculos para você.

Quando Lama Tsongkhapa ainda era adolescente, fez um retiro de Manjushri. Ele ainda não estudara muito, mas entrou em retiro e teve muitas experiências de meditação. A forma de praticar de Lama Tsongkhapa unificou audição, verificação intelectual e meditação e também unificou sutra e tantra.

◆◆◆

É importante ter uma prática firme. Alunos que ouviram ensinamentos do Dharma por muitos anos às vezes dizem: "Estou confuso! Não sei por onde começar. Recebi muitos ensinamentos de muitos lamas, mas ainda não sei quem é meu verdadeiro professor ou que meditações fazer". Embora esses alunos tenham estudado muitos assuntos e tenham aprendido uma centena de técnicas de meditação, ainda estão perdidos. Isso mostra que há algo errado.

A beleza do budismo tibetano é que este conta com uma estrutura clara, do início ao fim. Talvez você ache todos esses esquemas maçantes, mas o budismo tibetano está vivo hoje em virtude de sua estrutura clara. Todas as quatro tradições têm uma abordagem clara e límpida, e isso deve ser muito valorizado. Se ir daqui para lá envolve dez passos, mas falta alguma informação, você não consegue fazer o trajeto todo. Entretanto, se tem um mapa claro, você não se perde.

Já que estamos adquirindo uma educação budista, devemos ficar atentos ao que precisamos e ao que nos falta. Em certa medida, você sabe do que precisa. Quando está com fome, você reconhece o fato e busca comida. Quando está com sede, você sabe que se beber algo resolverá seu problema. Da mesma forma, quando sentir qualquer tipo de insatisfação, tente simplesmente resolver o problema. Trate dos problemas grosseiros primeiro, depois dos mais sutis, gradativamente. Seja prático. Use sua sabedoria interior – e apenas aja!

Tente ser razoável em sua maneira de crescer, e nunca pense que é tarde demais. Nunca é tarde demais. Mesmo que você morra amanhã, mantenha-se direto e claro e seja um ser humano feliz hoje. Se mantiver sua situação feliz dia após dia, acabará alcançando a felicidade maior da iluminação.

Lembre-se, somos todos responsáveis por nossa vida. Não pense que esse monge tibetano vai lhe dar a iluminação ou torná-lo poderoso. Não é assim. Apenas pense: "A essa altura de minha vida entrei em contato com esse monge e vou julgá-lo de modo realista. Não vou aceitar o que ele diz cegamente, mas verificar se está certo ou errado e debater com ele".

Qualquer um que afirme ser budista sabe que o interesse principal do budismo é a mente. A mente é o núcleo do samsara e do nirvana. Toda experiência que temos em nossa vida manifesta-se a partir de nossa mente. Como você interpreta sua vida e seu mundo por meio de sua atitude mental, é importante ter a motivação correta. Motivação errônea traz dor, decepção e extremos à vida. Pense da seguinte maneira: durante o resto de minha vida, é minha responsabilidade crescer em atenção mental e felicidade. Vou expandir a cada dia a bondade amorosa que já possuo. Quando acordar a cada manhã, abrirei meu olho de sabedoria e verei mais e mais profundamente dentro da realidade universal. Tentarei ficar tão atento quanto possível. Assumirei a responsabilidade por minha vida e a dedicarei aos outros, crescendo com firmeza em bondade amorosa e sabedoria. Servirei aos outros tanto quanto possível. Tome a resolução de que esse será seu modo de vida.

Parte 2

# Práticas Preliminares

# Preparando a mente

O comentário *Tendo as três convicções*, de Lama Dje Tsongkhapa, divide-se em duas grandes seções: as práticas preliminares e as principais. As preliminares também dividem-se em duas: as práticas preliminares comuns e incomuns.[1]

## AS PRELIMINARES COMUNS

As preliminares comuns do Mahayana são todas as meditações LamRim, como valor da vida humana, renúncia, refúgio, bondade amorosa, bodhichitta, vacuidade e assim por diante.

Lama Tsongkhapa explica que, para pôr em prática as Seis Yogas de Naropa, devemos primeiro praticar todas essas meditações. Contudo, mais adiante, ele acrescenta que não dará detalhes sobre as preliminares comuns porque já escreveu extensivamente a respeito em seus textos sobre LamRim.[2]

Lama Tsongkhapa destaca que todos lamas da linhagem aconselharam seus discípulos a praticar as preliminares comuns do Mahayana antes de fazer a prática tântrica. Ele demonstra isso usando citações de Marpa, Milarepa, Gampopa e Pagmo Drupa. Embora as preliminares às vezes não sejam mencionadas como parte das Seis Yogas, esses grandes mestres sempre as ensinaram antes de dar instruções sobre as Seis Yogas em si. Deixar de preparar a mente dessa maneira seria como colocar excesso de bagagem em um iaque: quando o iaque despencasse montanha abaixo, iaque e bagagem seriam perdidos. Além disso, como afirmou Milarepa, quando o guru não ensina da maneira certa, tanto o guru quanto o discípulo despencam do precipício do desastre, como dois iaques presos à mesma canga.

Pela obra de Lama Tsongkhapa podemos ver claramente que ele é não sectário. Esse comentário, com suas muitas citações de antigos mestres Kagyus, como Milarepa e Gampopa, mostra suas extensas pesquisas

---

1 Ver Apêndice 3 (p. 187) para um resumo de *Tendo as três convicções*.
2 Lama Tsongkhapa escreveu três comentários sobre o LamRim – extensivo, intermediário e breve. O extensivo é *A grande exposição dos estágios do caminho para a iluminação*, o intermediário é *A exposição mediana dos estágios do caminho para a iluminação*, e o breve é *Canções de experiência dos estágios do caminho para a iluminação*.

em outras tradições. Se o conselho é correto, Lama Tsongkhapa não se importa com quem o deu. Professores egocêntricos louvam sua própria tradição e não têm nada de bom a dizer sobre as outras ordens do budismo tibetano. Lama Tsongkhapa, entretanto, mostra grande respeito pela tradição Kagyu.

Lama Tsongkhapa, fundador da ordem Gelugpa, teve oportunidade de escrever sobre as Seis Yogas de Naropa em virtude da bondade dos antigos mestres Kagyus. Se lamas como Marpa e Milarepa não tivessem transmitido esses ensinamentos, Lama Tsongkhapa não tomaria conhecimento deles e nós também não teríamos a oportunidade de praticá-los.

Lama Tsongkhapa enfatiza que as preliminares são muito poderosas e que nossa prática não será estável a menos que as façamos. Ele diz que, se não eliminarmos os jogos do ego dessa vida, não poderemos ter uma prática de Dharma estável. Se não tivermos uma devoção que vá para além de nossa boca, não fará sentido sair em refúgio. Se não compreendermos o Karma, fazer votos de proteção será uma piada. Se não tivermos desenvolvido renúncia, será inútil buscar liberação. Se não tivermos bondade amorosa, nos proclamarmos mahayanistas será conversa fiada. E se não tivermos a firme vontade de praticar as seis perfeições de um bodhisattva, nossa ordenação de bodhisattva também será uma piada.

Isso é simplesmente LamRim: dizer as coisas de um jeito diferente às vezes traz compreensão. Lama Dje Tsongkhapa cita Lama Atisha e Milarepa extensivamente nessa questão de não fazer prática de mentirinha.

## AS PRELIMINARES INCOMUNS

As preliminares incomuns, ou tântricas, também têm duas divisões: as preliminares gerais e as preliminares específicas tântricas, ou ngöndro. As preliminares gerais são receber uma iniciação (ver "Recebendo iniciação") e observar a ética dos votos de bodhisattva e tântricos, ou samaya. Na tradição Gelug existem nove preliminares específicas tântricas mas Lama Tsongkhapa menciona apenas três[3] – oferendas de mandala, prática de Vajrasattva e guru yoga – e discute em detalhes apenas as duas últimas (ver "Purificando negatividades" e "A inspiração do guru"), porque são enfatizadas nos ensinamentos dos lamas da linhagem das Seis Yogas de Naropa. Lama Tsongkhapa destaca ainda que, uma vez estabelecidas as preliminares, precisamos meditar sobre

---

3 As outras seis preliminares tântricas são refúgio, prostrações, oferendas de tigelas de água, tsa-tsas, pujas de fogo de Dorje Khadro e Samayavajra.

o estágio evolutivo da yoga a fim de nos qualificarmos para as práticas do estágio de completude das Seis Yogas (ver "Transformando a morte, o estado intermediário e o renascimento" e "Surgindo como um ser divino").

Em *Tendo as três convicções*, Lama Tsongkhapa presta considerável atenção às preliminares tântricas. Devemos executar cada uma das preliminares tântricas cem mil vezes, mas não creio que isso aconteça sempre hoje em dia. No tempo de Lama Tsongkhapa, creio que seus seguidores faziam as preliminares como ele aconselhava. Porém, suponho que mais tarde alguns Gelugpas pensaram: essas práticas preliminares, com suas centenas de milhares de oferendas de mandala, oferendas de tigelas de água, prostrações, guru yoga e mantras de Vajrasattva, são para pessoas não inteligentes. Elas precisam desse tipo de preparação, mas uma pessoa inteligente como eu não precisa.

É possível que você também fique orgulhoso nesse sentido, fazendo alguma afirmação fantástica e refinada sobre ser um grande meditante e que prostrações são para gente sem miolos. Esta é uma visão completamente errada.

Além disso, você não deve imaginar que a prática extensiva dessas preliminares seja uma tradição exclusivamente Kagyu ou Nyingma e que os Gelugpas não precisam fazê-las. Esta é uma impressão errada. Todas as tradições tibetanas dizem que você deve fazer a prática dos sete ramos;[4] assim sendo, como você poderia abrir mão das prostrações?

Alguns textos Gelugs dizem que a preliminar mais importante é a meditação sobre os três caminhos principais – renúncia, bodhichitta e vacuidade – e que as outras preliminares são secundárias. Para você, isso pode significar que não é preciso fazer os conjuntos preliminares de prostrações e assim por diante, mas seria um equívoco.

Lama Tsongkhapa era um ser realizado e ainda assim fazia prostrações. De fato, fez tantas que seu corpo produziu um sinal na rocha sólida. A marca deixada por seu corpo ainda é visível em seu eremitério no Tibete. Enquanto fazia prostrações, ele teve uma visão divina dos 35 Buddhas da Confissão. Isso mostra o quanto as práticas preliminares são poderosas.

É bom praticar as preliminares tântricas diariamente, mas fazer só um pouquinho todo dia não basta. A fim de experienciar seu poder, é necessário fazê-las intensivamente em retiro, de vez em quando, exatamente como Lama Tsongkhapa fez. É uma experiência profundamente diferente.

---

4 A prática dos sete ramos consiste em prostração, oferenda, confissão, regozijo, solicitação de ensinamentos, imploração ao guru para que viva por muito tempo e dedicação.

♦♦♦

Agora, vamos fazer uma dedicação. "Que eu eu e todos os seres sencientes maternos possamos desenvolver renúncia perfeita, bondade amorosa e bodhichitta perfeitas e sabedoria perfeita da vacuidade e assim estarmos qualificados para praticar a meditação da chama interior e atingir as realizações mahasiddhas, exatamente como Naropa e Dje Tsongkhapa fizeram".

# Recebendo iniciação

A primeira das preliminares gerais incomuns, como mencionei, é receber a iniciação tântrica. Para praticar as Seis Yogas de Naropa, precisamos receber as quatro iniciações completas: do vaso, secreta, de sabedoria e da palavra de uma grande iniciação do Yoga Tantra Superior. Receber apenas uma transmissão oral da prática não é suficiente. Visto que as Seis Yogas de Naropa estão intimamente conectadas com Heruka Chakrasamvara e Hevajra, essas são as melhores iniciações a receber.

Lama Dje Tsongkhapa menciona que, antes de dar ensinamentos sobre as Seis Yogas para Gampopa, Milarepa perguntou-lhe: "Você recebeu iniciação?". Quando Gampopa respondeu que sim, Milarepa fez seu comentário. Lama Tsongkhapa cita aqui outra frase de um antigo texto tântrico, O tantra dorosário de diamante, que diz que a iniciação é essencial, é a raiz das realizações e que receber ensinamentos tântricos sem uma iniciação leva tanto o professor quanto o discípulo para os reinos inferiores. Ao mostrar que todos os grandes gurus da linhagem aconselharam seus discípulos a receber primeiro uma iniciação, Lama Tsongkhapa prova que a iniciação é uma preliminar necessária para as Seis Yogas de Naropa.

O que é iniciação? É o começo da experiência de meditação e concentração, de penetração na natureza da realidade de todos os fenômenos. A iniciação nos conduz para dentro da mandala de uma divindade e para dentro da totalidade da experiência daquela divindade. É um antídoto para a mente insatisfeita, samsárica, fanática, dualística. Durante a iniciação devemos abandonar todas as nossas ideias preconcebidas e fixas a respeito de quem somos, de nossa autoimagem limitada. Em vez disso, precisamos nos identificar com a mente de sabedoria da divindade, que é o nosso potencial perfeito.

Os ensinamentos tântricos dão muita ênfase à grande bem-aventurança como base da experiência de iniciação. Naturalmente, se você não tiver experiências bem-aventuradas em sua vida cotidiana, será difícil experienciar a bem-aventurança na meditação, mas todos nós experienciamos felicidade e bem-aventurança em alguma medida. Os ensinamentos tântricos mostram como trabalhar e expandir nossos recursos físicos e mentais de prazer e, por fim, unificar a bem-aventurança com a sabedoria que entende a vacuidade e atingir a liberação.

Receber iniciação não significa que um guru lhe dê algum poder incrível. Você já tem as qualidades de sabedoria profunda e grande bem-aventurança dentro de si; a iniciação simplesmente as ativa.

A qualidade da iniciação que você recebe não depende do guru. Depende de você. O lama que concede a iniciação deve ter recebido a linhagem da iniciação e feito os retiros básicos, mas o importante é a atitude do discípulo. Se estiver motivado pelo desejo sincero de transformar-se de modo que seja capaz de beneficiar os outros, você deve receber a iniciação.

É importante ter uma atitude dedicada. De fato, de acordo com a psicologia budista, a menos que se dedique aos outros, você jamais ficará satisfeito. Em vez disso, ficará chateado e solitário. É lógico que a dedicação aos outros traz a satisfação pela qual você anseia. Receber uma iniciação a fim de alcançar algum tipo de poder para o seu próprio ego não é bom; mas fazê-lo a fim de se dedicar aos outros e assim obter algo para si mesmo é totalmente apropriado.

Você deve visualizar que não está recebendo a iniciação de um ser humano comum, mas da divindade da mandala. Durante uma iniciação de Heruka Chakrasamvara, por exemplo, você deve ver o lama como Guru Heruka, com um corpo de luz azul infinitamente radiante.

Embora muitas pessoas possam participar de uma iniciação, elas não têm a mesma experiência. Cada pessoa vivencia a iniciação de acordo com seu próprio nível de habilidade e desenvolvimento pessoal. Na verdade, a recepção da iniciação depende da mente da pessoa, não de sua participação física. Como mencionei, depende de sua capacidade de largar a autoimagem limitada.

Iniciação é algo sério. Naropa teve de esperar doze anos e executar atos ultrajantes antes que Tilopa lhe conferisse uma iniciação. Nos tempos antigos, a iniciação não era dada em público para grandes grupos de pessoas, como frequentemente acontece hoje em dia. Apenas umas poucas pessoas tinham permissão para participar de cada vez. E as quatro iniciações não eram dadas todas de uma só vez, como se faz agora. Os discípulos recebiam a primeira parte, então iam embora para assimilá-la. Quando atingiam aquele nível específico em sua prática, voltavam para receber o próximo nível da iniciação. Hoje em dia, é muito mais fácil receber iniciação.

Lama Tsongkhapa enfatiza que, durante a iniciação, devemos ir devagar: penetrar, meditar, concentrar-se. Não devemos ficar muito preocupados se durante uma iniciação nossa meditação parece estar apenas no âmbito da imaginação e não da verdadeira experiência. A simples imaginação da experiência planta sementes no campo de nossa consciência, e essas sementes crescerão lentamente. É igual à história do hambúrguer: primeiro alguém teve de imaginá-lo, depois ele se manifestou gradativamente na cultura americana.

À medida que for compreendendo o processo da iniciação tântrica, você descobrirá o significado real do tantra. O processo de iniciação, de fato, simboliza a verdadeira experiência dos estágios de realização tântrica, desde o início até o estágio de atingimento mahasiddha. A iniciação do vaso enfatiza a prática da yoga evolutiva, a iniciação secreta enfatiza o corpo ilusório, a iniciação da sabedoria enfatiza a sabedoria da clara luz e a iniciação da palavra enfatiza a unidade do corpo ilusório plenamente desenvolvido e da clara luz. As Seis Yogas de Naropa explicam exatamente como abordar essa realização da iniciação da palavra, que é a experiência da iluminação plena.

Ao fim de uma iniciação, você deve sentir que se tornou iluminado e deve tomar a resolução: de agora em diante, não vou projetar as alucinações e concepções concretas de minha mente autopiedosa, a fonte de miséria. Em vez disso, vou me identificar com minha energia de sabedoria divina, a fonte de prazer, e oferecer isso a todos os seres vivos.

Enquanto mantivermos a atenção mental e não perdermos o controle, não importa quanto prazer bem-aventurado experienciemos. Com a atitude correta, nosso prazer torna-se nossa liberação.

# Purificando negatividades

Na visão do tantra, o atingimento de realizações mais elevadas depende da purificação das negatividades. Não adianta forçar a meditação até que você tenha feito algo para reduzir os obstáculos à realização. Em minha opinião, vocês com frequência forçam demais. Vocês reclamam: eu medito e medito, mas minha meditação nunca melhora. Isso acontece porque vocês ainda não criaram as condições corretas para as realizações. É preciso fazer poderosas práticas de purificação, como a meditação e a recitação do mantra de Vajrasattva, uma das preliminares tântricas descritas em detalhe em *Tendo as três convicções*.

Vajrasattva é a manifestação da pureza de todos os Buddhas. Em geral, a prática de Vajrasattva ajuda a melhorar tanto sua meditação quanto seu estilo de vida. Medite intensivamente sobre Vajrasattva sempre que experienciar problemas ou tiver dificuldades para estudar ou praticar o Dharma. É possível sentir quando você necessita da prática de Vajrasattva. Embora possa não ter uma concentração unidirecionada, você definitivamente irá experimentar alguma transformação fazendo apenas três meses de retiro de Vajrasattva.

O texto indiano tântrico *O ornamento essencial* diz que recitar 21 mantras de Vajrasattva por dia garante que nem as nossas negatividades naturais, nem as negatividades da quebra de nossos votos tântricos aumentarão. Votos tântricos quebrados são os mais sérios obstáculos às realizações, fazendo a quebra de outros votos parecer insignificante. O texto acrescenta que recitar cem mil mantras de Vajrasattva pode purificar qualquer negatividade. Muitos dos lamas da linhagem dizem que fazer um retiro de Vajrasattva da forma apropriada pode purificar até mesmo a quebra de todos os votos-raiz tântricos.

Você deve utilizar a prática de Vajrasattva tanto quanto possível, especialmente se não fez um retiro de Vajrasattva completo. Você pode combinar a purificação de Vajrasattva com a prática da chama interior, alternando-as; uma ajuda a outra. Dessa maneira, você pode completar os cem mil mantras de Vajrasattva enquanto descobre o poder da chama interior. Praticar as preliminares tântricas e o estágio da completude ao mesmo tempo propicia o sucesso. Para principiantes, é bom praticar a chama interior pela manhã e executar dez minutos da purificação de Vajrasattva à noite, antes de deitar.

Depois você dorme confortavelmente, com a mente feliz. Se você dormir com uma mente em miséria, ativa Karma pesado a noite inteira.

A mente convencional, relativa, faz que a negatividade seja reprimida e aumente. Entretanto, se você conseguir reconhecer que até mesmo o conceito de energia negativa é uma ilusão e tem a natureza da não dualidade, a negatividade será reduzida. Como tudo o mais, positivo e negativo são interdependentes; são fabricados por nossa própria mente.

Às vezes, estudantes novatos do Dharma pensam: oh, não! Tanta conversa sobre pecado e negatividade! Eles pensam que Deus ou Buddha criou a negatividade, mas não é verdade. Nossa própria mente cria o Karma negativo. Nós mesmos pensamos que somos negativos. Enquanto acreditarmos, consciente ou inconscientemente, que somos impuros, a imaginação autopiedosa sempre estará presente e, então, praticaremos ações autopiedosas porque estaremos emanando vibrações autopiedosas. Por isso a purificação é tão importante.

Purificar significa solucionar nossa situação e nosso Karma. A melhor forma de fazer isso é compreender a não existência da negatividade e do eu. Porém, visto que isso é difícil de entender, precisamos fazer algo a respeito dos conceitos psicológicos que nos oprimem. Acredito firmemente que a negatividade é abalada recitando-se o mantra de cem sílabas de Vajrasattva, mesmo que uma só vez. Sei que ele é poderoso. Claro que existe uma grande diferença entre recitar um mantra correta e incorretamente. Muitas vezes recitamos mantras de modo desatento. Recitar cem mil mantras de forma descuidada não se compara a recitar um mantra de maneira perfeita.

◆◆◆

Lama Dje Tsongkhapa descreve a meditação de Vajrasattva em detalhe em *Tendo as três convicções*, mas aqui não vou entrar em detalhes, conforme já expliquei antes.[1] Vou apenas dar a essência da prática.

Visualize Vajrasattva e sua consorte sentados acima de sua cabeça sobre um assento de lótus e lua. Seus corpos são feitos de luz radiante branca. Reconheça as realizações idênticas das divindades masculina e feminina.

Existem três maneiras de visualizar o processo de purificação. A cada visualização, você recita simultaneamente o mantra de Vajrasattva.

---

1 Para mais detalhes, ver *The tantric path of purification*, de Lama Yeshe (Boston: Wisdom Publications, 1995), uma reunião de comentários sobre o método da yoga de Heruka Vajrasattva.

Na primeira técnica, néctar branco como leite ou iogurte flui abundantemente dos corações de Vajrasattva e sua consorte. Ele desce por seus canais centrais até seus chakras inferiores unidos e segue diretamente pelo assento de lótus e lua. Como uma cachoeira poderosa precipitando-se de grande altura, o néctar penetra com vigor pela coroa de sua cabeça e corre por seu canal central, purificando-o completamente. Toda sua energia negativa grosseira, seu lixo interno, é forçado para fora pelas aberturas na parte inferior de seu tronco na forma de serpentes, escorpiões, vermes, formigas ou o que quer que você considere eficiente. Como alternativa, você pode imaginar as negatividades saindo como galos, porcos e cobras, símbolos das três mentes venenosas de luxúria, ignorância e ódio. Toda sua energia negativa grosseira é purificada e desaparece dentro da terra.

No segundo método, o néctar bem-aventurado vindo de Vajrasattva e sua consorte derrama-se por seu canal central e preenche você dos pés à coroa. Visualize toda sua energia impura sendo forçada para cima pelo néctar e deixando seu corpo pelas narinas e pela boca, exatamente da mesma forma que a água despejada dentro de um copo sujo faz que a sujeira do copo suba. Esta segunda técnica é mais sutil que a primeira.

A terceira técnica envolve energia de luz em vez de líquido. Essa poderosa luz bem-aventurada é branca, mas com uma nuança de arco-íris. Ela despedaça instantaneamente a escuridão dentro de você. A escuridão no chakra da cabeça, no chakra da garganta e em todos os lugares desaparece sem deixar vestígio. As partes inoperantes de seu cérebro e sistema nervoso são ativadas, e não há espaço para impurezas de corpo, fala e mente. Todo seu corpo torna-se transparente como cristal.

Essas três técnicas de visualização são as principais meditações que acompanham a recitação do mantra de Vajrasattva. Visto que produzem resultado, você deve praticá-las.

♦♦♦

Agora, vamos dedicar. "Que possa não haver obstáculos para nossa efetivação da chama interior. Que todos nós possamos atingir realizações nesta vida".

# A inspiração do guru

Guru yoga, a outra preliminar tântrica descrita em detalhe por Lama Tsongkhapa em *Tendo as três convicções*, é praticada para receber inspiração e bênçãos. Parece ser a prática mais difícil para a mente ocidental, mas é realmente bem simples se você tentar entendê-la de modo racional.

Buddha Shakyamuni revelou o tantra e outros ensinamentos há 2.500 anos, mas esses ensinamentos são reais para você? Ele ensinou as Quatro Nobres Verdades, mas isso basta para que elas sejam verdadeiras para você? Buddha Shakyamuni, Naropa, Marpa, Milarepa e Lama Dje Tsongkhapa já ensinaram o essencial das Seis Yogas de Naropa, mas, sem alguém para introduzi-las a você, elas lhe são reais? Você pode ter livros que expliquem exatamente como praticar as Seis Yogas de Naropa, mas os resultados de seguir as instruções de um livro são questionáveis. O tantra é altamente técnico, internamente técnico, de modo que é essencial um professor. Alguém tem de lhe mostrar as práticas, de modo que se tornem uma experiência orgânica.

Se você comprasse um Rolls-Royce e, em vez deste, recebesse todas as partes do carro e um manual de instruções sobre como montá-lo, entraria em pânico: o que é isso? Onde está meu carro? Você precisaria de alguém para lhe mostrar como juntá-lo. Aqui, ocorre o mesmo. Precisamos de alguém que nos mostre como juntar tudo em nossa mente.

Quando nosso guru nos ensina sobre as Quatro Nobres Verdades, ele nos dá inspiração e bênçãos. Ele torna as Quatro Nobres Verdades reais para nós, de modo que se tornem uma realização nossa. Nossa sabedoria que realiza as Quatro Nobres Verdades é a inspiração e bênção do guru. Quando alguém lhe mostra as Quatro Nobres Verdades e você as entende, isso o leva a seguir o caminho. É lógico e simples. Não é que o guru diga: eu lhe mostrei as Quatro Nobres Verdades; você deve acreditar nelas.

A esse respeito, penso que o relacionamento entre alunos ocidentais e seus professores é melhor do que entre alunos orientais e seus professores, pois os costumes formais não estão envolvidos. Os ocidentais questionam tudo, e creio que esta é uma abordagem muito honesta. Se algo não fizer sentido para você, diga-o abertamente. Se algo fizer sentido para você, diga: sim, isso é útil. Vou usar. Não existe um costume que o obrigue a responder ou se comportar de determinada maneira. Se você não gosta de algo, simplesmente fale. Para os orientais é muito difícil fazer isso, pois sentem uma obrigação social de se comportar de certa maneira. Acho que o jeito ocidental é mais realista.

Em virtude das diferenças culturais, os tibetanos às vezes não entendem a devoção dos alunos ocidentais, nem os ocidentais entendem a devoção dos tibetanos. Culturas diferentes têm percepções nitidamente diferentes.

Vou dar um exemplo. Quando meu aluno Cláudio está trabalhando como meu assistente, ele pergunta informalmente: "Lama, você gostaria de tomar um chá ou café?". Os tibetanos ficariam chocados com o comportamento de Cláudio. Na cultura tibetana, é inaceitável um aluno abordar seu professor de modo tão informal. A abordagem deve ser muito respeitosa. Mas de que se trata tudo isso? De uma xícara de café! O café não fica melhor se o aluno segue o costume tibetano ou ocidental. É apenas uma diferença cultural. Os tibetanos diriam: veja como aquele aluno italiano aborda seu professor! Os ocidentais não têm humildade ou devoção. Mas a crítica não é realmente válida. É ilógico dizer que Cláudio é desrespeitoso simplesmente porque se comporta de acordo com sua cultura.

Quando comecei a ensinar ocidentais, há muitos anos, muitos de meus amigos tibetanos ficaram chocados. "Como você consegue ensinar ocidentais?", perguntaram. "Como podem eles entender o Buddhadharma? Você está tentando algo impossível." Muita negatividade foi dirigida a mim.

De fato, é mais difícil ensinar ocidentais do que tibetanos. Se tibetanos me perguntam se podem purificar todo seu Karma negativo recitando o mantra de Vajrasattva, posso responder simplesmente com uma citação relevante do Buddha Shakyamuni ou de Lama Tsongkhapa. Não tenho de pensar muito na minha resposta. Posso apenas citar algumas palavras de um texto e eles ficarão satisfeitos. Se você citar as palavras certas, os tibetanos ficarão calados. Um ocidental, por outro lado, indagaria: Lama Dje Tsongkhapa disse o quê? Por que ele disse isso? Como ele pôde dizer isso? Isso funciona? Isso é bom; mas, em virtude das diferenças culturais, os tibetanos vão projetar que os ocidentais conhecem muito pouco do Dharma.

Há alguns anos, um lama tibetano culto, que eu havia convidado para ensinar no meu centro de Dharma na Inglaterra, me disse: "Talvez você não precise realmente de um professor altamente qualificado para os ocidentais. Um professor simples deve bastar". Ele falou seriamente. Eu não disse nada. Não havia sentido em discutir, uma vez que ele já havia aceitado o convite. Ele teve de descobrir por si só.

Encontrei-o seis meses depois, quando fui à Inglaterra dar ensinamentos. Não mencionei nossa conversa anterior, mas um dia ele comentou comigo:

"O que eu lhe disse quando estava na Índia foi um equívoco. Penso que é muito difícil ensinar ocidentais". Este é um relato experiencial!

◆◆◆

Para meditar sobre guru yoga, visualize a essência de seu guru manifestando-se no espaço da não dualidade diante de você na forma de Vajradhara. Guru Vajradhara está sentado em um assento de lótus e sol sobre um trono sustentado por oito leões das neves. Ele é de cor azul-radiante, segura um vajra e um sino e abraça uma consorte da mesma cor. Ver seus corpos de luz azul-radiante no espaço desperta grande bem-aventurança e a sabedoria da não dualidade dentro de você. Luz azul e espaço recordam-nos automaticamente da não dualidade.

No chakra da coroa deles há um assento de lua com uma sílaba *oṃ* branca sobre ele; no chakra da garganta, um assento de lótus com a sílaba vermelha *āḥ*; e no chakra do coração, um assento de sol com um *hūṃ* azul.

Pense a respeito da grande bondade e preocupação de Guru Vajradhara para com você, conforme foi explicado nos ensinamentos LamRim. Embora Guru Vajradhara não seja seu pai ou sua mãe, nem seu esposo ou esposa, nem seu namorado ou namorada, ainda assim ele está profundamente interessado em seu bem-estar. É como se ele existisse unicamente para você.

Ver a essência de Vajradhara como seu próprio guru-raiz produz uma sensação de proximidade, de bondade pessoal; visualizar o guru no aspecto de Vajradhara traz inspiração e realizações rapidamente.

A luz irradia-se do *hūṃ* no coração de Guru Vajradhara nas dez direções. Em cada raio de luz podemos visualizar um dos lamas da linhagem das Seis Yogas de Naropa, como Tilopa, Naropa, Marpa, Milarepa, Gampopa, Pagmo Drupa, Butön ou Lama Dje Tsongkhapa. São os mestres que praticaram e alcançaram a realização da chama interior e descobriram a totalidade do corpo ilusório e da sabedoria de clara luz.

Quando visualizo todos esses gurus da linhagem, gosto de ver cada um deles no aspecto de um mahasiddha. Mahasiddhas têm corpos vajras vibrantes de energia kundalini bem-aventurada. Não têm desejo por objetos externos porque atingiram o samadhi perfeito e a sabedoria nascida simultaneamente. Ver os lamas da linhagem dessa maneira encoraja-nos e energiza-nos. Meramente imaginá-los com esse aspecto faz a kundalini tantalizante e bem-aventurada fluir para o canal central. Lama Tsongkhapa não nos instruiu de fato a visualizar os lamas da linhagem dessa forma, mas isso não contradiz seu conselho. Não devemos pensar que não podemos fazer algo simplesmente porque não foi mencionado por Lama Tsongkhapa.

A forma usual de retratar Lama Tsongkhapa, como um monge budista, enfatiza sua pureza. Na Terra Pura de Tushita, entretanto, ele tem um nome e uma manifestação diferentes.[1] Além disso, mencionei anteriormente cinco visões que Khedrub Dje teve de Lama Tsongkhapa. Em uma dessas, Lama Tsongkhapa manifestou-se como um mahasiddha montado em um tigre. Gosto de visualizá-lo dessa forma.

Como mencionei antes, Naropa originalmente era um monge no Monastério de Nalanda; era um professor superinteligente que ninguém conseguia derrotar em debate. Mais tarde, insatisfeito com esse papel e com o mero conhecimento intelectual, ele saiu à procura de Tilopa. Depois que Naropa tornou-se discípulo de Tilopa, este lhe disse que deixasse de se vestir como um mahapandit. Assim, Naropa tirou seus mantos respeitáveis e colocou trajes de mahasiddha, completados com uma pele de tigre. O professor virou um *hippie* de aspecto selvagem.

Embora a tradição Gelugpa dê forte ênfase à ética e à pureza monásticas, quando monges ordenados conferem iniciações, às vezes, tiram os mantos comuns e vestem os trajes de mahasiddha. Quando recebi uma iniciação de Heruka de um de meus gurus, ele veio vestido assim. Também existem fotografias de Dje Pabongka Rinpoche e Sua Santidade Trijang Rinpoche vestindo trajes de mahasiddha. Visualizar todos os gurus da linhagem com aspecto de mahasiddha é muito poderoso para romper com nossos conceitos ordinários. Uma manifestação diferente inspira uma visão diferente.

Conosco ocorre o mesmo. Se quisermos nos engajar na prática tântrica, devemos seguir o exemplo de Naropa e deixar de lado a preocupação com nossa aparência e reputação, com o que parecemos e com o que as pessoas pensam de nós. Talvez devêssemos tirar a roupa e sentar em cima de uma pele de tigre com cinzas sobre o corpo, como um sadhu indiano. Quando Cláudio e outro de meus alunos italianos, Piero, vieram me ver pela primeira vez, anos atrás, chegaram vestidos como mahasiddhas. Quando vieram para o ensinamento, trouxeram até uma pele de animal para se sentar.

Aspectos diferentes podem nos dar energia diferente, conforme nossas necessidades. Para mim, Milarepa é um bom exemplo. Quando eu era um jovem monge estudando filosofia, com frequência lia a biografia de Milarepa. Ela me causou profunda impressão e removeu todas as dificuldades. Outra imagem que me inspira é o Buddha em jejum. Às vezes, é útil olhar esse

---

1 Em Tushita, Lama Tsongkhapa manifesta-se como o deus Jampel Nyingpo (Essência de Sabedoria).

aspecto ascético do Buddha Shakyamuni. Esse aspecto nos faz pensar: ele era um ser humano como eu. Como fez essas coisas?

◆◆◆

Assim, Guru Vajradhara está no espaço diante de você. Luz irradia-se de seu coração nas dez direções, enquanto todos os lamas da linhagem, sentados como mahasiddhas, prestam atenção em você.

Nesse momento, você pode fazer a prece dos sete ramos com uma oferenda de mandala, bem como oferendas externa, interna, secreta e de talidade.[2] Oferendas não precisam necessariamente ser materiais. Fazer oferendas materiais, como dinheiro, é fácil; a oferenda da prática é muito mais difícil. Milarepa disse: "Não tenho oferendas mundanas para meu guru. Tenho apenas a oferenda da meditação". Essa é a melhor oferenda. A melhor oferenda do mundo a seu guru é praticar com sinceridade, ser íntegro e feliz e alcançar realizações.

Em seguida, com firme reconhecimento de Guru Vajradhara como a divindade, o daka e a dakini e o protetor do Dharma, reze com firmeza para Guru Vajradhara e lamas da linhagem por qualquer realização de que você precise. Eles o energizam e inspiram a desenvolver todas as realizações. Como estamos praticando as Seis Yogas de Naropa, devemos fazer preces intensas para o sucesso na meditação da chama interior e para a rápida efetivação das realizações da chama interior; para o êxito na meditação sobre o corpo ilusório e para a rápida realização do corpo ilusório; e para o êxito na meditação sobre a clara luz e a rápida realização da clara luz. Ou, se você sente ansiedade, insatisfação e necessidade de energia kundalini bem-aventurada, reze para que todo seu sistema nervoso fique embebido dessa energia bem-aventurada e para que você realize o estado eterno de bem-aventurança.

Depois de fazer esses enérgicos pedidos, visualize todos os lamas da linhagem dissolverem-se em Guru Vajradhara. Raios de luz branca, vermelha e depois azul emanam do *oṃ*, *āḥ* e *hūṃ* da coroa, da garganta e do coração de Guru Vajradhara, respectivamente. Luz branca radiante entra pelo chakra da sua coroa, luz vermelha radiante entra pelo chakra de sua garganta e luz azul radiante entra pelo chakra de seu coração. Seus três chakras principais

---

2 A oferenda de mandala é uma oferenda do universo inteiro para o guru-divindade. Oferendas externas envolvem a oferenda de objetos materiais, reais ou visualizados, para o guru-divindade; oferendas internas referem-se à oferenda de substâncias abençoadas visualizadas como néctar da sabedoria transcendental; oferendas secretas referem-se à oferenda de consortes para o guru-divindade; e oferendas de talidade referem-se à oferenda da realização da vacuidade.

são preenchidos e energizados por luz radiante e bem-aventurada. Imagine que todas as suas negatividades de corpo, fala e mente são purificadas e que você recebe as iniciações do vaso, da sabedoria e secreta. Muita luz radiante emana de novo dos três pontos do guru, mas dessa vez simultaneamente. Sinta que todas as marcas de negatividades de corpo, fala e mente são simultaneamente purificadas e que você recebe a quarta iniciação, a da palavra.

Para concluir a prática de guru yoga, visualize Guru Vajradhara vir para a coroa de sua cabeça e ser absorvido por você. Embora muitas coisas manifestem-se em sua vida para ajudá-lo, elas têm uma única fonte nuclear: Guru Vajradhara é o guru, a divindade, o daka e a dakini e o protetor do Dharma. Guru Vajradhara desce por seu canal central até o chakra de seu coração. Seu corpo é unificado com o corpo de Guru Vajradhara, sua fala é unificada com a fala de Guru Vajradhara e sua mente é unificada com a sabedoria transcendental e bem-aventurada de Guru Vajradhara, que é a experiência do dharmakaya. Você experiencia a totalidade.

O poder da totalidade, não importa se o chamamos de poder de Deus ou poder do Buddha, não está em algum lugar lá em cima ou lá fora. O poder está dentro de cada um de nós. A grande compaixão está dentro de você; a sabedoria está dentro de você; Deus e Buddha estão dentro de você. Se você tiver um conceito dualista de que você está aqui embaixo e Guru Vajradhara está em algum lugar lá em cima, jamais compreenderá a unidade. A guru yoga é profunda; não pode ser expressa em meras palavras.

◆◆◆

Você pode entender as qualidades de Guru Vajradhara apenas de acordo com seu próprio nível de desenvolvimento espiritual. Você não pode forçar e não pode intelectualizar. Quando você entende que existem muitos níveis diferentes, a prática de guru yoga torna-se bastante razoável.

No budismo, dizemos que você pode ver seu próprio nível e talvez projetar um pouco para cima. Por exemplo, quando alcançar o nível avançado de realização conhecido como caminho da acumulação, você será capaz de ver um pouco do estágio seguinte, o caminho da preparação. Quando chegar ao caminho da preparação, será capaz de projetar algum conceito sobre o caminho da visão, porque já terá alguma experiência de vacuidade; e assim por diante, em todo o caminho até a iluminação.[3]

---

3 Os dois caminhos finais que levam ao estado de Buddha são os caminhos da meditação e de não mais aprendizado. Ver Glossário.

Por exemplo, considere as meditações externa, interna e secreta da Guru Yoga de Lama Tsongkhapa. Primeiro você se comunica com o nível externo do conhecimento de Lama Tsongkhapa. Depois, em um ponto mais profundo, você se comunica com o nível interno. Então, quando vai ainda mais fundo, você se comunica com o nível secreto. É o mesmo com Guru Vajradhara.

Você não deve sentir nenhuma separação entre você e Guru Vajradhara. Você não deve pensar: o guru é tão elevado e eu sou tão reles. Em vez disso, você tem de se unificar com Guru Vajradhara, dissolvê-lo dentro de você. Você reconhece sua própria mente como a experiência de dharmakaya de Guru Vajradhara. Essa consciência de sabedoria bem-aventurada é o guru absoluto e, para experienciá-la, você precisa praticar guru yoga.

O dharmakaya é não supersticioso e não conceitual por natureza, mas nossas mentes estão cheias de superstição. Entretanto, apenas imaginar a experiência de dharmakaya junta a inspiração e o sabor, assim como imaginar um *cheesecake*. O simples pensamento no dharmakaya estimula a experiência de dharmakaya e automaticamente faz parar o pensamento supersticioso. A ideia principal da guru yoga é unificar nossa mente com a clareza completa da sabedoria de Guru Vajradhara, que é livre de superstição.

Devemos aprender também a reconhecer o guru a cada momento. Mesmo que nossa mente mais egotista, miserável e insatisfeita esteja presente, em vez de expandir essa mente egocêntrica, devemos reconhecer sua natureza de dharmakaya, sua natureza de totalidade-do-guru. Essa energia orgânica e direta é assimilada pela grande sabedoria da unificação: você é o guru, você é a divindade, você é o daka e a dakini, você é o protetor do Dharma. Este é o ensinamento do tantra.

Isso é semelhante ao cristianismo, que reconhece um só Deus como personificação do princípio da totalidade. Os tantras budistas descrevem muitas divindades, dakas e dakinis e protetores do Dharma, mas de fato todos eles são personificações da realidade única da totalidade. À medida que avançamos no caminho para a iluminação, nós mesmos nos tornamos o guru, a divindade, o daka e a dakini, o protetor do Dharma. Praticamos guru yoga a fim de descobrir essa unidade.

Parte 3

# Indo Além das Aparências

# Tranformando a morte, o estado intermediário e o renascimento

## Por que é necessário praticar primeiro a yoga do estágio evolutivo

Depois de discutir as práticas preliminares, Lama Dje Tsongkhapa explica as práticas que se baseiam naquelas preliminares, começando com a meditação sobre a yoga do estágio evolutivo. A Yoga Tantra Superior é dividida em dois estágios: o estágio evolutivo e o estágio de completude. As práticas das Seis Yogas de Naropa pertencem ao estágio de completude.

Na yoga do estágio evolutivo, que algumas pessoas preferem chamar de yoga do estágio de geração, aprendemos a nos identificar como um Buddha, uma divindade, um ser plenamente iluminado (ver "Surgindo como um ser divino"). Em meditação intensiva, desenvolvemos a aparência clara e vívida de nós mesmos como uma divindade e o orgulho divino de realmente sermos a divindade. Entretanto, para fazer isso, devemos praticar primeiro a purificação das experiências ordinárias da morte, do estado intermediário e de renascimento. Essa essência da yoga do estágio evolutivo é efetivada por meio de meditação sobre as três experiências puras do dharmakaya (corpo de verdade), sambhogakaya (corpo de deleite) e nirmanakaya (corpo de emanação). A experiência da morte deve ser transformada no dharmakaya, a experiência do estado intermediário, no sambhogakaya, e a experiência de renascimento, no nirmanakaya.

A prática do estágio evolutivo de purificar as experiências da morte, do estado intermediário e de renascimento acontece no âmbito da simples imaginação, não no âmbito da experiência em si. Quando pensamos: agora é hora da experiência da morte. Os quatro elementos estão se dissolvendo, estamos simplesmente imaginando o processo da morte. Entretanto, quando praticamos a yoga do estágio de completude, por meio do poder de concentração, realmente experimentamos o processo que ocorre na morte, com a absorção dos quatro elementos e de todas as mentes conceituais.

Pode surgir a questão: se a prática do estágio evolutivo ocorre apenas no âmbito da imaginação, por que precisamos nos dedicar a ela? Lama Tsongkhapa explica de forma clara e cabal por que é necessário efetivar o estágio evolutivo antes de se engajar nas práticas do estágio de completude. Alguns lamas tibetanos afirmaram que as práticas de efetivação da divindade do estágio evolutivo não são necessárias e podem até mesmo tornar-se um obstáculo ao estágio de completude. Lama Tsongkhapa destaca nesse ponto do texto que existem concepções equivocadas no Tibete de que a meditação sobre a yoga do estágio evolutivo é necessária apenas para se receberem realizações mundanas, sendo portanto descenessária para a obtenção da realização mais elevada.

Lama Tsongkhapa explica que todas as linhagens provenientes de Marpa[1] dizem que o primeiro passo é conduzir os alunos por intermédio da yoga evolutiva. Para demonstrar esse ponto, ele cita uma passagem de Milarepa: primeiro você deve passar pela yoga evolutiva a fim de eliminar as visões difíceis de morte, estado intermediário e renascimento. Muitos outros grandes lamas do passado concordaram que o estágio evolutivo deve ser efetivado, assim como o estágio de completude.

Expressando sua opinião pessoal, Lama Tsongkhapa afirma que a base adequada para o sucesso na yoga do estágio de completude é a yoga do estágio evolutivo e que, como preliminar para a prática do estágio de completude, os praticantes devem ter concentração estável ao ver a si mesmos como a divindade.

Além disso, a prática da yoga do estágio evolutivo, em geral, deve ter três qualidades ou sabores: todos os seres devem ser vistos como divindades, cada experiência deve ser inseparável da sabedoria da não dualidade e cada experiência deve ter a natureza da grande bem-aventurança.

A efetivação da yoga evolutiva é uma realização elevada, com níveis grosseiros e sutis. Com o nível grosseiro de atingimento, você é capaz de construir uma clara imagem mental da mandala inteira com todas as várias divindades, mansão celestial e ambiente circundante. Com o atingimento do nível sutil, você possui o samadhi indestrutível e pode imaginar vividamente sua mandala inteira, em miniatura, durante várias horas.

Entretanto, mesmo que não tenhamos alcançado o atingimento sutil do estágio evolutivo, podemos começar as práticas do estágio de completude, como as Seis Yogas de Naropa. Você não deve achar que a chama interior seja um grande salto. É melhor meditar sobre renúncia o resto da vida. É mais

---

[1] Existem quatro linhagens principais provenientes de Marpa: a linhagem Mey, a linhagem Tsur, a linhagem Ngok e a linhagem de Milarepa.

razoável. Não pense assim! Lama Tsongkhapa, assim como muitos lamas de outras tradições, desenvolveu a habilidade de praticar tanto o estágio evolutivo quanto o de completude todos os dias. A biografia de Lama Tsongkhapa explica que em algumas sessões ele praticava a yoga do estágio evolutivo e, em outras, a do estágio de completude. Treinar dessa forma ajuda a produzir realizações. É correto engajar-se nas yogas do estágio evolutivo e do estágio de completude ao mesmo tempo, pois elas apoiam uma à outra. Por exemplo, às vezes você pode achar a yoga do estágio evolutivo difícil, mas por algum motivo as práticas do estágio de completude parecem mais fáceis e familiares e tocam mais o seu coração. Quando pratica ambos os estágios juntos, você prova o chocolate bem-aventurado.

## TRAZENDO OS TRÊS KAYAS PARA O CAMINHO

Lama Tsongkhapa enfatiza expressamente que, sempre que efetivamos uma divindade como caminho para a iluminação, devemos usar a técnica de transformar a morte, o estado intermediário e o renascimento nos três kayas e trazê-los para o caminho da iluminação. Esta é a prática essencial do estágio evolutivo e conduz ao estágio de completude de forma proveitosa e adequada.

Como nos engajamos na prática do estágio evolutivo? Em geral, a despeito da divindade que estejamos efetivando, a yoga do estágio evolutivo envolve a prática de uma sadhana diária. A sadhana começa com a tomada de refúgio e a geração da motivação de bodhichitta de atingir a iluminação para beneficiar os outros. Segue-se a prática de guru yoga, a raiz do caminho tântrico em sua totalidade, como descrevi anteriormente.

Depois disso, antes de meditarmos sobre os três kayas, recitamos o mantra da vacuidade *oṃ svabhāvaśuddhāḥ sarvadharmāḥ svabhāvaśuddho 'ham* e meditamos sobre seu profundo significado. Esse mantra afirma basicamente que a natureza de tudo que existe é pura, que todos os fenômenos existentes, inclusive nós, são de caráter não dual. Refere-se à ausência de autoexistência, à existência não inerente ou à vacuidade de tudo que existe. Essa é a realidade absoluta. A realidade convencional é como um sonho, um truque de mágica, uma projeção ou uma miragem. Pensar dessa maneira enquanto recitamos o mantra da vacuidade dissolve nossos conceitos concretos.

Nossa mente dualista normal distorce a realidade constantemente. Ou acrescentamos qualidades extras à realidade ou a subestimamos. Parece que jamais conseguimos achar o caminho do meio. Projetamos impureza sobre o que é puro. Nasci com impurezas, hoje sou impuro, vou morrer impuro e acabar no inferno. Mesmo que não pensemos assim conscientemente, isso está dentro de nós. Acreditamos que somos fundamentalmente impuros. "Como posso ser puro?", pensa nossa mente de autopiedade. Devemos nos livrar dessa ideia, que é a causa de todas as nossas doenças de corpo e mente.

O fato é que a natureza fundamental de nossa mente é pura e semelhante ao espaço. A mente do ego tenta projetar algo impuro em cima disso, mas é impossível acrescentar algo àquilo que tem natureza semelhante ao espaço. Tais projeções impuras são momentâneas, como nuvens no céu. Embora o céu permita o vaivém das nuvens, elas não são uma característica permanente do céu. Existe uma relação similar entre o caráter fundamental de nossa mente e nossa mente dualística. A natureza de não dualidade de nossa mente sempre foi pura, é pura hoje e será sempre pura. O que chamamos de impurezas são as nuvens superficiais do ego que vêm e vão. Temos de reconhecer que elas são transitórias e podem ser removidas. São simplesmente energia. Sua natureza relativa, negativa, confusa, fantasiosa não é nossa natureza fundamental. Compreeder isso corta o ego de autopiedade.

A finalidade de fazer meditação é descobrir o princípio fundamental de totalidade. No momento em que você alcança essa experiência de não dualidade, não há espaço para emoções pesadas ou sentimentalismo. A percepção pura e penetrante transpassa os obstáculos relativos e toca a natureza mais profunda da existência humana. Nesse momento da experiência, não existe rotulamento conceitual pela mente dualista; nesse momento, não existe Buddha ou Deus, sujeito ou objeto, céu ou inferno.

◆◆◆

Depois de recitar *oṃ svabhāvaśuddhāḥ sarvadharmāḥ svabhāvaśuddho 'ham*, você visualiza o processo que ocorre na morte, começando com a dissolução dos quatro elementos. Sinta a absorção do elemento terra, depois do elemento água. Sua experiência do mundo sensorial diminui gradativamente. O elemento fogo é absorvido, depois o elemento ar. Todos os seus conceitos concretos também se dissolvem gradativamente.

Agora, você experiencia apenas consciência; seu corpo deixou de funcionar. A visão branca aparece; você vê o universo inteiro como um espaço vazio permeado de luz branca. Não aparece nenhum fenômeno dual. Você está se aproximando da totalidade universal da não dualidade, da sua verdadeira natureza. Sinta: sou esse estado natural de consciência tocando a realidade universal.

Sua mente torna-se mais sutil, e a visão branca transforma-se na visão vermelha. Mantenha a atenção mental e simplesmente relaxe. Experiencie a natureza unificada da vacuidade e bem-aventurança da visão vermelha. Agora, você experiencia a visão negra, como a madrugada antes do nascer do sol. Da escuridão surge a luz, assinalando o início da experiência de clara luz. Como o sol surgindo em um céu límpido, a luz aumenta e aumenta, até o espaço inteiro aparecer como clara luz. Essa é a experiência do dharmakaya, a consciência mais util. Toda existência é não dual. Todos os quebra-cabeças dualistas desapareceram. Você entra na natureza de espaço da clara luz. Sua consciência de sabedoria abraça espaço universal.

Você não precisa analisar a natureza do eu não autoexistente; basta experienciar a não existência do eu como o espaço. Saiba que esse espaço não é a sua costumeira imagem de ego autopiedoso. É um estado natural, claro e límpido, sem conflitos complicados de ego ou quebra-cabeças de relatividade. Essa é a experiência real. Repouse nela.

Intelectualizar sobre a vacuidade às vezes pode tornar-se um obstáculo à descoberta da vacuidade. Um intelectual diria: espere um minuto, Lama Yeshe. Você diz que a vacuidade é como o espaço vazio, mas não é assim tão fácil. Não é essa a visão filosófica da vacuidade de Nagarjuna. Você poderia argumentar que o que eu disse não tem a conotação da visão Prasangika-Madhyamaka da vacuidade, nem mesmo da visão Chittamatrin. Você poderia argumentar comigo sobre o caso por uma vida inteira, mas seria uma argumentação disparatada; você poderia escrever um livro enorme sobre isso, mas seria uma completa perda de tempo.

Quando estudamos filosofia, temos de conhecer cada tópico com exatidão, mas, quando estamos praticando, temos apenas de agir. Temos de começar a experiência de vacuidade por algum lugar e o espaço é o exemplo primordial usado por todos os lamas tibetanos para representar a não dualidade. O ponto principal é que estamos tentando ter uma experiência que vai além dos quebra-cabeças mundanos do ego.

Do ponto de vista filosófico, a vacuidade não tem forma, nem cor, nem cheiro, e assim por diante, e podemos entender isso com base em nossas próprias experiências de vacuidade. No momento da experiência, o mundo sensorial não tem como magnetizar sua mente. Os acanhados quebra-cabeças dualísticos desaparecem, permitindo que o estado natural da mente irradie-se e abrace a realidade.

Aqui, queremos que nossa consciência experiencie a clara luz sem conceitualização, como raios de sol abraçando o céu azul matinal. Essa clara luz é a grande vacuidade universal da não dualidade. Experiencie apenas a unidade total do dharmakaya. Sinta: sou esse estado iluminado do dharmakaya, essa paz e alegria totais, essa intensa percepção unificada. Veja todas as aparências como reflexos dessa consciência de dharmakaya. Permaneça tanto quanto puder nessa experiência de sabedoria onipresente, nesse estado de não dualidade.

Cada prática tântrica está relacionada a algo natural dentro de nossa experiência normal. Aqui, a experiência de clara luz é semelhante à experiência na hora da morte, quando todas as consciências grosseiras, tanto sensoriais quanto conceituais, naturalmente deixam de funcionar. Depois que essas mentes se dissolvem, você experiencia o estado natural da clara luz da morte.

No estado muito sutil do dharmakaya, você pode se comunicar apenas com outros seres iluminados. Portanto, para se comunicar com os seres sencientes e beneficiá-los, você deve deslocar-se do dharmakaya para o sambhogakaya e dali para o nirmanakaya. Como fazer isso?

Alguns textos dizem que a essa altura você deve recordar a motivação de bodhichitta que gerou no início da meditação e pensar: enquanto eu permanecer na experiência do dharmakaya, ninguém pode me ver. Portanto, a fim de beneficiar os seres, devo me manifestar no sambhogakaya. Isto me soa um tanto esquisito. Se você já fez a motivação no início, por que deveria começar esse tipo de conversa consigo mesmo enquanto está meditando sobre a vacuidade? Para que trazer um quebra-cabeça dual e se distrair? Meu conselho é que você deve fazer a motivação no início e depois apenas flutuar pelo restante da meditação.

Você saberá por sua própria experiência quando se deslocou do dharmakaya para o sambhogakaya. Nesse momento, visualize que um nada azul aparece do espaço da não dualidade. Ou, se for mais fácil, visualize um facho de luz azul, a chama de uma vela, ou a sílaba *hūm*. Não é necessário fazer exatamente como eu digo ou como está descrito nos textos. Seja flexível em sua prática; talhe a meditação para se ajustar à sua experiência. O ponto é que o sambhogakaya deve ter alguma relação com o estado intermediário, que é sutil, de modo que sua experiência de sambhogakaya também deve ser sutil.

O nada, representando sua consciência, manifesta-se como uma sutil nuvem azul no espaço. Unifique-se com essa luz azul bem-aventurada. Sinta que ela é você, seu sambhogakaya, seu corpo ilusório, seu corpo psíquico, seu corpo de arco-íris. Você experiencia simultaneamente a não dualidade e o orgulho divino de ser o sambhogakaya. Medite sobre essa experiência.

Como somente bodhisattvas elevados conseguem comunicar-se com o sambhogakaya e seres inferiores não podem fazê-lo, você vai por fim para o nirmanakaya, de modo que todos os seres possam comunicar-se com você.

Você olha para baixo do espaço da não dualidade e vê a energia bem-aventurada de uma luz branca radiante com um halo avermelhado. Isso é uma lua e sua consciência, a luz azul, pousa no centro dela. A lua é muito brilhante, radiante e bem-aventurada por natureza, e representa a bem-aventurada energia kundalini masculina e feminina totalmente desenvolvida dos Buddhas. Os textos mencionam que isso é semelhante a quando, a partir do estado intermediário após a morte, a consciência entra na gota formada pelo esperma do pai e o óvulo da mãe. Mas aqui, em vez de sentir atração pela energia líquida do pai ou da mãe, como sente quando está no estado intermediário verdadeiro, você vê essa energia como o pai Heruka e a mãe Vajravarahi. Você pousa nessa energia kundalini incrivelmente bem-aventurada. Essa energia sexual masculina e feminina então irradia-se e abraça toda a energia universal.

No centro do disco de lua, sua psique transforma-se no corpo de luz azul radiante de Heruka, abraçando sua consorte Vajravarahi, que é de cor vermelha. Todo o seu sistema nervoso enche-se de bem-aventurança. Você não experiencia nenhum conceito, nenhuma projeção fantasiosa, nenhuma perturbação emocional. Vajravarahi representa a totalidade universal da energia feminina e Heruka representa a totalidade universal da energia masculina. O abraço deles significa a união de toda a realidade universal fundamental.

Um reflexo de sua natureza de dharmakaya é transmitido pelo sambhogakaya até a forma nirmanakaya de Heruka. Sua forma é um corpo de luz de arco-íris, um corpo de cristal, um corpo psíquico, um corpo ilusório. Você experiencia grande bem-aventurança e grande sabedoria da não dualidade. Com forte orgulho divino, pense: sou Heruka. Sou a unidade dessa energia de grande bem-aventurança e grande sabedoria.

A clara e vívida aparência de você mesmo como a divindade e seu orgulho divino por realmente ser a divindade eliminam os conceitos concretos de sua imaginação autopiedosa. Não há lugar para eles. Sinta isso e relaxe.

# Surgindo como um ser divino

Para ser bem-sucedido na prática tântrica é essencial identificar-se firmemente como uma divindade. Você precisa ter uma intensa percepção de seu corpo como o corpo da divindade, de sua fala como o mantra da divindade e de sua mente como a grande sabedoria bem-aventurada.

O propósito de se ver como uma divindade e o ambiente como a mandala da divindade é transcender as aparências e ações mundanas. A divindade e a mandala são manifestações da sabedoria bem-aventurada nascida simultaneamente. Existem diferentes tradições no que concerne à divindade a ser visualizada quando se praticam as Seis Yogas de Naropa. Alguns lamas usam Hevajra, uns, Vajrayogini e outros, Heruka. Também existem diferentes tradições de Heruka, como as linhagens de Luhipa e Drilbupa. Contudo, a divindade que você usa deve pertencer à Yoga Tantra Superior; divindades do Tantra da Ação, por exemplo, não são adequadas. De fato, você pode se manifestar como qualquer divindade que deseje: Vajradhara, Vajrasattva, Vajrayogini, Guhyasamaja ou Yamantaka.[1]

Por que existem tantas divindades diferentes no tantra? Porque cada divindade desperta diferentes sentimentos e ativa diferentes qualidades dentro de nós. Escolha para sua prática qualquer divindade que lhe pareça mais familiar. Muitos lamas da linhagem usaram Heruka; em minha opinião, ele é a divindade mais poderosa do século XX, de modo que estou descrevendo as práticas em relação a visualizar a si mesmo como Heruka.

Não importa a divindade que você escolha visualizar, Lama Tsongkhapa recomenda que na hora de praticar o estágio de completude, em vez de emanar a mandala inteira, você se visualize na forma simples da divindade e sua consorte, o que significa com um rosto e dois braços. E, embora deva geralmente visualizar a forma elaborada da divindade durante a prática do estágio evolutivo, se você achar tantos detalhes atordoantes, apenas se visualize na forma simples da divindade. De início isso é suficiente.

Você surgiu do sambhogakaya como a forma nirmanakaya de Heruka, com um corpo de luz azul-radiante. Você está em pé, tem quatro rostos e doze braços e está abraçando Vajravarahi, que tem um corpo de luz vermelho-

---

[1] Lama Tsongkhapa menciona que na prática das Seis Yogas o estágio evolutivo em geral baseia-se na mandala de Hevajra ou de Heruka Chakrasamvara.

-radiante. Você precisa ter uma aparência clara e vívida de si mesmo como a divindade, visualizando cada detalhe de modo tão exato quanto puder.

Quando começar sua sessão de meditação, enfoque a atenção no alto do corpo da divindade e siga para baixo lentamente, contemplando uma área de cada vez. Depois, vá de baixo para cima. Uma vez que esteja familiarizado com a visualização, mantenha em mente a imagem completa da divindade, enfocando-a de modo não muito tenso nem muito frouxo. Por fim, sua visualização será perfeita. Lembre-se também de energizar a bem-aventurança e a não dualidade.

Não se preocupe se achar difícil ver a si mesmo como Heruka, da forma como ele é representado nas pinturas tibetanas. Seu corpo já é bonito e elegante, então deixe-o como é e simplesmente mude a cor. Na verdade, ver a si mesmo como uma divindade não tem nada que ver com a cultura tibetana. Você pensa que não está envolvido com uma cultura quando projeta sua imagem usual de autopiedade, mas de fato está. Em vez de se ver dessa maneira, transforme-se em luz azul-radiante e bem-aventurada e cultive forte orgulho divino.

As características especiais de Heruka são amor e compaixão universais. Todos nós precisamos de amor e compaixão, não é? Ansiamos por alguém que nos ame e cuide de nós. Heruka manifesta nosso ideal arquetípico, de modo que podemos nos identificar com a energia de amor e compaixão universais e realmente nos tornarmos amor e compaixão universais. Deixamos de nos preocupar se alguém nos ama ou não quando geramos a força do amor, da compaixão e da sabedoria.

Você pode ver como isso funciona em sua vida cotidiana. Ninguém quer chegar perto quando você está cheio de autopiedade e tendo um colapso nervoso. As pessoas sentem-se desconfortáveis perto de você. Mas, quando está cheio de amor e compaixão, você não consegue manter as pessoas à distância. Isso é natural. Como estamos em busca de felicidade, não queremos chegar perto de gente desgraçada.

O rosto de Heruka é bonito, mas levemente irado; sorridente, mas também levemente carrancudo. Por que o amor e a compaixão universais são retratados dessa forma? Porque é disso que precisamos. Quando recebemos mesmo uma migalha de amor, ficamos emotivos e fora de controle. Isso não é bom, pois a outra pessoa não consegue lidar com você quando você está assim. É preciso haver um caminho do meio.

O tantra nos ensina que precisamos de uma transformação poderosa. Identificarmo-nos com as poderosas qualidades de Heruka e nos vermos como luz azul-radiante e infinita são métodos poderosos para eliminar conceitos de autopiedade e imaginação-lixo.

Qual é nosso principal problema? É que pensamos: sou a pior pessoa do mundo. Estou cheio de ódio, desejo e ignorância. Esses conceitos são totalmente negativos e você deve purificá-los. Do momento em que nasceu até agora, você andou carregando essa visão de autopiedade por aí. Choro, choro, medo, medo, emoção, emoção. Obcecado por seus próprios defeitos, você coloca uma pressão tremenda sobre si mesmo. Você se pune, considerando-se feio e imprestável. Outras pessoas podem achá-lo lindo, mas mesmo assim você se projeta como feio.

O tantra diz que cada ser humano é essencialmente divino e puro. Por isso, é importante identificar-se tão firmemente como uma divindade, para se considerar perfeitamente desenvolvido. Em vez de ver seu corpo como algo miserável, transforme-o em um corpo de luz azul-radiante. Aparentemente pode parecer estranho, mas por dentro há um significado profundo. Luz azul significa não dualidade; por isso, no momento em que você visualiza essa luz azul, que é como um céu azul límpido, seus conceitos concretos dualistas rompem-se; você não acredita mais neles.

Isso não é um tópico filosófico ou uma questão de fé cega que você pode experienciar. Do ponto de vista tântrico, cada cor que percebemos azul, vermelho, amarelo ou qualquer outra está diretamente relacionada ao que acontece em nosso mundo interior. É importante estar ciente disso.

A luz azul-radiante de Heruka ajuda-nos a tocar a realidade, que é a coisa mais importante do mundo. A mandala de Heruka expressa nossa realidade interior e exterior, em vez de projeções do mundo. Muitos de nós não estão cientes da realidade; jamais a tocamos.

Atores ocidentais explicam que, quando representam determinado papel em um filme, precisam passar por algumas experiências daquela pessoa a fim de expressar seus sentimentos e ações de modo realista. Em virtude desse treinamento, o ator de certa forma traz bem dentro de si a pessoa que está retratando, mesmo quando não está atuando. O mesmo ocorre quando você se torna Heruka. Sua energia psíquica tem de se transformar de maneira convincente no corpo de luz azul-radiante e bem-aventurado de Heruka.

Os ocidentais frequentemente têm um problema com divindades. Eles pensam: por que devo me ver como Heruka? Isso é apenas mais uma fantasia, outra delusão. Para mim, já é difícil o bastante ser apenas um homem ou mulher. Tenho problemas de sobra neste mundo com minhas visões complicadas de quem sou e de como me relacionar com um mundo de homem ou mulher. Agora tenho de mudar minha aparência e vestir outra máscara, uma máscara de Heruka.

Na verdade, você não se visualiza como Heruka para mostrar uma manifestação diferente; Heruka é a manifestação das qualidades profundas que você já tem dentro de si. Heruka está dentro de você. Perguntar por que você precisa manifestar-se como Heruka significa que você não entende que a qualidade da divindade é a qualidade de seu próprio ser. Para reconhecer e compreender suas qualidades profundas, você se visualiza como Heruka em vez de se identificar com seus sentimentos habituais de ser feio e indesejado. O tantra considera muito importante erradicar tais sintomas do ego. Não há sentido em manter conceitos-lixo de si mesmo. Você é perfeito; precisa apenas reconhecer isso. De acordo com o tantra, você não precisa esperar até a próxima vida para experienciar o paraíso. O paraíso é agora. O tantra nos ensina a trazer o paraíso para a vida cotidiana. Nossa casa é o paraíso e todos que vemos são um deus ou uma deusa.

Você não é seu rosto, seu sangue, seus ossos ou nenhuma outra parte do seu corpo. A sua essência e a de sua vida são sua consciência, sua mente, sua psique. Seu corpo é basicamente um robô impelido por um computador; é a manifestação do computador de sua consciência.

Do momento em que nasceu até agora, você se manifestou de muitas formas diferentes. Às vezes, você esteve zangado e parecendo um monstro e, em outras ocasiões, esteve pacífico e lindo. Essas manifestações de raiva, ciúme, bondade amorosa, grande compaixão ou grande sabedoria não vêm de seu sangue e seus ossos, mas do poder de sua consciência. Pensamos que o corpo é quem manda. Subjugados e intoxicados pelos prazeres de nosso corpo, desconsideramos a mente e ela acaba escrava de nosso corpo. Porém, é nossa mente que nos coloca em um campo de concentração desgraçado, não nosso corpo.

O fato é que a mente é poderosa e pode manifestar qualquer coisa. Quando você conseguir se ver como lindo e elegante de modo convincente, seus conceitos de autopiedade vão sumir e você se tornará a manifestação de suas qualidades profundas. Todo mundo pode alcançar isso.

Na verdade, temos mais do que um corpo, como discutiremos em breve (em "As características de corpo e mente"). A exemplo de nosso corpo físico, temos um corpo psíquico mais sutil. Nossa consciência tem a capacidade de se manifestar como um corpo de luz azul-radiante e, quando entendemos a natureza do corpo sutil, podemos aprender a manipular a energia de nosso sistema nervoso interior e controlar nosso corpo de sangue e ossos.

Quando você se visualiza como Heruka em união com Vajravarahi, é importante sentir que você realmente é a divindade, que você é jovem, lindo, plenamente desenvolvido em termos sexuais e cheio de kundalini. Algumas pessoas pensam que apenas fingimos ser Heruka. Isso não está certo. Não estamos fingindo. Quanto mais firmemente se identifica com a divindade, maior a transformação obtida e mais medo e emoção descontrolada você elimina.

Frequentemente dizemos que não gostamos de perder tempo, mas perdemos tempo quando partilhamos do eu temeroso e autopiedoso. Mande embora a autopiedade gerando o forte orgulho divino de ser a divindade pura. Não finja meramente ser a divindade. Tenha a convicção interior de que você é a divindade. Se você se sentir unificado a Heruka, a transformação vai ocorrer naturalmente. Mesmo que não esteja em uma sessão formal de meditação, você poderá se surpreender ao verificar que ainda é Heruka.

Lembre-se de que todas as aparências são ilusórias e não duais por natureza e todas as ilusões são vazias. Reconheça também que todas as ilusões vazias são bem-aventuradas por natureza. Enfoque sua atenção nesse estado bem-aventurado.

◆◆◆

Quando recebemos a iniciação do Mandala do Corpo de Heruka, em geral é exigido que recitemos e meditemos sobre a sadhana longa como um compromisso diário. Contudo, quando estamos praticando a meditação da chama interior em um retiro intensivo, podemos diminuir palavras e preces. Isso significa que, a fim de surgirmos como Heruka, podemos usar a sadhana curta A Yoga das Três Purificações, que contém meditações de Vajrasattva e Heruka.

Não inventei essa abordagem abreviada. Sua Santidade Trijang Rinpoche, uma verdadeira manifestação de Heruka, mencionou-a durante seus ensinamentos sobre as Seis Yogas. Acontece que, quando está efetivando a yoga do estágio de completude, você gasta a maior parte do tempo em meditação intensiva e, por isso, não precisa de muitas palavras. Isso faz sentido. Ler preces em excesso pode levá-lo a perder o verdadeiro sabor da prática.

Não é aceitável tomar um atalho como esse por preguiça; mas se você está meditando intensivamente sobre o estágio de completude, não tem tempo para ler pedaços de papel. Às vezes, as pessoas ficam tão enredadas em detalhes que perdem o quadro geral. Por exemplo, se você tem de recitar 24 sadhanas por dia e cada sadhana leva uma hora para ser recitada, qual é o resultado? Você não consegue praticar as Seis Yogas de Naropa desse jeito. Quando lê suas sadhanas, você tem de olhar para pedaços de papel; mas, quando pratica a chama interior, você tem apenas de fechar os olhos.

Penso também que não é necessário ler todas as palavras da sadhana se você executa todas as meditações. Se você lembra o processo do início ao fim e tem uma paisagem mental completa de todas as meditações, não precisa ler as palavras. Uma vez que você tenha executado as meditações, o que resta fazer? As palavras podem definitivamente ser um obstáculo.

Contudo, mesmo que usemos um método abreviado, ainda precisamos enriquecer a meditação. Portanto, embora o processo de meditar sobre os três kayas não esteja realmente descrito na Yoga das Três Purificações, você deve incluí-lo. Conforme explica Lama Tsongkhapa, essa meditação torna a prática profunda.

A meditação sobre os três kayas não deve ser complicada. Simplesmente traga para o presente a experiência das realizações mais elevadas dos estados de dharmakaya, sambhogakaya e nirmanakaya. Não pense: esta prática é elevada demais para mim. Simplesmente imagine a experiência e a traga para o presente. Meditar sobre os três kayas é uma preparação necessária para as práticas do estágio de completude. Se você quer fazer um bom bolo de chocolate, tem de fazer um bom preparativo.

◆◆◆

Quero que vocês entendam os ensinamentos e tenham clareza quanto à técnica das meditações. Então, quero que pratiquem. Muitos de meus alunos vêm trabalhando com a yoga do estágio evolutivo há vários anos, mas o estágio evolutivo é um pouco parecido com sonhar. Com a yoga do estágio de completude, porém, você está na situação real e não está mais sonhando. Tome cuidado, pois, se apertar o botão errado, você vai acabar no lugar errado.

Todo mundo deve experimentar essas meditações. Se você não tentar, jamais poderá ter sucesso; mas, se tentar, você pode se surpreender. Qualquer um que pratique as Seis Yogas de Naropa deve esperar trabalho árduo. Essas meditações não se destinam a ser redigidas em um pedaço de papel e intelectualizadas. É importante ouvir os ensinamentos, mas, depois de ouvi-los, você deve meditar e adquirir experiências. Não tenho interesse nas Seis Yogas de Naropa como um exercício intelectual.

Quero que você seja inspirado por esses ensinamentos. O que estamos fazendo é algo sério e quero que você seja sério. Assim, por favor, pratique. É muito simples; não é complicado. Milarepa e muitos outros yogues como ele foram capazes de muita renúncia e empenharam-se muito nessa prática. Por muitos anos viveram em cavernas nas montanhas como animais, comendo urtigas e grama. Lembre-se do tremendo esforço feito por Naropa na busca desses ensinamentos. Ele quase morreu doze vezes. Por outro lado, nós vivemos em situações bem confortáveis. Seria vergonhoso não fazer nenhum esforço para meditar. Milarepa foi o extremo certo; nós nos inclinamos para o extremo errado.

As Seis Yogas de Naropa são um ensinamento muito profundo, de modo que devemos usá-lo de forma significativa. Ele é de muito valor. Quero que todo mundo experimente alguma satisfação, para ter uma experiência profunda. Quero que você realmente toque em algo bem dentro de si, pois então definitivamente irá experienciar alguma transformação.

Se vocês não tiverem nenhuma experiência agora, durante o curso, estou quase certo de que não terão nenhuma mais tarde quando voltarem para casa, vocês retornarão aos seus velhos hábitos. Mas, se meditarem com firmeza agora, realmente vão provar a prática e então ficarão inspirados a continuar suas meditações.

Se tivermos sucesso aqui, eu gostaria de ensinar as Seis Yogas repetidamente. Não consigo deixar de ensiná-las. Quando comecei a ensinar ocidentais, vi que vocês reagiam bem. Quer sejam capazes ou não, vocês tentam meditar. Vi que o Buddhadharma ajudou os ocidentais: por isso fiquei interessado em vocês. Tenho muita energia para ensiná-los. Rezo para que possa ensinar as Seis Yogas de Naropa para vocês outra vez.

# As características de corpo e mente

Chegamos agora ao ensinamento sobre as yogas do estágio de completude em si. Lama Dje Tsongkhapa começa pela descrição da base dessas yogas: o corpo e a mente. Primeiro, explica as características da mente; depois, as do corpo. Outros comentários, porém, frequentemente explicam as características de corpo primeiro. Embora não haja diferença significativa, os ocidentais podem achar a segunda abordagem mais fácil. Portanto, explicarei primeiro a natureza do corpo e depois a da mente.

### CARACTERÍSTICAS DO CORPO

Lama Tsongkhapa de fato explica as características do corpo de um jeito diferente dos outros comentários, e podemos tratar disso mais adiante (ver "Sílabas bem-aventuradas", p. 117). Agora explicarei de acordo com os outros comentários.

Pode-se dizer que o corpo existe simultaneamente em três níveis. São eles o corpo grosseiro, o corpo sutil e o corpo muito sutil. O corpo grosseiro é composto por sangue, ossos, órgãos dos cinco sentidos e assim por diante.

O corpo sutil, também conhecido por corpo vajra, engloba os canais e as energias de vento e gotas que existem dentro dos canais. Há milhares desse canais físicos sutis correndo através de nosso corpo. Entre os que usamos na meditação, os principais são o canal central, que percorre nosso corpo de alto a baixo bem em frente à coluna, e os dois canais laterais, que correm ao lado do canal central. Em vários pontos ao longo do canal central, canais menores ramificam-se para formar rodas, ou chakras. Vou falar dos canais e chakras em detalhes mais adiante (ver "Canais e chakras").

A energia de ventos, ou ares, de que estamos tratando não se refere ao ar que inspiramos do mundo exterior, mas aos ventos sutis que fluem através de nossos canais. Esses ventos sutis possibilitam o funcionamento de nosso corpo e estão associados a diferentes níveis de mente.[1] Existe um ditado no tantra: a mente cavalga sobre ventos. Isso significa que nossa consciência está montada sobre ventos; eles sempre se movem juntos através dos canais sutis. Estamos trabalhando com e aprendendo a controlar esses ventos durante a meditação da chama interior.

Nosso corpo vajra também contém energia líquida sutil, as gotas vermelhas e brancas. A palavra tibetana para essas gotas é tigle, mas prefiro usar o termo hindu kundalini porque é mais universal. Os tantras também se referem às gotas como bodhichitta. De fato, em tibetano dizemos kun-da-da-bu jang-sem, que se traduz como bodhichitta semelhante ao disco da lua. Embora essas gotas vermelhas e brancas estejam sempre juntas em todos os canais, as gotas vermelhas femininas predominam no chakra do umbigo e as gotas masculinas brancas no chakra da coroa. (Algumas práticas tântricas falam das gotas de kundalini como divindades; dizem que dakas e dakinis dançam através do sistema nervoso.)

O terceiro aspecto do corpo, o corpo muito sutil, manifesta-se na hora da morte. Após a absorção dos quatro elementos, vem a experiência das três visões: branca, vermelha e negra. Depois dessas, surge a clara luz da morte. Os estados de consciência sutis que experienciam essas visões, referidos como os quatro vazios, são simultaneamente acompanhados pela energia do vento sutil, sendo que o mais sutil é o vento que acompanha a mente de clara luz na gota indestrutível no chakra do coração. Esse vento mais sutil é o próprio corpo sutil.

Quando o yogue ou yoguine surge da experiência da sabedoria de clara luz, esse vento muito sutil manifesta-se como um corpo ilusório. Com a obtenção do corpo ilusório de um atingimento muito elevado, existe uma união total entre corpo e mente. No presente, não temos uma boa comunicação entre corpo e mente. Nossos corpos e mentes possuem energias diferentes e não estão unificados uns com os outros.

Entender o corpo sutil e o corpo muito sutil ajuda-nos a reconhecer que temos outros corpos dentro de nós somados ao corpo físico, de modo que não devemos nos preocupar muito quando nosso corpo grosseiro se degenera ou não coopera.

---

1 Existem cinco ventos básicos: (1) o vento que sustenta a vida, que provoca a inspiração, expiração etc.; (2) o vento ascendente, envolvido com a fala, deglutição etc.; (3) o vento penetrante, que possibilita o movimento dos membros etc.; (4) o vento onde reside o fogo, responsável pela digestão etc.; e (5) o vento descendente evacuante, responsável pela defecação, urina, emissão de sêmen etc. Para mais detalhes, ver *Highest Yoga Tantra* (Ithaca, NY: Snow Lion Publications, 1986), de Daniel Cozort, e *Death, intermediate state, and rebirth in Tibetan Buddhism* (Ithaca, NY: Snow Lion Publications, 1980), de Lati Rinpochay e Jeffrey Hopkins.

♦♦♦

Os ensinamentos tântricos também explicam a germinação e a evolução dos seres humanos, o modo como a consciência no estado intermediário percebe a energia masculina e feminina dos pais e é atraída para ela e então entra no óvulo fertilizado. Conforme descrevi anteriormente (ver "Transformando a morte, o estado intermediário e o renascimento"), na meditação tântrica você visualiza a energia masculina e feminina como uma lua branca com um halo avermelhado e a si mesmo como luz radiante que pousa no centro dela. Isso corresponde a seu próprio renascimento.

As explicações ocidentais sobre o modo como o óvulo e o esperma entram no útero da mãe e sobre o subsequente desenvolvimento do feto são muito semelhantes às dos ensinamentos tântricos. Fiquei espantado com as semelhanças quando vi um documentário sobre esse processo na televisão. Os tibetanos têm as palavras, mas não a representação visual; os ocidentais colocaram tudo em filme. Às vezes, não sei o que se passa em suas mentes em termos culturais, por isso hesito em falar de certas ideias budistas. Ver esse filme, contudo, encorajou-me. Os tibetanos explicam como o feto se desenvolve, com as energias de vento empurrando para lá e para cá, como o chakra do coração é o primeiro chakra a se desenvolver, como os canais brotam a partir daí e como depois os outros canais se desenvolvem. Temos explicações detalhadas sobre o modo como a energia se desenvolve e opera para coordenar o interior e o exterior.

Além disso, o Kalachakra Tantra oferece explicações muito interessantes sobre o relacionamento entre o Sol, a Lua, as estrelas e o tempo e entre a energia interna e o universo exterior, bem como conselhos a respeito de como meditar sobre essas coisas. Temos informações incrivelmente detalhadas sobre todos esses assuntos.[2]

É importante conhecer esses tipos de detalhes científicos, ilustrados pela seguinte história. Certa vez, Vasubandhu e seu irmão Asanga fizeram uma competição para ver quem conseguia descrever da melhor maneira um bezerro ainda no ventre da mãe. Asanga investigou telepaticamente e viu que o bezerro tinha uma mancha branca na fronte. Vasubandhu, porém, tinha conhecimento de como o corpo de um bezerro se posiciona no ventre da vaca; ele percebeu que seu irmão tinha cometido um erro porque não conseguiu interpretar a informação recebida telepaticamente. Ele disse: "A fronte não é branca. A ponta da cauda é que é branca". Vasubandhu notou que a cauda do

---

[2] Para mais detalhes, ver *The practice of Kalachakra Tantra*, de Glenn Mullin (Ithaca, NY: Snow Lion Publications, 1991) ou *The Kalachakra Tantra*: rite of initiation, de Sua Santidade o Dalai Lama (Boston: Wisdom Publications, 1989).

bezerro havia se enroscado para a frente até a fronte e que a marca branca na fronte, que Asanga viu telepaticamente, estava de fato na cauda do bezerro.

É muito útil entender a natureza do corpo vajra e o modo como ele funciona, porque você pode então manipular suas diferentes energias. Você pode aprender como abordar os centros de prazer e os centros de sofrimento e como ligá-los e desligá-los. Por exemplo, se você está familiarizado com todo seu sistema nervoso, pode mitigar qualquer dor que experiencie. Para aliviar a tensão na parte de cima do tronco, você pode ter de massagear um ponto na parte de baixo. Conhecendo as inter-relações em seu corpo, você pode atenuar o desconforto. De acordo com o tantra, a dor em uma parte específica do corpo com frequência deve-se a bloqueios de energia, que por sua vez estão relacionados a estados de mente bloqueados. Se você entender a estrutura fundamental de seu corpo, saberá como liberar qualquer tensão que surja.

Seu corpo é orgânico e você precisa aprender a escutar seus ritmos até sentir que cada célula de seu sistema nervoso está falando com você. Quando desenvolve tamanha percepção sensitiva de seu corpo, é quase como se você pudesse dizer-lhe o que fazer. Em vez de se arrastar pesadamente por aí, seu corpo inteiro tem uma sensação leve e bem-aventurada, como se você estivesse caminhando no ar. É libertador. Apenas tocar a si mesmo produzirá bem-aventurança. Temos esse recurso. Em vez de ser uma fonte de dor, seu corpo inteiro pode se tornar uma fonte de bem-aventurança. Você atinge um ponto em que seu corpo e sua mente cooperam tão perfeitamente que você sente que o corpo é mente e a mente é corpo. Há uma incrível sensação de unidade.

Prestamos muita atenção a nosso corpo. Entretanto, concentramos nossos esforços meramente nos aspectos exteriores, como limpeza e aparência. Mas, nas Seis Yogas de Naropa, lidamos com o corpo sutil, o corpo vajra. Utilizando várias técnicas de meditação, aprendemos a controlar as energias desse corpo vajra, especialmente a energia do vento, e, como a mente cavalga no vento, somos capazes de conduzir a mente para onde quisermos. Podemos por fim dirigi-la à iluminação. Por isso é tão importante educarmo-nos sobre a natureza de nosso sistema nervoso sutil.

## CARACTERÍSTICAS DA MENTE

A mente também tem três divisões: mente grosseira, mente sutil e mente muito sutil. A mente grosseira é composta dos cinco sentidos de percepção, que são juízes muito toscos e limitados dos fenômenos. A mente sutil inclui as seis delusões-raiz, as vinte delusões secundárias de fato e todas as oitenta mentes conceituais.[3] Essas mentes são sutis no sentido de que é difícil entender suas características e funções. Para nós, é difícil compreender como elas sustentam conceitos e como ocasionam os vários problemas da vida.

Vamos pegar o exemplo do desejo, uma das seis delusões-raiz. Não entendemos realmente o que desejo significa. No Ocidente, desejo parece referir-se a um senso de gratificação. Contudo, na visão budista, o desejo não é um anseio dos sentidos, mas conceitos e projeções mentais que construímos sobre um objeto, o que nos causa problemas. O desejo interpreta o objeto de modo errôneo e o distorce; daí, ficamos alucinados e vamos à loucura.

Sou sempre muito cético quando alguém diz que sabe o significado do desejo. Não é fácil entendê-lo. Penso que é muito difícil e leva tempo. Se você conhece a natureza do desejo, pode realmente controlar sua mente porque é capaz de questionar e entender sua própria visão dos objetos de desejo. Do contrário, não consegue ver os truques da mente. Com seu constante eu sinto, eu quero, o desejo lhe prega peças, conduzindo-o a uma inquietação constante que pode bagunçar sua vida. O desejo deixa os países confusos: Oriente e Ocidente são confusos por causa do desejo; o Oriente Médio é confuso por causa do desejo. Marido e mulher são confusos por causa do desejo. Até mesmo discípulo e professor podem ficar confusos por causa do desejo.

Não seja arrogante de pensar que você sabe tudo sobre o desejo. Para realmente entendê-lo, você tem de investir muito tempo e esforço em investigá-lo com firme meditação. Com a meditação, você definitivamente consegue entender o desejo; sem a meditação, não consegue. Você pode ouvir explicações sobre o desejo por um ano, mas só irá entender intelectualmente. Para compreender o desejo, você deve ir para dentro de si mesmo e ali construir um sólido entendimento. Não basta ter um entendimento apático e vago.

O terceiro aspecto da mente é a mente muito sutil. Essa é a mente de clara luz, que é inseparável do vento sutil na gota indestrutível no coração.[4] Todo mundo experiencia a mente muito sutil ao morrer.

O corpo sutil e a mente sutil não são propriedades apenas de umas poucas pessoas especiais. Todos nós os temos. Aprendemos a ativar esses níveis sutis de nosso corpo e de nossa mente na prática do estágio de completude da chama interior e, então, os utilizamos para alcançar a iluminação.

---

3 Em alguns comentários, a mente grosseira é definida como as cinco consciências dos sentidos e as oitenta mentes conceituais e a mente sutil como as consciências que acompanham as visões branca, vermelha e negra.

4 As mentes que acompanham as visões branca, vermelha e negra estão incluídas na mente sutil porque são consciências conceituais.

# Unificando relativo e absoluto

Alguns textos sobre as Seis Yogas de Naropa descrevem várias características das mentes grosseira, sutil e muito sutil e eu também as descrevi brevemente. Entretanto, em *Tendo as três convicções*, Lama Tsongkhapa enfatiza que o ponto fundamental é entender a natureza absoluta da mente, que é vacuidade. Por isso, ele trata desse tópico nos mínimos detalhes.

Lama Tsongkhapa começa citando duas seções de *O Hevajra Tantra*. Este texto diz que não existe mente que perceba forma, som, cheiro, sabor ou toque. Na interpretação de Lama Tsongkhapa, isso significa que a mente não possui um caráter inato, autoexistente. Entretanto, a mente existe relativamente como um fenômeno interdependente.

Lama Tsongkhapa diz que a ausência de autoexistência é a característica original de todos os fenômenos, inclusive da mente. Conforme ele salienta, os fenômenos não são primeiro autoexistentes, para depois se tornarem não autoexistentes por meio de raciocínio lógico. Não é este o caso, embora quase pareça ser assim. Ausência de autoexistência não é simplesmente uma ideia filosófica e sim a explicação científica do Senhor Buddha sobre a natureza de todos os fenômenos.

A mente é essencialmente pura e livre de dualidade. Algumas escolas de pensamento consideram fenômenos sem importância não autoexistentes, ao passo que consideram fenômenos importantes, como a mente, absolutos e, portanto, autoexistentes. Porém, na visão de Nagarjuna, não há exceções; todos os fenômenos são não autoexistentes. Buddha tem a mesma ausência de autoexistência que um saco de lixo. Não existe algo como Buddha autoexistente ou dualisticamente existente. A totalidade de um saco de lixo, a totalidade de Buddha e a nossa totalidade são uma.

De acordo com o ponto de vista do budista, a mente é a criadora do mundo. Ela cria tudo, inclusive nossa felicidade e nossos problemas. Ainda assim, o potencial da mente para criar fenômenos não tem um caráter autoexistente. Esse potencial existe em virtude da natureza não dual da mente, em virtude da unidade da natureza absoluta e não autoexistente da mente e de sua natureza relativa e interdependente. Essa natureza não é algo que tenhamos de inventar; ela já está aí. Precisamos apenas compreendê-la.

Em *Tendo as três convicções*, Lama Tsongkhapa também cita uma das canções de Marpa, na qual ele descreve como viajou para o Leste, perto do rio Ganges, onde encontrou seu guru Dje Maitripa. Por meio da grande bondade de Maitripa, Marpa descobriu a natureza fundamental que não cresce. Esta refere-se à ausência de autoexistência ou vacuidade. Marpa prossegue: "Contemplei a face da clara luz da consciência sutil, vi os três kayas e atravessei todos os quebra-cabeças relativos, convencionais".

Lama Tsongkhapa, em seguida, cita as *Dez reflexões sobre a simples talidade*, de Dje Maitripa: qualquer um que deseje encontrar o entendimento adequado da realidade, ou vacuidade, não deve seguir as doutrinas filosóficas das escolas Vaibashika, Sautrantika, Chittamatra ou Svatantrika-Madhyamaka. O ensinamento sobre vacuidade a ser seguido é o da Prasangika-Madhyamaka, conforme a exposição de Nagarjuna e Chandrakirti. Comparadas à interpretação deles sobre vacuidade, todas as outras visões parecem de segunda categoria.

Um entendimento da experiência de Nagarjuna é especialmente importante para o sucesso nas yogas do estágio de completude, como as Seis Yogas de Naropa. Claro que um entendimento adequado da interpretação Chittamatrin e Svatantrika-Madhyamaka vai conduzi-lo por parte do caminho.

O ponto principal a ser entendido é que, em sentido absoluto, a mente é vazia, ou não autoexistente, enquanto em termos relativos ela existe na dependência de causas e condições e assim por diante. Todos os fenômenos do samsara e do nirvana, até mesmo a mente, existem como uma ilusão, um sonho ou um reflexo no espelho.

Embora às vezes digamos que algo é não existente porque é como uma ilusão, um sonho ou um reflexo no espelho, isso não está filosoficamente correto. É uma imprecisão dizer: este fenômeno não existe porque é uma ilusão. É apenas uma de minhas projeções. De fato, o contrário é verdadeiro. O fenômeno existe precisamente porque existe como uma ilusão, que é interdependente. Um reflexo no espelho também é interdependente; ele existe por causa do espelho.

Além disso, você não pode dizer que a mente e os objetos do mundo ilusório são não existentes no mesmo sentido em que um chifre na cabeça de um coelho é não existente. O chifre do coelho não existe nem mesmo relativamente, mas a mente sim. Lama Tsongkhapa está dizendo: espere um pouco. Pare! Você está indo longe demais. Existe o perigo de que não entendamos a unidade de existência relativa e absoluta.

Nosso problema é que somos por demais exagerados. Vamos pegar um lenço, por exemplo. No minuto em que dizemos que o lenço existe, uma projeção autoexistente vem-nos à mente. A seguir, quando falamos na não dualidade do lenço, o lenço parece desaparecer e temos a impressão de que o lenço não pode nem mesmo funcionar como lenço. Não é assim. No espaço da não dualidade, o lenço é produzido, comprado e usado. O lenço é não dualidade.

Pensamos que o lenço funciona de modo concreto, autoexistente, mas Lama Tsongkhapa não concorda em absoluto. O lenço tem uma origem subjetiva e um caráter objetivo, não autoexistente em si; portanto, funciona. Tampouco você pode dizer que a ausência de autoexistência está aqui nesse espaço e, então, você coloca o lenço dentro dele. A ausência de autoexistência é unificada com o lenço. A não dualidade abrange por completo cada parte do lenço.

Quando descrevemos a não dualidade, a ausência de autoexistência, do lenço, não é que o lenço fosse antes autoexistente e então forçássemos filosoficamente para torná-lo não autoexistente. Não há jeito de forçar. Lama Tsongkhapa vai dizer que, em virtude da existência particular do lenço, ele tem a característica da não dualidade.

Cada atividade, de juntar a separar, acontece em virtude da realidade universal da não dualidade. O mesmo ocorre com cada movimento de energia crescer, interagir, transformar. Dentro do movimento de energia, não existe ação autoexistente. Parte de minha natureza é essa natureza do lenço; parte da sua natureza é a natureza do lenço de papel. Você provavelmente não quer ter uma natureza de lenço de papel, mas em um sentido absoluto não há diferença entre a natureza de um lenço e a sua natureza.

Às vezes, forçamos demais quando aplicamos a lógica a fim de entender a vacuidade: isto é não autoexistente por este e aquele motivo. Entretanto, simplesmente olhando para uma situação, podemos ver que, em si, ela expressa não dualidade. É por isso que Lama Tsongkhapa diz que o surgimento dependente é o rei da lógica: este lenço é não autoexistente porque é um surgimento dependente.

Não dualidade não significa não existência. Um lenço existe relativamente porque funciona. Você pode tocá-lo, usá-lo para assoar o nariz e depois jogá-lo fora. Vem e vai. Nesse sentido, ele existe convencionalmente, mas não possui a existência sólida que superficialmente parece ter. Embora pareça existir dualisticamente, ele não tem um modo de existência dualística.

Dizer que uma coisa existe significa simplesmente que ela funciona, que faz algo convencionalmente. Isso é tudo. É momentâneo e funciona. Mas, quando falamos de natureza absoluta, estamos falamos de uma visão mais ampla, uma visão maior. A natureza absoluta de algo faz parte de você, parte de mim, parte do queijo muçarela, parte do chocolate.

Existência é apenas para a mente relativa. Mesmo o bom e o mau existem na dependência da mente, do tempo, da situação, do ambiente, e assim por diante. Por exemplo, talvez em certa época fosse considerado bom dar uma batata de presente, mas hoje em dia uma pessoa que recebesse um presente como esse ficaria chocada. O bom e o mau são relativos. Mas, ao mesmo tempo, existe uma realidade mais ampla dentro do espaço de uma coisa. Quando você experiencia a totalidade, a não dualidade, de um fenômeno, é como o espaço.

Aqui, em *Tendo as três convicções*, Lama Tsongkhapa cita Milarepa: o onipresente Senhor Buddha explicou que todos os fenômenos existem apenas para aqueles de mente ininteligente. O que ele quer dizer com ininteligente? Milarepa refere-se à mente estreita, relativa. De acordo com a visão absoluta, não existe Buddha, nem objeto de meditação, nem meditante; não existe caminho, nem sabedoria, nem nirvana. Não há nada. Tudo isso são meros rótulos, nomes, palavras.

Isto significa que não existe samsara ou nirvana autoexistentes. Milarepa salienta que, relativamente, se não existissem seres sencientes sofredores, não haveria Buddhas do passado, presente ou futuro. Também não haveria Karma. Se não houvesse causa e efeito, como poderia haver samsara e nirvana? A ideia de Milarepa é que todos os fenômenos do samsara e todos os fenômenos do nirvana existem apenas para a mente convencional, relativa. Lama Tsongkhapa concorda que a interpretação de Milarepa sobre relativo e absoluto está perfeitamente correta.

Lama Tsongkhapa tem um jeito maravilhoso de juntar as coisas. Nesse texto, ele descreve as características da mente, tanto relativa quanto absoluta, de maneira incomum e profunda. A forma como ele salienta a unidade da realidade convencional e absoluta de todos os fenômenos universais é incrível. Ele realmente quer que entendamos essa unidade. Lama Tsongkhapa não menciona isso dessa maneira, mas penso que unificar relativo e absoluto é o ponto mais sutil dos ensinamentos budistas. Porém, se não usar essa explicação de forma inteligente, ela não vai significar muito para você. Você precisa pensar profundamente sobre ela, ler a respeito e meditar sobre ela; então vai entendê-la gradativamente.

◆◆◆

Por que Lama Tsongkhapa dá tamanha ênfase na não dualidade? A fim de descobrir a bem-aventurança nascida simultaneamente por meio da meditação da chama interior, você precisa largar os conceitos de autoexistência concreta. Sem alguma compreensão da não dualidade, você pode produzir calor e bem-aventurança, mas jamais será bem-sucedido na chama interior. Isso porque vai lhe faltar sabedoria, o que significa visão correta. Na maioria das vezes em que experienciamos bem-aventurança, acabamos com a visão errada.

Prazer não é algo ruim em si, mas para muitos de nós produz apenas desgraça e problema porque nos falta sabedoria. O tantra enfatiza que se deve ter prazer sem hesitação, assimilá-lo e transformá-lo na grande sabedoria bem-aventurada da não dualidade.

Precisamos ser realistas. Vivemos em um mundo de fantasia e fracassamos em tocar nossa natureza fundamental. Sofremos de uma escassez de sabedoria. Por isso, uma técnica que nos ajude a tocar a realidade fundamental da não dualidade é da maior importância para nós e Lama Tsongkhapa a enfatiza aqui. Por meio dela, podemos experienciar bem-aventurança perene nascida simultaneamente.

Todos nós devemos fazer a prática de tocar a realidade em nossa vida cotidiana. Se você medita uma hora por dia, reserve pelo menos dez minutos desse tempo para tocar a realidade fundamental por meio da meditação sobre a vacuidade. Sempre nos encontramos em situações emocionais com as quais não conseguimos lidar porque perdermos contato com a natureza fundamental da realidade. Nesse momento, vivemos em um mundo superficial de fantasia e apenas quando tocarmos a natureza fundamental da realidade ficaremos seguros.

Em seu texto sobre a iniciação de Guhyasamaja, Lama Tsongkhapa explica que, embora possamos não ter ainda um entendimento profundo da vacuidade, no início basta ter uma noção grosseira dela, como de natureza semelhante ao espaço. Conforme comenta Dje Pabongka, uma verdadeira manifestação de Heruka, mesmo que não tenhamos muito entendimento intelectual da vacuidade, basta começar com a crença de que não há existência concreta.

Lama Tsongkhapa fala de maneira simples e no nosso nível de entendimento. Visto que ainda não entendemos plenamente o ponto de vista de Nagarjuna, temos de trabalhar em nosso próprio nível. Lama Tsongkhapa, Dje Pabongka e os outros grandes lamas são muito práticos. Eles nos ensinam de um jeito simples, como se ensina a um bebê, e gradualmente nos levam à perfeição.

◆◆◆

Devemos agora dedicar nossa energia positiva. "Que todos os seres sencientes possam tocar sua natureza fundamental. Que eles possam descobrir a unidade das características relativas e absolutas da mente. Que eles possam ver que todos os problemas aparecem quando usam a mente ininteligente, estreita, e que todos os quebra-cabeças mundanos desaparecem quando usam a sabedoria ampla, universal, da não dualidade."

Parte 4

# Despertando o Corpo Vajra

# Hatha yoga

Após discutir as características fundamentais de mente e corpo, Lama Dje Tsongkhapa explica os seis exercícios físicos que são praticados em conjunto com as Seis Yogas de Naropa. Ele menciona brevemente a respiração do vaso como o primeiro dos seis exercícios e, mais adiante, antes de descrever a meditação da chama interior, oferece uma explicação mais ampla. Também explicarei a respiração do vaso mais adiante (ver "Mediação da respiração do vaso").

Agora, vou falar um pouco sobre os exercícios e, então, explicarei as meditações sobre os canais, chakras e sílabas. Depois desses preparativos, chegaremos às meditações da chama interior em si e, finalmente, à experiência das quatro alegrias e da grande sabedoria bem-aventurada nascida simultaneamente.

◆◆◆

Estes exercícios são chamados de As Seis Rodas Mágicas, mas prefiro chamá-los de hatha yoga. Lama Tsongkhapa afirma que existem muitos tipos de exercícios de hatha yoga associados às Seis Yogas de Naropa, mas que os seis recomendados por Pagmo Drupa são suficientes. Esses exercícios nos ajudam a obter melhores resultados com a meditação da chama interior.

O primeiro dos seis exercícios é a respiração do vaso e os cinco restantes[1] são todos praticados enquanto se mantém a respiração do vaso. É melhor que esses exercícios sejam demonstrados por um professor experiente. Apenas ler um livro e depois praticá-los não é uma boa ideia. Antigamente, essas práticas eram mantidas em segredo e não eram nem mencionadas nos textos indianos. Ensiná-las em público para grandes grupos não era permitido; elas eram ensinadas apenas para uma pessoa de cada vez. Dizem que uma pessoa certa vez espionou Naropa enquanto ele fazia esses exercícios secretos e o resultado foi a perda da visão de um olho.

Para sermos bem-sucedidos na meditação da chama interior, precisamos limpar nosso sistema nervoso. Esses exercícios fazem isso ao remover

---

1 Os outros cinco exercícios são: (2) girar como uma roda; (3) curvar o corpo como um gancho; (4) o mudra de "união vajra", jogar-se no ar e cair; (5) endireitar a coluna como uma flecha no estilo de um cachorro a vomitar; e (6) sacudir o corpo inteiro e alongar o corpo e as juntas para permitir o fluxo suave do sangue pelas artérias.

à força os bloqueios de energia no corpo. Eles são especialmente úteis para praticantes da chama interior que fizeram meditações com intensidade excessiva. Durante um retiro, por exemplo, eles são praticados nos intervalos entre as sessões de meditação. Também são úteis para qualquer um que esteja meditando muito e não pratique muito exercício físico.

Alguns yogues e yoguines do Tibete realizavam os exercícios nus; outros usavam uma veste parecida com um traje de banho. As calças eram azuis, simbolizando Heruka, com o cós vermelho, simbolizando a chama interior. Você não consegue fazer os exercícios de modo adequado com roupas comuns.

É melhor fazer os exercícios quando seu estômago estiver vazio e confortável. Comece cada sessão tomando refúgio, gerando bodhichitta e meditando sobre Vajrasattva. A seguir, visualizando Guru Vajradhara e os lamas da linhagem, medite sobre guru yoga e recite a prece para os lamas da linhagem.

Surja da vacuidade como Heruka com a consorte. Seu corpo de luz é radiante, completamente vazio e límpido como cristal. Visualize os três canais principais e os quatro chakras (ver "Canais e chakras"). Tudo é límpido, claro e transparente e não há bloqueios em nenhum dos canais. Com essa percepção, você então começa a executar os exercícios.

Manter a percepção de si mesmo como a divindade, mesmo enquanto executa esses exercícios físicos, é extremamente importante. Não pense em si mesmo como uma pessoa ordinária que está apenas fingindo ser a divindade. Sinta fortemente que seu corpo é o corpo da divindade, sua fala é o mantra da divindade e sua mente é a grande sabedoria bem-aventurada. Isso faz cessar a mente de autopiedade. Não perca o orgulho divino de ser essa divindade ilusória, nem sua compreensão de si mesmo como não dual. Isso torna o exercício muito poderoso.

Lama Tsongkhapa diz que você deve manter a respiração do vaso com firme concentração durante todos os exercícios. Isso é importante. Se você não mantiver a respiração durante os exercícios, pode se machucar de várias formas. Se você mantiver a respiração do jeito correto, poderá cair de uma grande altura, como de um prédio de cinco andares, que não morrerá e nem mesmo se ferirá gravemente. Você deve respirar de forma lenta, não rapidamente, durante a hatha yoga. Faça a respiração do vaso de forma razoável, segurando a respiração de acordo com sua capacidade. Se tiver de inspirar de novo em algum momento durante um exercício, respire pelas narinas, não pela boca.

No início, os exercícios podem parecer difíceis, por isso não tenha pressa. Fazê-los de maneira forte ou rápida demais vai apenas exauri-lo e sobrecarregar seu sistema nervoso. Execute cada exercício cuidadosa e corretamente, de modo que lhe dê uma sensação de bem-aventurança. Não faz sentido passar correndo pelos exercícios apenas para obter a reputação de fazer todos os cinco em uma só respiração. Não é uma competição. Você está fazendo algo construtivo e benéfico; portanto, não se apresse.

Lama Tsongkhapa diz que o corpo deve estar solto durante os exercícios. Com a prática, seu corpo acabará se tornando completamente flexível, como borracha. Claro que isso não acontecerá de imediato; mas, se você fizer os exercícios todos dias, definitivamente vai experienciar os benefícios. E lembre-se de sacudir bem o corpo no fim da sessão de hatha yoga, o que ajuda o sangue a circular melhor e os canais a funcionarem bem.

◆◆◆

Algumas pessoas pensam equivocadamente que é mais importante meditar e cuidar da mente e que o corpo não é muito importante. No tantra, porém, o corpo é tão importante quanto a mente porque ele tem o recurso da energia kundalini e essa kundalini-urânio pode ser aproveitada para produzir realizações poderosas. É por isso que temos um voto tântrico de não criticar ou negligenciar o corpo. O tantra diz que devemos cuidar do corpo, mantendo-o saudável e dando-lhe bom alimento, porque é preciso ter uma grande energia. Dar mais proteína ao corpo, por exemplo, aumenta o poder da kundalini bem-aventurada. Respeite seu corpo. Não pense que ele é apenas uma fonte de problemas. As dificuldades vêm da mente, não do corpo.

Quando fizer os exercícios, perceba seus pensamentos negativos e bloqueios de energia sendo eliminados a cada movimento e sinta a energia bem-aventurada onde quer que toque. Você quase consegue ver essa energia kundalini bem-aventurada correndo pelos canais e através de todo seu corpo de luz radiante de arco-íris. Não há lugar para dor em seu sistema nervoso.

Não pense que a energia bem-aventurada encontra-se apenas no canal central. A kundalini vai até cada poro de seu corpo. Imagine que todo seu sistema nervoso, dos pés à coroa, é bem-aventurado. Não há espaço para dor e sofrimento no seu corpo e na sua mente. Você poderia dizer que o propósito da yoga tibetana é tornar o espaço para a miséria impossível, mental e fisicamente.

Um lama Gelugpa escreveu que um sinal de ter adquirido controle sobre a mente é que o corpo e seu sistema nervoso tornam-se conducentes à meditação. Em outras palavras, suas realizações mostram-se pela maneira como você coordena a energia de seu corpo. Isso é bem impressionante e a hatha yoga ajuda-o a atingi-lo. Os exercícios despertam seu sistema nervoso inteiro e lhe trazem bem-aventurança 24 horas por dia. Portanto, o corpo é definitivamente algo a ser respeitado.

Pode-se dizer que uma das coisas que você tenta fazer ao meditar sobre a chama interior é desenvolver a percepção de seu corpo. Você está aprendendo a se comunicar com sua própria energia física, especialmente a energia de calor e a energia de prazer. Está aprendendo a achar os botões certos. As máquinas de autosserviço do Ocidente são bons exemplos. Você vai até a máquina e aperta o botão certo. Quer Coca-Cola? Eis a Coca-Cola. Quer café? Aqui está o café. De modo semelhante, quando você conhece seu próprio corpo, pode obter o que quiser dele. Não é preciso olhar para fora em busca de algo desde que tenha descoberto seus próprios centros de prazer e o poder da kundalini.

É por isso que o orgasmo é usado como um símbolo da experiência de bem-aventurança perene. Os textos de Lama Tsongkhapa mencionam isso. De acordo com o tantra, o recurso do orgasmo é algo bom; podemos aprender com ele.

O objetivo de todos esses exercícios físicos é aumentar o desejo e a energia kundalini bem-aventurada, mas não para o prazer samsárico. O propósito desses exercícios de hatha yoga é ajudar-nos a controlar a energia de nosso sistema nervoso durante a meditação da chama interior. Quando nosso desejo explode e estamos prestes a perder energia por meio do órgão sexual, devemos ser capazes de levar a kundalini para cima desde os chakras inferiores e espalhá-la pelos lugares certos. Esses exercícios ajudam-nos a aprender a manejar nossa energia. Por fim, tornamo-nos capazes de transformar nossas experiências de bem-aventurança em sabedoria.

Tanto homens quanto mulheres devem aprender a trabalhar com seu desejo e controlar a energia sexual, em vez de perdê-la. Isso não é só uma questão de quebrar o samaya. Ocorre que perdemos o vigor de nossa energia kundalini e isso não é bom.

Em geral, os exercícios físicos comuns aumentam a superstição, mas os exercícios de hatha yoga podem nos ajudar a desenvolver sabedoria não supersticiosa. É possível que, enquanto estiver fazendo um dos exercícios, você simplesmente toque em alguma parte de seu corpo e vá direto para meditação samadhi profunda; ou que esteja sentado em algum lugar relaxando quando, de repente, seu corpo inteiro fique bem-aventuradamente energizado. Isso não é uma realização particularmente elevada; pode acontecer a qualquer um. Você não estará fazendo nada específico e seu corpo de repente vai experienciar uma incrível bem-aventurança. É assim que deve ser.

Tais experiências são possíveis em virtude da forma como esses exercícios e meditações estão estruturados. Eles são muito profundos e muito atraentes. Meditação comum pode ser uma chatice, mas aqui o objeto de meditação parece estar chamando você: "Olhe! Aqui há um prazer incrível, tantalizante!".

Quando Tilopa deu a primeira iniciação para Naropa, simplesmente bateu na cabeça dele com sua sandália. Naropa entrou instantaneamente em um samadhi profundo. Uma pessoa qualquer poderia ter se machucado, mas Tilopa atirou no alvo certo, o chakra da coroa com sua sílaba branca ham. Energia bem-aventurada fluiu pelo canal central de Naropa e ele caiu em samadhi. Este é um bom exemplo da natureza do processo tântrico. Naropa levou uma única pancada, mas entrou instantaneamente em samadhi profundo. É preciso grande habilidade para um guru ser capaz de tocar um discípulo e evocar tamanha experiência direta. Isso é iniciação. É poderosa e significativa, seu alcance vai além dos livros e, de certa forma, além até mesmo do Dharma.

Algo semelhante aconteceu com Dromtönpa e ele nem foi fisicamente tocado. Ele entrou de repente em estado de samadhi enquanto descia alguns degraus carregando as fezes de seu guru Atisha. Esses exemplos são úteis. Não têm nada que ver com fatores externos, como meditar na postura física certa. São experiências puramente internas.

Não temos de olhar para fora em busca de ouro. Todos temos uma mina de ouro dentro de nós mesmos, em nosso sistema nervoso. Devemos apenas utilizá-la e ficar satisfeitos.

# CANAIS E CHAKRAS

A meditação da chama interior permite ao yogue ou yoguine absorver todas as energias de vento no canal central, gerar as quatro alegrias e assim experienciar a grande sabedoria bem-aventurada nascida simultaneamente. Esse processo leva à união do corpo ilusório e da clara luz e, finalmente, à iluminação plena.

Um dos primeiros passos práticos que precisamos dar para atingir esse resultado é aprender sobre a estrutura do corpo vajra, especialmente dos canais e chakras. Temos de visualizá-los em meditação até ficarmos totalmente familiarizados com eles.

Para nos prepararmos para visualizar os canais e chakras, precisamos visualizar nosso corpo como oco ou vazio. Essa meditação é simples, mas muito importante. Quando você a faz bem, existe menos chance de experienciar dificuldades mais adiante, quando investigar os canais e os chakras. Primeiro, porém, vou comentar como sentar-se adequadamente.

## SENTAR-SE

Marpa disse: "Nenhum dos meditantes tibetanos pode competir comigo. Minha postura sentada é suprema". Marpa realmente havia experimentado as Seis Yogas de Naropa e falava por experiência. Quando você se senta, suas energias internas devem de algum modo falar com você e trazer-lhe bem-aventurança. O tantra usa simplesmente os recursos naturais do corpo; ele segue seu próprio jogo natural de energia.

Lama Tsongkhapa afirma que a postura correta do corpo é muito importante durante a meditação da chama interior. Ele recomenda que você se sente sobre um assento confortável com o corpo levemente erguido na parte de trás. Cruze as pernas na posição de lótus completa, com o pé direito sobre a coxa esquerda e o pé esquerdo sobre a coxa direita. As práticas do estágio de completude devem ser feitas nessa posição. Pode ser difícil para novatos; assim, fique o mais próximo que puder disso. Também pode ser útil usar um cinto de meditação, como fez Milarepa, mas não é absolutamente necessário.

A coluna deve ficar ereta e a cabeça, ligeiramente inclinada à frente. Deixe os olhos semicerrados, sem focar nada, e olhe na direção da ponta do nariz. Contudo, se sua mente ficar muito distraída e você não conseguir acalmá-la, pode ser útil fechar os olhos. Coloque a ponta da língua contra o palato logo atrás dos dentes frontais, com a mandíbula relaxada. Os ombros devem ser mantidos eretos para trás, não curvados à frente. A mãos devem ser colocadas abaixo do umbigo, no mudra da concentração, com a direita sobre a esquerda e os polegares tocando-se para formar um triângulo.

É especialmente importante manter a mente e o corpo um pouco retesados, em vez de frouxos; você pode julgar segundo sua própria experiência. É preciso treinar isso. O corpo deve ficar ereto e levemente retesado dos quadris ao peito. A maioria de nós se curva e uma postura curvada pode produzir moleza. Você pode reconhecer yogues e yoguines pelo modo como mantêm seus corpos.

### MEDITAÇÃO DO CORPO VAZIO

Visualize-se como Heruka, de pé, com seu corpo completamente transparente da cabeça aos pés. Seu corpo é totalmente límpido e vazio de toda substância material, como um balão cheio de ar. Não há absolutamente nada dentro. Contemple isso.

### OS CANAIS

Quando estiver à vontade vendo seu corpo vazio, você pode começar a meditar sobre os canais. Primeiro, surja da vacuidade na forma de uma divindade. Todo seu corpo de luz radiante de arco-íris é vazio e límpido como cristal; até suas mãos são como cristal. O corpo de Heruka não é preenchido por sangue e ossos; é transparente e de luz. É um corpo consciente, um corpo psíquico.

Visualize-se diante de seu guru-raiz e de todos os lamas da linhagem, cercado de dakas e dakinis. Ofereça-lhes, sem sovinice, seu corpo e o mundo inteiro. Então reze para experienciar energia bem-aventurada do ar, canais bem-aventurados e kundalini bem-aventurada. Pense: "Para o bem dos seres sencientes, que são tão vastos em número quanto a extensão do espaço, vou agora me empenhar nessa meditação a fim de descobrir o estado de Vajradhara".

Visualize agora os três canais principais: o canal central e os canais direito e esquerdo. Eles são como tubos de arco-íris, lisos, transparentes, límpidos, flexíveis e cintilantes como seda. O canal central começa no ponto entre as sobrancelhas e os canais laterais começam nas narinas. Todos os três canais curvam-se para cima até a coroa e depois correm corpo abaixo bem em frente à coluna, até a extremidade do chakra secreto da ponta. São como a viga central que sustenta um telhado.

Contudo, de acordo com o comentário, quando fazemos a meditação da chama interior, visualizamos os três canais terminando cerca de quatro dedos abaixo do umbigo, que é o ponto para onde levamos os ares para dentro do canal central durante a meditação. Os canais laterais curvam-se para cima na base do canal central em uma forma que lembra a letra tibetana cha (ཆ). Lama Tsongkhapa explica como os canais existem, na realidade, e como devemos usá-los na meditação.

Ele enfatiza que o canal central fica próximo da coluna. Na verdade, ele não toca a coluna, mas fica bem perto dela. Os canais laterais ficam bem próximos do canal central.

O canal central é azul do lado de fora, semelhante à cor de Heruka, e vermelho por dentro. O canal direito é vermelho e o esquerdo é branco. Ao falar sobre a largura dos canais, os tibetanos às vezes usam o exemplo da palha de cevada. Creio que os canudinhos de bebida usados nos restaurantes também são um bom exemplo. Mas, sob certo aspecto, um canal não é como um canudo. Se você curvar um canudo ao beber um *milkshake*, ele se rompe na parte externa. Nossos canais, por sua vez, são flexíveis como borracha.

Existem também milhares de canais secundários dentro do corpo, mas esses três são os principais que devemos contemplar.

## OS CHAKRAS

Vamos falar agora sobre os vários chakras. Os quatro que mais utilizamos durante a meditação da chama interior são os do umbigo, do coração, da garganta e da coroa. Devemos aprender a visualizá-los; devemos manter nossa mente em cada um deles até enfim penetrá-los.

Lama Tsongkhapa diz que o chakra do umbigo é vermelho, tem formato de um triângulo, e 64 canais secundários que se curvam para cima a partir dele, como as varetas de uma sombrinha virada ao contrário.

O chakra do coração é branco tem formato de uma bola e oito ramificações que apontam para baixo em direção ao umbigo, como as varetas de uma sombrinha na vertical.

O chakra da garganta é vermelho e também tem a forma de uma bola, com seus dezesseis canais secundários abrindo-se para cima.

Finalmente, o grande chakra bem-aventurado da coroa é multicolorido e triangular e seus 32 canais secundários abrem-se para baixo em direção à garganta.

Os dois conjuntos de canais secundários, abrindo-se uns em direção aos outros; dessa forma, simbolizam método e sabedoria. O triângulo simboliza a energia feminina de sabedoria e o formato circular simboliza a energia masculina.

Vi desenhos hindus com um triângulo no umbigo, exatamente como Lama Tsongkhapa descreve aqui, mas às vezes o chakra do umbigo é desenhado com formato circular. Minha sensação é de que o formato não é muito importante. Use qualquer formato com que você se sinta confortável. Desenhos podem ser úteis para demonstrar os chakras e canais. Alguns lamas tibetanos fizeram desenhos conforme suas visões, mas são difíceis de entender porque não é possível retratar exatamente o que se vê numa visão.

Lama Tsongkhapa explica que, de modo geral, os canais secundários devem ser visualizados como extremamente pequenos, mas de início é melhor visualizá-los em qualquer tamanho que você considere confortável. Se não conseguir visualizar todos os canais secundários com clareza, simplesmente concentre-se no centro do chakra.

Lama Tsongkhapa também explica que os canais laterais dão voltas ao redor do canal central em cada um dos quatro chakras principais e com isso, formam nós. Existe um nó sêxtuplo no chakra do coração e um nó duplo em cada um dos outros chakras.[1] Algumas pessoas podem não achar fácil visualizar isso. Se você achar difícil de visualizar, deixe os nós de lado.

◆◆◆

Onde exatamente ficam os chakras? Considere o chakra do umbigo, por exemplo. Alguns textos dizem que o chakra do umbigo deve ser visualizado diretamente atrás do umbigo. Lama Tsongkhapa diz claramente que o chakra do umbigo fica quatro dedos abaixo do umbigo, onde os canais laterais curvam-se para dentro do canal central. Outros textos concordam.

Essa localização é bastante lógica e convincente. Ao examinar-se, você percebe que não há muita sensação no umbigo em si, mas existe uma sensação incrível quatro dedos abaixo do umbigo. Contudo, visto que o canal central não se localiza na frente do corpo, mas perto da coluna, você deve

---

1 O nó sêxtuplo é formado pelos canais direito e esquerdo cruzando o canal central três vezes; no nó duplo eles cruzam o canal central uma vez.

visualizar o chakra do umbigo perto da coluna. A localização do chakra do umbigo é importante, porque os ares dos dois canais laterais entram no canal central exatamente nesse ponto.

Também existem dúvidas quanto à localização do chakra da coroa, que também é chamado de chakra da bem-aventurança. Literalmente, "coroa" refere-se ao topo da cabeça; portanto, às vezes é dito que o chakra da coroa fica entre a pele e o crânio, na coroa da cabeça. Contudo, na minha opinião, esse chakra fica no cérebro, onde há muita energia ativa. É onde o centro da bem-aventurança está localizado. Alguns textos o chamam de chakra da cabeça, mas também poderíamos chamá-lo de chakra do cérebro.

Em todo caso, visualize este chakra em algum lugar entre suas sobrancelhas e sua coroa, em um ponto mais na direção da parte de trás da cabeça. Não precisa ser em um lugar designado com precisão. Estamos lidando com realidade psíquica, não realidade física. Contudo, com base em sua própria experiência, você descobrirá lentamente a localização exata de todos os chakras dentro de seu corpo. Sua prática então se tornará mais exata.

O chakra da garganta está localizado diretamente atrás do pomo de adão. O chakra do coração está no centro do peito, entre os dois seios e, novamente, mais para perto da coluna do que na frente do corpo.

Embora esses quatro chakras sejam os que mais usamos durante a meditação da chama interior, existem outros com os quais também precisamos ficar familiarizados. Existe um chakra na testa, entre as sobrancelhas. Na literatura ocidental, ele muitas vezes é referido como "o terceiro olho". Tem seis canais secundários.

Existe ainda o chakra secreto ou do sexo. É vermelho, tem 32 ramificações e nivela-se com a base da coluna. No homem, fica localizado na base do órgão sexual. Existem ainda o chakra secreto intermediário, também conhecido como chakra da joia, que é branco e tem oito canais ramificados, e o chakra secreto da ponta, que fica no final do pênis, onde termina o canal central.

Pode surgir uma questão: os chakras secretos do corpo masculino estão explicados muito claramente, mas e os chakras femininos? Uma mulher também possui três chakras secretos: o secreto, o secreto intermediário e o secreto da ponta. Na mulher, porém, os três estão ocultos dentro do corpo. O chakra secreto da ponta, onde termina o canal central, fica na extremidade do cérvix, onde este se abre na vagina.[2] O órgão do homem é externo, mas o

---

[2] De acordo com Kirti Tsenshab Rinpoche, o canal central feminino termina no "final do útero, onde a gota vermelha flui para fora", ou seja, no cérvix.

da mulher fica no interior, o que mostra que existe um arranjo mútuo entre o vajra masculino e o lótus feminino.

O tantra do estágio de completude explica também que uma yoguine possui um canal sutil que se estende a partir do final de seu canal central e que, quando os órgãos masculino e feminino se unem, esse canal sutil entra no canal central do yogue, dando surgimento a uma incrível bem-aventurança.

♦♦♦

Precisamos desenvolver clareza e estabilidade em nossa meditação sobre os canais e chakras. Comece concentrando-se em cada um até ele aparecer claramente e então repouse nessa atmosfera de clareza. Ao manter a mente em cada chakra, desenvolvemos estabilidade.

O chakra do umbigo é o mais importante dos quatro chakras principais porque é esse que enfocamos durante a meditação da chama interior. Nas Seis Yogas de Naropa, a concentração penetrante no chakra do umbigo é o passo fundamental que torna todo o resto possível, inclusive a realização do corpo ilusório e da clara luz. Isso traz resultados com muita rapidez.

Concentrar-se no chakra do umbigo também é menos perigoso do que enfocar os chakras secreto ou do coração, por exemplo. Lama Tsongkhapa afirma que concentrar-se demais no chakra do coração pode causar tensão, estresse e até problemas cardíacos. Concentrar-se no chakra do umbigo é muito mais seguro e é fundamental para gerar a chama interior. Portanto, mesmo quando estiver executando as meditações do corpo vazio e os exercícios de hatha yoga, você deve prestar especial atenção no chakra do umbigo.

No início, você deve meditar sobre os canais e chakras conforme descrito anteriormente, até estar completamente familiarizado com eles.

## TREINANDO NOS CANAIS

Outra meditação que devemos fazer para nos prepararmos para a chama interior é treinar nos canais; isso evita empecilhos e estimula as energias de ar a entrarem no canal central. Embora não seja mencionada em *Tendo as três convicções*, essa técnica é recomendada por muitos lamas. Assim como um cavalo treina para uma corrida, nós treinamos para cavalgar o cavalo da energia do vento ao percorrer o canal central de alto a baixo investigando tudo.

Primeiro, faça a meditação do corpo vazio. Veja a si mesmo como a divindade, com seu corpo de luz límpido como cristal. Visualize os três canais principais, todos os chakras, todos os canais secundários. Tudo é transparente, límpido e livre de bloqueios. No chakra do coração visualize uma gota da kundalini branca e vermelha, do tamanho de uma semente de gergelim. Ela irradia luz brilhante de arco-íris de cinco cores, da natureza das cinco famílias de Buddhas.[3]

Concentre-se nessa gota. Não olhe a gota pelo lado de fora. Entre nela, penetre-a, torne-se totalmente uno com ela. Sua mente unifica-se com a gota, de modo que não haja distinção entre sujeito e objeto. Dentro dessa atmosfera bem-aventurada de ser a gota, você não é mais atraído por nenhum objeto sensorial. Está tudo preparado para você fazer meditação profunda.

Você, como a gota de energia, olha para baixo do chakra do coração e vê os chakras do umbigo e secreto. A seguir olha para cima e vê os chakras da garganta, da coroa e da testa. A passagem do canal central está livre. Você sobe pela passagem e chega ao chakra da garganta. Olhando em volta, vê claramente todos os dezesseis canais secundários.

Depois, você se desloca para o chakra da coroa, que tem 32 canais secundários, e vê todos eles claramente. Em seguida vai para o chakra da testa, que se abre para fora entre as sobrancelhas. Daí, você olha para seu corpo de Heruka, que é de luz azul-radiante e da natureza da não dualidade. Você vê tudo claramente até os pés. Você se sente extremamente bem-aventurado.

Do chakra da testa você volta pelo canal central até o chakra da coroa e olha para o chakra da garganta abaixo. Vai mais uma vez para o chakra da garganta e observa seus dezesseis canais secundários. Desce para o coração e dali olha os oito canais secundários. Continua a descer até o umbigo e vê com clareza cada um dos 64 canais secundários. A seguir, investiga o chakra secreto, o chakra da joia e, finalmente, o chakra secreto da ponta. Por fim, volta para o coração. Faça a jornada para cima e para baixo pelo canal central várias vezes, terminando sempre no chakra do coração.

Você não deve se preocupar que a visualização dos três canais continuando para baixo do chakra do umbigo dessa maneira vá conflitar com as meditações da chama interior. Aqui, estamos simplesmente investigando tudo como um preparativo para as meditações da chama interior. De todo modo, quando praticarmos as quatro alegrias, mais adiante, precisaremos visualizar o canal central descendo até os chakras inferiores.

---

3 Essas são as cinco linhagens dos Buddhas Akshobbhya (azul), Vairochana (branco), Ratnasambhava (amarelo), Amitabha (vermelho) e Amogasiddhi (verde).

Medite dessa maneira até estar completamente familiarizado com seus canais e chakras. No fim, você saberá exatamente onde fica tudo, assim como sabe o lugar de tudo em sua bolsa.

Imagine que, enquanto percorre o canal central para cima e para baixo, a luz de arco-íris da gota de kundalini ajuda a regenerar e ativar os canais. Canais bloqueados são abertos, canais tortos são endireitados e os amassados são alisados. Tudo fica como um arco-íris. Todos os canais tornam-se macios como seda, transparentes e utilizáveis, quase como se fizessem tudo que você mandasse.

Ao fazer esta meditação, você não deve manter a concentração no chakra do coração por muito tempo. Como mencionei anteriormente, Lama Tsongkhapa adverte que permanecer excessivamente no chakra do coração pode criar uma tensão perigosa. De fato, você também não deve passar muito tempo nos chakras da garganta e da coroa. Como estamos nos preparando para a meditação da chama interior, a ênfase maior deve ser no chakra do umbigo.

Se você meditou direito sobre seu corpo como sendo vazio, não há motivo para se preocupar quanto a experienciar dor nos canais ou chakras ao percorrê-los. A razão de se fazer a visualização do corpo vazio é evitar tais problemas. Quando você sentir dor no corpo, não precisa perguntar a ninguém o que fazer. Lama Tsongkhapa já lhe deu a solução.

♦♦♦

Vamos agora dedicar o mérito. "Ao meditar sobre os três canais principais e os quatro chakras principais, que nós possamos afrouxar o retesamento dos canais bloqueados. Que toda a energia do vento possa entrar no canal central e nós possamos, desse modo, experienciar o caminho da clara luz. Ao penetrar nos centros de prazer dos chakras, que possamos atingir a realização do estado eterno de bem-aventurança".

# Sílabas bem-aventuradas

Lembre-se de que você possui um corpo radiante de luz de arco-íris na forma de Heruka. Ele não está repleto de sangue e ossos, mas é vazio e possui canais e chakras límpidos que estão livres de todos os bloqueios e confusão. Na meditação anterior, você percorreu todos os chakras e investigou sua estrutura. Agora você está pronto para colocar uma sílaba-semente em cada um dos quatro chakras principais. Este será o objeto de sua concentração.

Lama Tsongkhapa diz que colocar sílabas-sementes nos chakras é vital para gerar as quatro bem-aventuranças. Eventualmente, quando a kundalini de nosso chakra da coroa derrete e flui canal central abaixo, como já nos concentramos nas letras em cada chakra, teremos condições de segurar a kundalini por mais tempo em cada ponto. Com isso vamos intensificar as experiências de bem-aventurança ali.

Você deve colocar as letras bem no centro dos quatro chakras principais. As sílabas devem ser visualizadas tão pequenas e sutis quanto possível, do tamanho de uma semente de mostarda ou gergelim. Lama Tsongkhapa enfatiza que elas devem ser sutis. Isso encoraja os ares a entrarem automaticamente no canal central e serem fortemente absorvidos. Por causa disso, sua concentração ficará mais forte e, por conseguinte, você irá gerar uma bem-aventurança mais forte.

Primeiro, colocamos a sílaba no chakra do umbigo. Ali colocamos o a curto, ou um *tung*, em tibetano (ver a seguir), que parece a pincelada final da letra tibetana a (ཨ). O a curto é mais largo na base e depois afina e fica bem pontiagudo no topo. Você também pode visualizá-lo como a chama de uma vela ou uma torma, pois ambos são largos na base e finos na ponta. Lembre-se, porém, de que é muito sutil.

O a curto é vermelho brilhante. É muito quente, como um fogo chamejante, e de natureza bem-aventurada. Em sua ponta estão uma lua crescente, uma gota e um nada fino e pontudo. (Nada é um termo sânscrito que às vezes refere-se à não dualidade, de modo que talvez possamos dizer que significa "topo não dual".)

Alguns lamas dizem que o a curto fica sobre um disco de sol, mas Lama Tsongkhapa recomenda visualizá-lo sobre um disco de lua. Visto que estamos tentando gerar calor interno, pareceria mais lógico visualizar o a curto

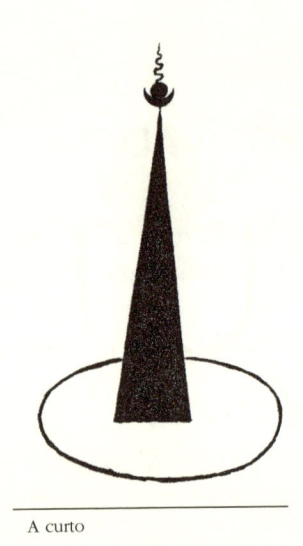

A curto          HŪM

sobre um disco de sol. Tenho a sensação de que Lama Tsongkhapa decidiu que deveria ser um disco de lua para ajudar a prevenir o surgimento do calor interno ordinário, que é superficial e momentâneo.

    Coloque o a curto bem dentro do canal central, no centro do chakra do umbigo, que se localiza quatro dedos abaixo do umbigo. Lama Tsongkhapa afirma claramente que o a curto deve estar no chakra do umbigo e no canal central. Outros lamas concordam que o a curto deva ser visualizado no ponto onde os chakras laterais juntam-se ao canal central, mas dizem que o chakra do umbigo fica no próprio umbigo. Muitos textos também aconselham que se coloque o objeto de concentração no chakra, mas não dizem expressamente para que se coloque no canal central. Lama Tsongkhapa diz que é vital encontrar a localização correta, porque esse é o ponto exato onde os ares entram no canal central através dos dois canais laterais.

    Lama Tsongkhapa também enfatiza que devemos visualizar o a curto mais perto da coluna do que na frente do corpo. Ele repete isso continuamente. Situar o a curto ali ajuda o calor interno a crescer de forma eficiente e profunda e impede o surgimento do calor ordinário. Sua Santidade Trijang Rinpoche também diz que visualizar as sílabas mais perto da coluna permite ao calor interno aumentar de modo mais gradativo, firme e profundo. Não é bom que o calor interno aumente muito depressa, como uma explosão.

    A seguir coloque o *hūṃ* azul, com uma lua crescente, gota e nada sobre um disco de lua no chakra do coração. Tudo fica de cabeça para baixo. A forma normal de escrever o *hūṃ* em tibetano é deveras complicada, de modo que você pode visualizá-lo em uma forma simplificada, semelhante ao a curto. Você pode ao menos visualizar uma luz azul mais larga no topo e mais fina

OṂ　　　　　　　　　　　AṂ

na base. Nossa meta é, com concentração unidirecionada, energizar o gotejamento da kundalini bem-aventurada pela sílaba e pelo nada. Esse *hūṃ* azul comunica-se com o a curto vemelho no umbigo.

Agora, visualize um disco de lua no chakra da garganta e sobre ele um *oṃ* vermelho. Você pode visualizar alternativamente um *aṃ* vermelho. Ambas as sílabas são aceitáveis. Você também pode visualizar o *oṃ* em uma forma simplificada. Apenas use a parte a do *oṃ* mais fácil para você. Essa sílaba vermelha está na vertical e tem uma lua crescente, gota e nada acima dela. Mais uma vez, deve ser visualizada no canal central, bem no centro do chakra da garganta.

Na coroa, que é o chakra da grande bem-aventurança, colocamos um *hāṃ* branco sobre um disco de lua. Você também pode simplificar essa sílaba para um formato de gancho. Ela tem um crescente, uma gota e um nada, e outra vez tudo está de cabeça para baixo. Ela se comunica com o *oṃ* vermelho na garganta.

Contemple essas sílabas, uma de cada vez, mas enfoque principalmente o a curto no umbigo. Quando você contempla o a curto (e as outras sílabas), sua consciência deve unificar-se completamente com ela. Parece tão atraente que você simplesmente quer fundir-se a ela. Lama Tsongkhapa afirma que não devemos ver as três sílabas "lá fora" e nós separados delas. Em vez disso, devemos nos tornar completamente unificados com cada sílaba.

Todas as letras devem ser muito brilhantes e da natureza da kundalini. Lama Tsongkhapa diz que elas estão encharcadas de kundalini, como orvalho. Visualizar as letras brilhantes e radiantes evita moleza e sonolência; não deixa espaço para escuridão mental. Vê-las como bem-aventuradas elimina

HAṂ

automaticamente a mente distraída e errante, proveniente da insatisfação. Fica tudo preparado para nos ajudar a desenvolver concentração profunda.

Lama Tsongkhapa destaca que, ao meditar sobre sílabas, sua concentração não deve ser tensa nem frouxa demais, mas ficar no meio-termo. Ele também menciona outras técnicas, como colocar as sílabas nos canais secundários, mas no momento isso não é necessário. A meditação que expliquei anteriormente é a mais importante.

Embora no geral as sílabas devam ser visualizadas tão pequenas quanto possível, Lama Tsongkhapa diz que, no início, é aceitável visualizá-las em tamanho grande. À medida que progride na meditação, você pode gradativamente reduzir o tamanho delas.

Quais são os benefícios de contemplar objetos de concentração nos chakras? Contemplar o *haṃ* na coroa aumenta a kundalini branca masculina, que é a fonte da bem-aventurança. Contemplar e penetrar o *oṃ* no chakra da garganta aumenta a energia feminina do sangue e também ajuda na prática da yoga dos sonhos. Concentrar-se no *hūṃ* no coração ajuda a desenvolver a clara luz. Meditar sobre o a curto no umbigo aumenta a força da chama interior e também aumenta a energia bem-aventurada branca, em virtude da ligação do chakra do umbigo com o canal esquerdo. Ativar o calor interno no chakra do umbigo automaticamente faz que a energia vá para o chakra da coroa. Com um simples toque na área abaixo de seu umbigo você sentirá uma sensação na coroa.

Embora devamos nos familiarizar com todos os chakras, lembre-se de que a chama interior no umbigo é a chave para as realizações de todos os chakras.

♦♦♦

Diferentes tantras utilizam o chakra do umbigo, bem como os chakras nas aberturas superiores e inferiores do canal central, de diferentes maneiras. Lama Tsongkhapa de fato descreve isso antes em *Tendo as três convicções*, na seção sobre as características do corpo, mas optei por discutir o tema aqui.

Conforme a tradição de Marpa, existem dois períodos para se praticarem as yogas tântricas: quando estamos despertos e quando estamos adormecidos. Práticas do Sutrayana usam apenas o estado desperto, mas o Yoga Tantra Superior tem maneiras de utilizar igualmente o estado adormecido.

Marpa explica que os chakras do coração e da garganta são pontos-chave para a yoga do sono e que os chakras do umbigo e da coroa são para práticas durante o estado desperto. Durante o estado desperto, o chakra do umbigo é importante para a prática da chama interior e o chakra da coroa para a prática de consorte. Isso porque, nessas ocasiões, as gotas de energia sutil residem em cada um desses pontos.

Lama Tsongkhapa também discute a visão do Kalachakra Tantra, que diz que os chakras do umbigo e da testa estão associados a práticas do estado desperto e que os chakras da garganta e secreto são importantes para a prática durante os sonhos.

Lama Tsongkhapa, a seguir, fornece sua própria opinião. Ele diz que, quando vamos dormir, os ventos aglutinam-se pronunciadamente nos chakras do coração e da joia e que permanecemos em sono profundo enquanto eles permanecem ali. (As gotas e os ventos também se aglutinam pronunciadamente no chakra da joia quando estamos em sono profundo; é por isso que os homens, às vezes, ejaculam nesse momento.) Durante o sono pesado não sonhamos. Quando o sono fica mais leve, os ventos também ficam mais leves; eles se aglutinam nos chakras secreto e da garganta e nesses momentos os sonhos acontecem. Quando as energias de ar movem-se para os chakras da testa e do umbigo, acordamos.

Embora esses chakras sejam fundamentais para praticar durante o sono e os estados de sonho, isso não quer dizer que não sejam igualmente importantes durante o estado desperto. Lama Dje Tsongkhapa diz que penetrar e contemplar cada chakra traz resultados e realizações específicos. No sistema de prática das Seis Yogas de Naropa, porém, tudo é abordado a partir do chakra do umbigo.

♦♦♦

Em todas as meditações sobre os canais e chakras, somos aconselhados a visualizá-los límpidos e como um arco-íris. Na realidade, contudo, eles não são assim, absolutamente. Nossos canais laterais aderem ao canal central, apertando-o e o bloqueando. Os canais com frequência estão murchos e enrugados e existe muito apinhamento e confusão nos chakras, de onde ramificam-se todos os canais menores. Como os chakras são afrouxados e abertos de modo que as energias de ar possam entrar no canal central? De que modo os canais ficam límpidos e como arco-íris?

O princípio básico é que a mente e, por consequência, as energias de vento que sempre a acompanham vão automaticamente para qualquer ponto que a mente contemple. Assim, a concentração nos pontos vitais clareia e desbloqueia gradativamente os canais e chakras. Isso cria espaço para as energias sutis fluírem, como se soprássemos ar para dentro de um balão, fazendo que ele se abra e expanda.

Quando você penetra no chakra do umbigo, por exemplo, os bloqueios são liberados, o chakra se abre e os ventos automaticamente entram no canal central. O mesmo acontece no chakra do coração e nos outros. De fato, contemplar o a curto no umbigo também energiza automaticamente o chakra do coração, que é espremido por seus canais secundários. O vento sobe do chakra do umbigo e força a abertura do chakra do coração. Isso também automaticamente energiza e abre os chakras da garganta e da coroa.

A concentração penetrante nos chakras, contudo, sempre traz alguma tensão no início. A energia do vento aglutina-se onde a mente enfoca e, às vezes, os ventos movem-se para o lado errado e produzem dor física e emocional. Isso acontece se não nos preparamos direito. Por isso, a meditação do corpo vazio, a respiração do vaso, os exercícios de hatha yoga e as meditações sobre os canais, os chakras e as sílabas são preparativos tão essenciais para a meditação da chama interior.

No início, nossos chakras estão apinhados, tensos e contraídos; leva certo tempo para afrouxá-los. Embora os canais sejam fenômenos sutis, eles têm forma. Quando fazemos as meditações sobre canais, chakras e sílabas repetidamente, nossos canais ficam desbloqueados, límpidos e claros, funcionais e macios como seda. Se fizermos esses preparativos, quando meditarmos sobre o calor interno e por fim penetrarmos os pontos vitais nos chakras, o ar poderá entrar com facilidade e ser completamente absorvido pelo canal central.

Você deve alternar as várias práticas porque elas apoiam umas às outras. No fim, você desenvolverá uma sensação de unidade, quase como se sua energia corporal fosse consciência e sua consciência fosse energia corporal. Seu corpo e sua mente vão cooperar perfeitamente um com o outro.

♦♦♦

Quando você sente muita devoção, é bom rezar para todos os lamas da linhagem por bênçãos para receber as realizações de todas as meditações. Visualize-os no seu chakra do coração, como um reflexo minúsculo em um cristal. Todos os fenômenos universais também estão refletidos aí. De modo alternativo, você pode simplesmente visualizar Naropa em seu chakra do coração.

Então, reze com devoção. "Que eu possa ser bem-sucedido na meditação da chama interior. Que todo meu sistema nervoso possa experienciar uma explosão de energia bem-aventurada. Que toda essa energia bem-aventurada possa entrar no canal central e possa abranger a sabedoria da não dualidade".

# Meditação da respiração do vaso

Conforme mencionei anteriormente, *Tendo as três convicções* relaciona a meditação da respiração do vaso como o primeiro dos seis exercícios de hatha yoga, embora Lama Tsongkhapa descreva-a apenas brevemente naquela seção.

A respiração do vaso não é uma prática insignificante. Os outros cinco exercícios de hatha yoga são executados enquanto se mantém a respiração do vaso e, o mais importante, as meditações da chama interior são executadas com base nessa técnica de respiração. Ter êxito em levar todos os ares para dentro do canal central, estabilizá-los e ali absorvê-los depende da respiração do vaso.

### DISSIPANDO OS ARES IMPUROS

Antes de tentar praticar a respiração do vaso, você deve primeiro dissipar os ares impuros com o exercício respiratório em nove rodadas.

Mantendo a narina esquerda fechada com a parte de trás do dedo indicador direito, inspire lentamente pela narina direita. A seguir, bloqueie a narina direita com a frente do mesmo dedo e expire pela narina esquerda. Pense que você está expirando toda sua energia impura de desejo. Faça isso três vezes. De fato, você não precisa manter a narina fechada; pode apenas visualizar o ar saindo pela outra narina.

Depois faça o oposto, inspirando três vezes pela narina esquerda. Enquanto exala pela narina direita, pense que está expirando toda sua energia impura de ódio. Finalmente, inspire e expire três vezes por ambas as narinas para deixar todas as energias límpidas, claras e igualadas. Enquanto exala, pense que está expirando toda sua energia impura de ignorância. No total, são nove rodadas.[1]

Lama Tsongkhapa enfatiza que você deve inspirar e expirar apenas pelas narinas, não pela boca. Ele recomenda inspirar primeiro pela narina direita,

---

1 Em *Tendo as três convicções*, Lama Tsongkhapa na verdade descreve inspirar e expirar pela narina direita, a seguir pela narina esquerda e, então, as duas juntas. Esse ciclo de três partes é então repetido três vezes para totalizar as nove rodadas.

mas, como o princípio feminino do tantra-mãe normalmente é associado ao lado esquerdo, você pode querer enfatizar o caráter auspicioso da energia feminina inspirando primeiro pela narina esquerda. Se quiser enfatizar a abordagem do tantra-pai, inspire primeiro pela narina direita.

Inspire lenta e suavemente. Enquanto inspira, você pode pensar que está inalando energia pura e bem-aventurada de Tilopa, Naropa e todos os Buddhas e bodhisattvas das dez direções. Quando exalar, pense que todas as suas dificuldades físicas e mentais, os sintomas de sua energia bloqueada, desapareçam. Isso não é simplesmente uma visualização. Tão logo comece a praticar a respiração em nove rodadas, você sentirá alguma mudança. Ao exalar, primeiro expire suavemente, depois com força e a seguir suavemente de novo.

## RESPIRAÇÃO DO VASO

Quando você pratica a respiração do vaso, o ideal é que seu estômago esteja vazio e confortável; em outras palavras, antes de fazer uma refeição ou após a comida ter sido digerida. A postura também é importante. Seu corpo deve estar bem ereto; a respiração do vaso não pode ser eficiente se seu corpo estiver curvado e comprimido.

A meditação da respiração do vaso compreende quatro passos: inalar; encher os canais direito e esquerdo de ar; drenar o ar dos dois canais laterais para o canal central; e exalar ou "disparar como uma flecha".

Comece a prática transformando suas mãos em punhos vajras: coloque a ponta do polegar na base do dedo anular e em seguida feche os quatro dedos sobre o polegar. Coloque as mãos em cima das coxas, com os braços bem próximos do corpo, imóveis e firmes. Alongue o corpo para cima tanto quanto possível; isso permite que os ares fluam melhor. Contudo, você não deve ficar sentado assim o tempo todo; depois de um tempo, pode se sentar normalmente.

Visualize-se como a divindade e visualize com clareza os três canais principais e os quatro chakras principais, conforme descrito anteriormente. Concentre-se no a curto no chakra do umbigo.

O primeiro passo é inalar. Inspire lenta e suavemente por ambas as narinas até os pulmões ficarem completamente cheios, visualizando o ar preenchendo os dois canais laterais. Lembre-se de não inalar pela boca e de fazer uma respiração completa. Embora alguns lamas digam para inspirar com força, Lama Tsongkhapa enfatiza que a inalação deve ser muito lenta e suave.

No segundo passo, visualize os canais direito e esquerdo cheios de ar, como balões inflados.

No terceiro passo, enquanto segura a respiração, você engole um pouco de saliva, tensiona o diafragma e pressiona para baixo com firmeza. Sinta que esses movimentos para baixo empurram o ar inalado pelos dois canais laterais até o a curto no chakra do umbigo. Você pode precisar fazer um pouco de força para segurar o ar aí.

A seguir, ainda prendendo a respiração e pressionando o diafragma para baixo, retese as portas inferiores contraindo os músculos pélvicos. Isso leva os ares inferiores para cima, para abraçarem e se unificarem com os ares superiores no chakra do umbigo. Sinta o a curto magnetizando as energias de ar, atraindo-as todas para dentro do canal central. Imagine que os ares superiores e inferiores unem-se exatamente no a curto,[2] que está no canal central no chakra do umbigo. (O motivo dessa técnica de respiração ser chamada meditação do vaso é que o a curto é mantido pelos ares superiores e inferiores como se estivesse em um vaso ou bule de chá.) Prenda a respiração e tensione os músculos superiores e inferiores pelo maior tempo possível.

Não creia que o processo é complicado ou que você terá dificuldade para fazê-lo. Parece que muitas coisas estão acontecendo ao mesmo tempo, mas os passos principais envolvem trazer os ares de cima e de baixo e unificá-los no chakra do umbigo. Em vez de forçar o processo, você deve sentir que o a curto puxa automaticamente todos os ares para o chakra do umbigo. Uma boa concentração ajuda tudo isso a ocorrer naturalmente.

Chegamos, enfim, ao quarto passo. Quando você não conseguir mais prender a respiração confortavelmente, deve exalar pelas narinas, visualizando que os ares superiores e inferiores unificados e mantidos no a curto disparam canal central acima como uma flecha. Eles são completamente absorvidos pelo canal central, energizando muita bem-aventurança.

No início, você deve exalar lentamente, mas perto do fim da expiração solte o ar com força até sentir os pulmões vazios. Embora o texto de Lama Tsongkhapa não mencione expirar com força (de fato, ele nos aconselha a soltar o sopro suave e calmamente), vi muitos lamas fazerem assim.

Enquanto alguns lamas dizem que você deve visualizar o ar deixando o corpo pela coroa, Lama Tsongkhapa diz que ele deve ser mantido dentro do canal central. É compreensível, visto que nosso objetivo principal é que os ventos entrem, se estabilizem e sejam absorvidos ali. Do chakra do umbigo o ar vai para o do coração, o da garganta e, depois, o da coroa, mas não sai por este último.

---

2 Na tradução de Glenn Mullin de *Tendo as três convicções*, Lama Tsongkhapa diz que "as energias vitais de cima e de baixo devem ser reunidas em um beijo".

♦♦♦

Embora visualizemos todo o ar entrando pelos dois canais laterais quando inspiramos, nosso propósito é encher o canal central, não os canais laterais. A fim de efetuar isso, levamos o ar para baixo completamente e o seguramos abaixo do umbigo, onde os canais laterais entram no canal central. Quando engolimos saliva e a seguir drenamos os ares dos canais laterais para dentro do canal central no chakra do umbigo, o canal central abre-se automaticamente e todos os ares dos canais laterais entram nele.

Quando os canais laterais estão abertos e funcionando, o canal central está fechado; quando o canal central está aberto e funcionando, os canais laterais estão fechados. Lama Tsongkhapa diz que essas são as únicas alternativas.

Conforme a experiência de Lama Tsongkhapa, segurar os ares superiores e inferiores unificados no chakra do umbigo pode ser desconfortável no início, deixando o abdômen um pouco inchado, às vezes. Contudo, ele explica que, com a prática, o desconforto passa e o abdômen encolhe-se naturalmente.

Algumas pessoas podem sentir que não conseguem trazer os ares de cima e de baixo para unificá-los no chakra do umbigo; outras podem sentir que seu abdômen é pequeno demais. A solução é não forçar nada. Não se apresse para unificar os dois ares. Claro que é uma boa ideia aplicar um pouquinho de força no início, mas não a ponto de causar dificuldade ou dor. Não pense que você só pode fazer essa prática com esforço. Apenas tente trazer a energia para dentro de modo relaxado.

Se você não gostar de fazer a meditação com esforço, imagine que o a curto atrai magneticamente os ares de cima e de baixo, puxando-os em união no chakra do umbigo. É como se o a curto sugasse toda energia de seu corpo para o chakra do umbigo. Sem nenhum esforço, você visualiza o a curto puxar os ares dos dois canais laterais com força, bem como de todos os outros canais, e dos de cima e de baixo, em uma única absorção unificada. Esse é um jeito fácil de fazer a meditação do vaso.

Se você aplicar força demais, pode experienciar desordens de vento, conhecidas como lung, em tibetano. Pode experienciar também fortes palpitações cardíacas, sofrer suores gelados ou se sentir nauseado. Não se exija demais. Apenas pratique de modo relaxado e natural. Execute a técnica lenta e suavemente e permita que o processo desenvolva-se de acordo com sua capacidade pessoal. O corpo de cada um é diferente. Algumas pessoas têm estômago grande, outras pequeno; algumas têm canais grandes, outras pequenos. Cada um deve respirar de acordo com sua proporção individual. Em todo caso, o processo é o mesmo.

Em minha opinião, Lama Tsongkhapa está dizendo que cada pessoa pode decidir quanto ar puxar e por quanto tempo segurá-lo. Um lama pode instruí-lo nas técnicas, mas você deve decidir o que funciona melhor para você com base em sua própria experiência.

Quanto mais suavemente você começar, mais vigorosamente você enfim será capaz de levar todos os ares para o chakra do umbigo. Entretanto, Lama Tsongkhapa diz que a certa altura a respiração do vaso virá naturalmente. À medida que sua concentração se estabilizar, você verificará que consegue segurar os ventos superiores e inferiores juntos sem esforço e com naturalidade. Você pode estar achando a técnica difícil, mas então, de repente e inesperadamente, sua respiração se tornará mais natural, mais sutil e mais facilmente controlada. Você será capaz de dizer por experiência própria quando for bem-sucedido.

Você pode não estar meditando, pode estar simplesmente conversando ou fazendo alguma atividade qualquer e, ainda assim, de repente notar que está fazendo a respiração do vaso. Você pressiona um pouco para baixo e as energias movem-se por dentro de seu corpo espontaneamente. Com a prática regular, o processo torna-se muito natural e você vai se ver levando os ares para dentro automaticamente.

Se você realmente achar a técnica complicada demais, apenas respire naturalmente e desenvolva concentração no curto. O comentário de Lama Tsongkhapa, na verdade, diz que a respiração do vaso não é em absoluto exigida para o sucesso nas meditações da chama interior. Você pode respirar com pequenas inalações naturais e, mesmo assim, segurar as energias bem embaixo.

A chave para o sucesso na meditação da chama interior é conseguir segurar os ventos superiores e inferiores juntos no chakra do umbigo. Você deve praticar a respiração do vaso repetidamente, até conseguir fazê-la sem esforço. Não é uma técnica difícil; de fato, é incrivelmente fácil. Uma sensação de bem-aventurança surgida do chakra secreto vai indicar seu progresso. Até mesmo executar a meditação do vaso sem muita concentração induzirá à bem-aventurança. Você não precisa ser um grande meditante. Tudo que tem de fazer é praticar, viver em paz, controlar-se, relaxar; assim, você poderá experienciar a energia bem-aventurada, mesmo sem boa concentração.

◆◆◆

A respiração do vaso também pode ser usada como meio de aumentar a duração da vida. Dizem que cada um de nós dispõe de um número fixo de respirações durante a vida e que, se conseguirmos aprender a controlar nossa respiração usualmente rápida e respirarmos mais lentamente, poderemos prolongar nossa vida.

Além disso, penso que diminuir o ritmo de nossa respiração desacelera nosso sistema nervoso e então nossa mente automaticamente também se desacelera. Dessa maneira, nossa concentração torna-se espontaneamente mais forte e nossa mente fica menos distraída.

Existem várias maneiras de avaliar seu progresso na respiração do vaso. Praticantes Kagyus marcam o tempo da respiração do vaso utilizando o seguinte método: toque um joelho, depois o outro, a seguir a testa e por fim estale os dedos três vezes. Este ciclo é considerado uma unidade de medida. Ser capaz de fazer 108 ciclos desses enquanto mantém a respiração do vaso é considerado um sinal de grande sucesso; fazer 72 ciclos indica um sucesso mediano; e 36, um pequeno sucesso. Os textos Kagyus explicam que esse sucesso é apenas do ponto de vista de um novato. Para yogues e yoguines avançados, não é uma questão de contar; eles conseguem prender a respiração por um tempo extremamente longo.

Lama Tsongkhapa tem um jeito diferente de contar. Você coloca a palma direita sobre a palma esquerda e a afaga três vezes, toca ambos os joelhos, depois estala os dedos seis vezes. O método Kagyu me parece mais simples. Seria difícil concentrar-se profundamente na chama interior e, ao mesmo tempo, realizar uma contagem complicada. Não invalido o método de Lama Tsongkhapa. Estou certo de que alguém com concentração indestrutível poderia contar dessa maneira; mas aqueles que se distraem facilmente achariam melhor contar pelo outro método. Não havia relógios de pulso ou de parede nos velhos tempos, de modo que o tempo não podia ser calculado com precisão. De qualquer forma, hoje em dia todos nós temos relógios e, assim, não precisamos adotar o método de contagem de Lama Tsongkhapa nem de Kagyu. Podemos contar no estilo do século XX.

♦♦♦

Agora, devemos dedicar o mérito. "Que a energia de ódio e desejo dos canais direito e esquerdo possa ser totalmente absorvida pelo a curto. Que todos os seres sencientes possam experienciar as energias de vento entrando no canal central, tornando-se estáveis e sendo então absorvidas ali. Que todos eles possam descobrir a clara luz".

Parte 5

# Descobrindo a Totalidade

# Meditação da chama interior

De acordo com o comentário de Lama Dje Tsongkhapa, quando somos proficientes na meditação da respiração do vaso e nossa concentração é razoável, podemos abordar a meditação da chama interior. Isso produz um verdadeiro espetáculo pirotécnico interno. A essa altura, já devemos estar completamente familiarizados com as sílabas nos chakras: o a curto, o *hūṃ*, o *oṃ* e o *haṃ*. Estas sílabas devem ser visualizadas no canal central, claras e límpidas em suas cores individuais e luz radiante. Com base na meditação do vaso e na visualização dessas sílabas, fazemos então as meditações mais técnicas da chama interior.

A chama interior é uma técnica tântrica muito especial e distinta. Mencionei anteriormente que alguns lamas da antiguidade diziam que as meditações do estágio evolutivo não são necessárias e são usadas apenas para se adquirirem realizações mundanas. Em certo sentido, eles estão certos. Claro que estou brincando; eles estão errados. Mas quero que você entenda minha ideia. A prática da chama interior do estágio de completude é como lançar um foguete por um trajeto completamente reto. Lida apenas com o que é essencial. Em comparação, o estágio evolutivo é como o sonho.

Como disse antes, a chama interior é a raiz do sucesso em todas as práticas do estágio de completude. É o método perfeito para despertar nossa consciência muito sutil, cuja função é compreender a totalidade da sabedoria da não dualidade. Essa experiência do estágio de completude da grande sabedoria bem-aventurada nascida simultaneamente é o resultado último da meditação da chama interior.

Lama Dje Tsongkhapa diz: "Praticando a chama interior, você consegue levar facilmente as energias de vento para dentro do canal central e desenvolve facilmente as quatro alegrias. A partir dessa experiência, você pode então meditar sobre a clara luz e o corpo ilusório". Ele continua: "Todos os métodos para levar as energias de vento para dentro do canal central e para energizar esses quatro estados de bem-aventurança estão baseados na meditação da chama interior". A grande sabedoria mahamudra simultaneamente nascida provém das quatro alegrias. Estas, por sua vez, provêm da meditação da chama interior, que depende da entrada dos ares no canal central. Sem esses auspiciosos métodos tântricos, a iluminação não seria efetivada.

Experiências de clareza, bem-aventurança e samadhi não supersticioso e indestrutível são comuns ao Hinayana, Paramitayana e Tantrayana.

Contudo, existe uma grande diferença entre a sabedoria não supersticiosa do Hinayana e do Paramitayana e a sabedoria bem-aventurada nascida simultaneamente do tantra. Lama Tsongkhapa ressalta isso muito claramente.

A meditação da chama interior é o meio mais poderoso de atingir o samadhi bem-aventurado e indestrutível. Isso é ilustrado pela história do primeiro encontro de Gampopa e Milarepa, que já mencionei. Gampopa disse a Milarepa que sua meditação samadhi era tão profunda que podia meditar por muitos dias sem distração ou moleza. Milarepa apenas riu e disse: "Não fico impressionado com isso! Querido filho, não há comparação entre meu a curto do tummo e sua meditação samadhi indestrutível. Não sei por que você tem tanto orgulho disso. Não se obtém azeite espremendo areia. Minha meditação da chama interior é incomparável".

Milarepa não estava falando por orgulho egotista. A meditação da chama interior é muito especial. Como afirmou Milarepa, ficar sentado em samadhi convencional por muitos dias é como tentar obter óleo espremendo areia. É impossível. A meditação da chama interior, porém, produz óleo de verdade rapidamente.

Milarepa está falando por experiência própria. A meditação da chama interior é muito mais eficiente que a meditação profunda ordinária. Ela se desenvolve rapidamente em uma explosão de sabedoria da não dualidade, uma explosão de poder telepático, uma explosão de realizações. É a chave para tesouros incalculáveis.

Por que a meditação da chama interior é um meio tão poderoso de se atingir o samadhi bem-aventurado? Primeiro, seu objeto de meditação não é externo, mas está dentro do corpo. Segundo, está localizado no canal central. Terceiro, está localizado não só no canal central, mas especificamente no chakra do umbigo.

Os vários tantras têm métodos próprios de levar os ares para dentro do canal central. Na meditação da chama interior, a abordagem é feita por meio do chakra do umbigo. Embora a chama interior também possa ser abordada pelos chakras da coroa, da garganta ou do coração, é mais fácil e mais seguro levar os ares para dentro do canal central no chakra do umbigo.

Lama Tsongkhapa descreve o formato do chakra do umbigo como triangular. Talvez você possa pensar nele como uma pirâmide. Enfocar o objeto de concentração – o a curto, que é você mesmo – nessa pirâmide leva você à concentração indestrutível. Não há movimento nem distração. Concentração penetrante no chakra do umbigo é a base que torna tudo o mais possível.

Um quarto ponto que torna a chama interior especial é que gera uma bem-aventurança tão incrível que sua mente simplesmente quer ficar no centro de prazer em seu umbigo. Ela não tem desejo de ir para fora por nenhuma outra razão. A chama interior queima sua energia insatisfeita, trazendo satisfação física e psicológica total.

Em todo caso, como sua mente poderia se deslocar do chakra do umbigo, uma vez que a meditação do vaso levou os ventos à força para o a curto? Sua mente cavalga no vento; assim, se o veículo não está se movendo, a mente não pode ir a lugar nenhum. Ela não tem escolha; tem de ficar ali. Dessa maneira, com a meditação da chama interior atingimos rapidamente o samadhi indestrutível.

### PREPARANDO-SE PARA A CHAMA INTERIOR

Conforme mencionei anteriormente, o estômago deve estar vazio e confortável quando você fizer a meditação da chama interior. Além disso, você precisa manter sua postura ereta, de modo que a energia de todo o corpo seja forte. Sua meditação não vai funcionar se você mantiver uma postura desleixada. Manter o corpo ereto e levemente tenso ocasiona unidade e comunicação dos dedos dos pés à coroa.

Comece a meditação dissolvendo a si mesmo e tudo o mais na vacuidade e, então, surja da vacuidade na forma de Heruka. Identifique-se fortemente como a divindade, tendo um corpo de luz azul-radiante, um corpo de arco-íris ou um corpo de cristal. Reconheça que você, Heruka, é um reflexo da sabedoria da não dualidade nascida simultaneamente.

De repente, Guru Vajradhara aparece no espaço da não dualidade diante de você. Ele está abraçando sua consorte e seus corpos de luz azul-radiante energizam você com grande bem-aventurança. Reconheça Guru Vajradhara como a divindade, o daka e a dakini e o protetor do Dharma.

Vajradhara está cercado pelos gurus da linhagem das Seis Yogas de Naropa: Tilopa, Naropa, Marpa, Milarepa, Gampopa, Lama Tsongkhapa e os demais. Esses grandes seres completaram a prática; alcançaram a realização da chama interior e descobriram a totalidade do corpo ilusório e da sabedoria de clara luz. Eles nos energizam e dão grande inspiração para desenvolvermos a realização da chama interior. Oferecemos todas as nossas experiências de energia sensorial bem-aventurada aos gurus da linhagem e aos dakas e às dakinis, intensificando a grande bem-aventurança dentro deles.

Então, rezamos com fervor e foco unidirecionado: "Que todos os seres sencientes maternos possam descobrir seus grandes canais e chakras bem-aventurados. Que eles possam levar a grande energia bem-aventurada de vento para dentro do canal central, estabilizá-la e absorvê-la ali. Que todos os seres sencientes possam descobrir o poder da kundalini bem-aventurada da grande sabedoria nascida simultaneamente". Gere a motivação para descobrir a totalidade do estado de Vajradhara, a união de corpo ilusório e a clara luz. A fim de atingir essa totalidade, você agora vai praticar a yoga da chama interior.

Todos os gurus da linhagem dissolvem-se em Vajradhara, que então energiza a bem-aventurança dentro de você enviando luz branco-radiante para seu chakra da coroa, luz vermelha-radiante para o chakra da garganta e luz azul-radiante para o chakra do coração.

Em seguida, você enfoca seu chakra da coroa. Ele está livre de todos os bloqueios. Penetre na sílaba *haṃ* com sua lua crescente, gota e nada no topo. Ela é de cor azul, sobre um disco de lua e invertida. Veja o *haṃ* claramente dentro do canal central no centro do chakra.

Luz branca irradia-se do ham e preenche totalmente seu chakra da coroa. Toda escuridão e energia não funcional são eliminadas. Cada célula de seu cérebro fica desperta e ativa, energizando bem-aventurança e paz. Tanto o chakra da coroa quanto a sílaba *haṃ* dão grande energia bem-aventurada para você.

No seu chakra da garganta sobre um disco de lua está um *oṃ* vermelho radiante com uma lua crescente, gota e nada. O *oṃ* vermelho no chakra da garganta e o *haṃ* branco na coroa comunicam-se um com o outro, estimulando a unidade de bem-aventurança e não dualidade. Sinta que essa comunicação abre, desenlaça e afrouxa os canais bloqueados. Mais uma vez, tanto o chakra da garganta quanto sua sílaba dão-lhe grande energia bem-aventurada.

No chakra do coração, sobre um disco de lua e em posição invertida, está o *hūṃ* azul com uma lua crescente, gota e nada. O *hūṃ* irradia infinita luz azul bem-aventurada. O *hūṃ* azul no coração comunica-se com o a curto abaixo do umbigo.

Sobre um disco de lua, o a curto é vermelho-brilhante, de caráter bem-aventurado e incrivelmente quente. Também é adornado com uma lua crescente, uma gota e um nada, que é muito fino e pontudo. O a curto é seu objeto principal de concentração. Penetre-o, de modo que sujeito e objeto sejam unificados. Sua consciência torna-se o a curto e o a curto torna-se sua consciência.

O a curto deve ser brilhante e, quanto mais quente fica, mais brilhante se torna. Visualizar a sílaba de forma radiante elimina a moleza, caracterizada pela escuridão e falta de clareza; vê-la como bem-aventurada impede sua mente de divagar. Por fim, a satisfação psicológica que provém da bem-aventurança cessará todos os pensamentos distraídos.

♦♦♦

Existem quatro meditações técnicas para ajudá-lo a atingir a realização da chama interior: inflamar a chama interior; fazer a chama interior resplandecer; flamejar e gotejar; e flamejar e gotejar extraordinários.

### INFLAMAR A CHAMA INTERIOR

Comece com a meditação do vaso. Inspire lenta, suave e completamente por ambas as narinas. Sinta o ar enchendo os canais laterais. Você pode visualizar o ar como azul ou com cor de fumaça, se quiser. Além disso, imagine que o ar é puxado por todos os poros de seu corpo de Heruka, não apenas pelas narinas.

Engula um pouco de saliva e, com um movimento para baixo, pressione o ar para o chakra do umbigo. A seguir retese os músculos das portas inferiores, de modo que o ar inferior suba para o chakra do umbigo e se unifique com o ar superior.

O a curto, que é sua consciência, tem o poder magnético de puxar para si não só o vento dos canais direito e esquerdo, mas também o vento de todos os poros de seu corpo, dos chakras superiores e inferiores e de todas as dez direções. Certifique-se de visualizar isso, porque lhe dará uma forte sensação de que os ventos realmente entraram no canal central.

Os ares esquentam intensamente o a curto, do mesmo modo que soprar sobre uma fogueira de carvão deixa-a cada vez mais quente. O a curto torna-se muito brilhante e superquente. Quanto mais quente, mais bem-aventurada fica a sua energia psíquica, que é unificada com o a curto.

Quando precisar expirar, faça-o de forma muito forte e por completo, mas visualize todos os ares disparando o canal central acima e são absorvidos ali.

Mantendo a percepção de si mesmo como uno com o a curto, inspire mais uma vez lenta, suave e completamente por ambas as narinas. Engula e empurre para baixo. Sinta que toda sua energia emocional e autopiedosa dos canais direito e esquerdo é magneticamente sugada pelo a curto e queimada por completo. Retese os músculos inferiores para trazer os ares inferiores até o chakra do umbigo e unifique-os ali com os ares levados para baixo pelos canais laterais.

Enfoque o a curto com percepção penetrante. Sinta que o calor se intensifica e que o a curto começa a chamejar. Ele permanece do mesmo tamanho, mas uma chama eleva-se dele, depois extingue-se de novo. O calor bem-aventurado mantém sua atenção automaticamente absorvida pelo a curto. Contemple isso e solte.

Repita a meditação do vaso, mas sem forçar. Permita que o processo ocorra naturalmente. Concentre-se fortemente em ser um com o a curto e intensifique a chama interior.

A luz vermelho-brilhante do a curto irradia-se agora para o alto do canal central, para abraçar os chakras do coração, da garganta e da coroa. Da coroa de sua cabeça até os pés, todo seu corpo de Heruka é preenchido de luz vermelha bem-aventurada e radiante.

O calor que surge dessa meditação não deve ser superficial e grosseiro, mas profundo e inicialmente sutil. Esse é o caráter do calor interior que estamos tentando gerar. Se você forçar a meditação de tal modo que transpire, não estará produzindo o calor interno correto. Se o calor surgir lentamente no começo, os resultados corretos virão a seguir.

Concentre-se com percepção penetrante no a curto; o calor bem-aventurado vai manter sua atenção bem ali. Não intelectualize. Simplesmente contemple e solte. Tudo que existe é a percepção bem-aventurada do a curto.

### FAZER A CHAMA INTERIOR RESPLANDECER

Tendo inflamado a chama interior, podemos agora começar a fazer que resplandeça. Mais uma vez, a base da prática é a meditação do vaso. Sua consciência é inteiramente unificada com o a curto. Inspire profundamente e imagine que todo seu desejo e ódio emocionais são puxados magnética e poderosamente para baixo pelos canais laterais com o ar que entra. Este é absorvido pelo a curto e consumido pela chama interior.

Engula e pressione para baixo com firmeza. Retese os músculos inferiores de modo que os ventos inferiores sejam levados para cima para tocar e se unificar com os ventos superiores no a curto. Como um ímã, o a curto no umbigo puxa todos os ventos para si. O a curto, que é sua consciência, é supersensível e superquente. Quanto mais quente ele fica, maior a sua experiência de bem-aventurança.

O a curto fica tão superaquecido pelos ventos que a chama interior explode, flamejando por 7,5 ou 10 centímetros para o alto no interior do canal central. Antes a chama era pequena e durava apenas um momento; agora é poderosa e não se extingue. Em virtude do fulgor da chama interior, você consegue ver todo seu corpo a partir de sua posição dentro do chakra do umbigo. O calor bem-aventurado dispara canal central acima e automaticamente estimula os outros chakras. As sílabas ali estão a ponto de derreter em néctar bem-aventurado de kundalini.

Mantendo a concentração no a curto flamejante, segure a respiração pelo tempo que for confortável. Então exale e imagine que todos os ventos disparam canal central acima. Experiencie a bem-aventurança. Agora retese levemente os músculos inferiores. É como adicionar bem-aventurança: você experiencia mais energia bem-aventurada e mais explosões de calor.

Repita o processo de novo. Inspire novo ar por completo, pressione para baixo, retese os músculos inferiores e ao mesmo tempo penetre no a curto. Os ventos superiores e inferiores são puxados magneticamente para o a curto. Eles se curvam em volta, fazendo a chama interior resplandecer e gerar um calor incrível. Quanto mais calor houver, maior será a reação sentida nos chakras do coração, da garganta e da coroa. Sinta o *hūṃ* do coração vibrar, ele está prestes a derreter. Também há uma reação no *oṃ* da garganta e no *haṃ* da coroa. A kundalini bem-aventurada está prestes a gotejar deles.

Cada movimento de energia encoraja sua consciência a se unificar com a bem-aventurança e com a realidade universal. Quanto mais penetrante sua percepção de si mesmo como o a curto, mais você toca a totalidade. Sua consciência ultrapassa os conceitos grosseiros para se tornar sutil, clara e profunda.

Lembre-se de que não é possível ser Heruka e ao mesmo tempo ter energia ordinária fluindo pelo corpo. Todo seu corpo de arco-íris é preenchido de calor, kundalini e grande bem-aventurança. Você está totalmente ciente, superconsciente, e essa percepção sutil toca a realidade universal.

## FLAMEJAR E GOTEJAR

Execute mais uma vez a meditação da respiração do vaso. A energia universal do vento é puxada magneticamente de todas as direções para dentro do a curto, fazendo-o gerar um supercalor. As energias negativas erroneamente dirigidas dos canais direito e esquerdo não mais funcionam. Esses ventos se dissolveram e energia fresca e positiva é produzida no canal central. Sinta o novo movimento de energia do ar entrando no chakra do umbigo. Essa energia de vento fresco é a fonte do calor interno, intensificando a chama interior e derretendo a kundalini.

Enfoque o a curto com percepção penetrante. A chama interior explode em uma labareda que arde por todo trajeto até o chakra do coração, trazendo muita bem-aventurança a você. A chama enrola-se no *hūṃ* azul de seu coração por três vezes e o chakra do coração e o *hūṃ* ficam superquentes. O chakra do coração enche-se de kundalini bem-aventurada, que flui para baixo do *hūṃ* e do disco de lua e goteja da ponta do *hūṃ* em cima do a curto. É como despejar manteiga líquida no fogo. A chama interior explode em superaquecimento. Todo seu sistema nervoso incendeia-se. Essa explosão de calor, por sua vez, faz que ainda mais kundalini flua para baixo.

Os conceitos concretos automaticamente murcham e desaparecem. Repouse na sensação de satisfação total. Você está tocando a realidade e, ao mesmo tempo, experienciando bem-aventurança. Energia bem-aventurada explode em uma percepção intensa da sabedoria da não dualidade e você toca um nível inaudito da realidade universal.

Você pode até experienciar as visões branca, vermelha ou negra que se seguem à dissolução dos elementos. É parte natural do processo; por isso, apenas relaxe. Qualquer visão que apareça vai ajudá-lo a romper seus conceitos concretos. À medida que entrar mais energia de vento no canal central, suas ideias preconcebidas vão desaparecer. Essa é uma experiência naturalmente transcendente. Ultrapassa o ego e a autopiedade. Toca a totalidade.

Faça a meditação do vaso novamente. Leve os ares superiores para baixo e sinta a energia e bem-aventurança no chakra do umbigo. Traga as energias inferiores para cima. A reação é tão forte que a chama interior explode em labaredas. Dessa vez, ela flameja para além do chakra do coração e alcança o chakra da garganta, onde energiza grande bem-aventurança. A labareda da chama interior preenche o chakra da garganta. A flama enrola-se no *oṃ* por três vezes e superaquece o chakra da garganta. Kundalini bem-aventurada goteja do chakra da garganta pelo chakra do coração até o a curto, fazendo a chama arder ainda mais intensamente.

Inspire de novo. A chama interior explode com tanta força que arde canal central acima, passa pelos chakras do coração e da garganta e alcança o chakra da coroa, onde energiza intensa bem-aventurança e a natureza de clara luz da não dualidade.

O *haṃ* derrete-se e kundalini inimaginavelmente bem-aventurada flui para a garganta. O chakra da garganta preenchido de kundalini – a união da energia masculina branca e da energia feminina vermelha – e você experiencia incrível bem-aventurança. A energia bem-aventurada então flui para o chakra do coração, preenchendo-o. À medida que o chakra do coração é preenchido, você unifica bem-aventurança com não dualidade.

Finalmente, a kundalini escorre para o a curto no umbigo. A chama interior explode ilimitadamente e preenche todo seu corpo de Heruka, dos pés à coroa, com calor bem-aventurado. Os ares fluem aonde quer que o calor vá e enviam fluxos de kundalini através de seu corpo inteiro. Você está totalmente preenchido de bem-aventurança. Sinta incrível prazer e unifique-o tanto quanto puder com a sabedoria da não dualidade. Sem intelectualizar, apenas fique ciente. Cada movimento de energia está ajudando sua consciência a se unificar com a bem-aventurança e a realidade universal.

A intensidade do calor faz os ares entrarem no canal central à força, energizando, dessa forma, calor e bem-aventurança ainda maiores. Quanto mais calor você gera, mais intensa é sua resposta nos chakras do coração, da garganta e da coroa. Isso, por sua vez, faz que mais kundalini flua para baixo, o que energiza ainda mais bem-aventurança. Kundalini inimaginavelmente bem-aventurada desce. Todos os chakras são ativados, mas especialmente o chakra do umbigo, onde você mantém intensa percepção de si mesmo como sendo um com o a curto.

## FLAMEJAR E GOTEJAR EXTRAORDINÁRIOS

Enfoque sua concentração no a curto; você é o a curto. Execute a respiração do vaso novamente. Traga o ar para dentro, empurre para baixo e segure os ares superiores no chakra do umbigo de modo que possam encontrar-se com os ares inferiores e unirem-se. Eles são todos absorvidos pelo a curto e ativam um calor incrível. Um vento especialmente forte vem do chakra inferior, energizando-o e ativando o a curto.

Embora o a curto em si seja muito sutil, seu calor é tão forte que ativa os chakras superiores. Muito néctar bem-aventurado flui do coração para baixo, de modo que a chama no umbigo arde e explode dentro do canal central. A chama interior vai até o chakra do coração, preenchendo-o com o resplendor da chama interior. Ela explode ainda mais e vai para o chakra da garganta, preenchendo-o com o resplendor da chama. O chakra da coroa também é preenchido. Simultaneamente, a kundalini flui para baixo, intensificando as explosões de calor do a curto.

A chama interior arde para baixo do chakra do umbigo até os pés. Todo seu corpo de Heruka é permeado pelas labaredas da chama interior. Todos seus chakras e canais são preenchidos com o resplendor interior. Ao mesmo tempo, você é totalmente uno com o a curto.

Você vê todos os chakras com clareza prístina, como se possuísse percepção telepática. Como todo seu corpo de divindade é uma só chama interior resplandecente e você é uno com a chama interior, você consegue ver a realidade universal inteira sem nenhum obstáculo. Sua intensa bem-aventurança está ciente da sabedoria da não dualidade. Experiencie a bem-aventurança por todo seu corpo e tenha percepção intensa da não dualidade.

Em seguida, visualize que do chakra da testa e da narina direita a chama interior resplandecente jorra para o universo na forma de relâmpagos. Ela chega a todos os seres supremos, todos os Buddhas e bodhisattvas das dez direções, especialmente os grandes lamas da linhagem – Tilopa, Naropa, Marpa, Milarepa, Gampopa e o grande yogue Dje Tsongkhapa.

A chama entra no corpo deles pela narina esquerda, toca seus quatro chakras e derrete sua kundalini. Essa energia bem-aventurada emana pela narina direita deles e entra em seu corpo pela narina esquerda. Toda energia kundalini supremamente bem-aventurada deles vai para seus chakras da coroa, da garganta, do coração e do umbigo, gerando grande calor interno bem-aventurado. Você experiencia bem-aventurança plena: chakras bem-aventurados, canais bem-aventurados, todas as coisas bem-aventuradas.

◆◆◆

Não intelectualize. Apenas fique ciente das experiências e relaxe. Enquanto contempla o a curto, execute a meditação do vaso e essas quatro visualizações repetidamente.

◆◆◆

Agora, ofereceremos uma dedicação de acordo com nossa motivação no início. "Que todos os seres sencientes possam descobrir canais e chakras bem-aventurados e que os ventos bem-aventurados possam entrar no canal central. Que todos eles possam descobrir a experiência da grande kundalini bem-aventurada ao desenvolverem a chama interior no canal central. Que todos os seres sencientes possam assim atingir a totalidade do corpo ilusório e da sabedoria de clara luz".

# Coisas boas e coisas ruins podem acontecer

## NÃO INTELECTUALIZE

A meditação da chama interior não é algo intelectual. Não importa o quanto eu fale a respeito, serão meras palavras até você experienciar o calor interno por si mesmo. Apenas faça as meditações e obtenha os resultados. Suas experiências então vão guiá-lo na prática, de modo que você saiba o que é perigoso e o que é seguro.

Não force nada. Como explica Lama Tsongkhapa, força excessiva pode produzir desordens de vento, o que envolve interferências nos canais e ventos. Faça a respiração do vaso suavemente e contemple o a curto. Apenas fique ciente do que está acontecendo e relaxe. A certa altura, o processo acontecerá automaticamente.

Você não precisa se agarrar ou intelectualizar. Experiencie a percepção intensa do a curto, sem preocupação com passado, presente ou futuro, com certo ou errado, com existência e não existência. Sem intelectualizar, simplesmente repouse no estado de superpercepção. Na verdade, a meditação da chama interior não lhe permite intelectualizar. Naturalmente, no início, você tem de usar o intelecto a fim de desenvolver a chama interior, mas chega um ponto em que você deixa os jogos intelectuais. Você simplesmente relaxa e se deixa experienciar. Nesse momento, você desenvolveu a chama interior verdadeira.

A meditação básica é contemplar o a curto e penetrá-lo, mas, para fazer que os ventos entrem com força no canal central, você precisa dedicar-se às meditações técnicas da chama interior. No começo você pode achar um pouco difícil, mas por fim não precisará fazer nenhum esforço. Você ficará surpreso ao verificar que está fazendo a meditação da chama interior sem esforço.

Porém, quando concentração, bem-aventurança e clareza são fortes, você não precisa usar meditações técnicas. Nessas horas, você simplesmente relaxa e contempla. Quando chegar ao ponto em que conseguir, naturalmente e sem esforço, segurar os ventos no chakra do umbigo em uma forte meditação do vaso, os ares automaticamente produzirão o resplendor da chama interior no canal central. O prazer magnético será automaticamente ativado, a kundalini fluirá e você experienciará bem-aventurança não só nos canais e chakras, mas por todo o corpo. Cada movimento das energias será bem-aventurado. Você não terá de fazer pressão ou qualquer respiração especial. Tudo acontecerá naturalmente. Continue a prática até atingir esse ponto.

## CALOR INTERNO, CALOR ORDINÁRIO

A correta meditação da chama interior definitivamente produz calor. Se você usar essas técnicas de meditação ensinadas a partir da experiência de lamas tibetanos, não há dúvida de que o calor interno surgirá. Não há como o calor não aparecer.

O calor interno real obtido pela concentração derrete a kundalini no canal central e isso produz bem-aventurança, que então é usada para se entender a não dualidade. A bem-aventurança e a sabedoria da não dualidade unificadas consomem superstições e conflitos do ego. Não temos bambus, pinheiros ou oliveiras para queimar como combustível interno, mas temos bastante lixo do ego e superstições. A função principal de nossa chama interior é queimar todas nossas delusões e superstições e permitir que a grande sabedoria bem-aventurada nascida simultaneamente, não supersticiosa, cresça.

Toda energia não favorável é queimada pela chama interior e apenas a energia útil permanece. Nossa meditação permite que uma grande energia seja absorvida pelo canal central, o que automaticamente puxa todo o lixo dos outros canais. Ao entrar no canal central, essa energia negativa é transformada e aperfeiçoada, de modo que não possa mais lhe causar mal.

Lama Tsongkhapa explica que o calor interno real começa muito suavemente; o calor é muito pequeno e sutil e começa bem no interior do corpo. Também é muito pesado. Embora a palavra tibetana usada para descrever a qualidade do calor seja traduzida literalmente como "pesado", não tem esse significado no sentido comum. Em vez disso, o calor deve ser suave e deve surgir lenta e extensivamente. A chama interior deve ter a qualidade de força da terra, a qualidade de calor do fogo, a qualidade de maciez e lisura da água e a qualidade de movimento suave do ar.

Porém, a meditação da chama interior não só produz calor, como o produz no lugar certo. Como mencionei, o calor interno real deve surgir bem no interior do corpo e isso acontece quando você visualiza o a curto mais na direção da coluna. A bem-aventurança então surge das profundezas de seu corpo. Um grande calor que surge entre a pele e a carne, por exemplo, é calor interno ordinário e não é isso que queremos produzir. Isso não é útil. A pele pode doer e arder ao toque. Experienciei isso há muitos anos quando tentei praticar a chama interior pela primeira vez. Sair ao Sol, mesmo que por pouco tempo, era incrivelmente doloroso, como estar em uma fogueira ou água fervendo.

O calor interno ordinário é transitório e instável. Vem e vai e pode desencadear-se em vários lugares. Entre a pele e a carne é apenas um exemplo. Ele é muito doloroso e desconfortável e pode causar doença. Todo processo pode tornar-se perigoso quando você o pratica de modo incorreto. Em vez de sentir bem-aventurança, você acaba sofrendo. Mas não se desencoraje caso tenha umas poucas experiências ruins; ao menos, você pode aprender com seus erros.

A fim de aumentar o calor interno, você às vezes pode imaginar que todo seu corpo torna-se o canal central. A chama interior então surge e permeia seu corpo inteiro, da coroa aos pés. É como se você estivesse vestindo roupas feitas de fogo ou estivesse em uma tenda de labaredas. Outra técnica é imaginar quatro sóis, um em cada ponto cardeal, dando uma energia de calor incrivelmente intensa.

Além disso, Sua Santidade o Dalai Lama disse-me certa vez que pressionar um pouquinho logo abaixo do umbigo ajuda a aumentar a bem-aventurança e o calor. Embora fazer isso possa levá-lo em certa medida a perder o foco na meditação do vaso, ajuda a gerar bem-aventurança e calor. Tocar abaixo do umbigo quando o calor interno é ativado lhe fará sentir prazer em todo o sistema nervoso, especialmente no chakra da coroa. O movimento do calor interno está sempre ligado ao chakra da coroa.

A bem-aventurança da chama interior começa no chakra secreto, bem como no chakra do umbigo, mas você deve manter a atenção neste último. Contemplar outros chakras que não o do umbigo pode causar calor e bem-aventurança mais rapidamente, mas esse calor rápido não é o calor interno adequado. O melhor é concentrar-se no chakra do umbigo. Por outro lado, a fim de aumentar a energia bem-aventurada, às vezes você pode mover o a curto para o chakra secreto e então fazer a meditação do vaso.

O ponto principal, contudo, é concentrar-se unidirecionadamente no a curto e desenvolver a chama interior estável no canal central. Essa técnica por fim leva à experiência da bem-aventurança nascida simultaneamente.

## BEM-AVENTURANÇA E NÃO DUALIDADE

Sempre que o calor começa, começa a bem-aventurança. Isso se deve ao poder de absorção dos ventos, ao poder do a curto, ao poder de concentração e ao poder do derretimento das gotas dentro do canal central. Você realmente prova o chocolate quando todos esses fatores se reúnem.

Durante a meditação da chama interior, é importante reconhecer a natureza bem-aventurada de qualquer calor – de fato, de cada sensação física e mental – que surja. Você também deve reconhecer sua natureza de não dualidade, clareza, fulgor, transparência e sua qualidade semelhante a um reflexo, de modo que a bem-aventurança em si torne-se a sabedoria da não dualidade. Além disso, sempre que experienciar a não dualidade, você deve reconhecer seu caráter bem-aventurado.

Tão logo sentimos qualquer bem-aventurança, devemos fazer esforço para gerar a sabedoria da não dualidade. Isso é importante desde o início. A bem-aventurança em si deve ser assimilada e transformada em sabedoria. A bem-aventurança torna-se sabedoria, a sabedoria torna-se bem-aventurança. Do contrário, a experiência torna-se prazer ordinário, uma explosão de desejo e superstição emocionais. Se construirmos a unificação de bem-aventurança e não dualidade, não há perigo de que isso aconteça.

Se você não tiver uma firme compreensão da ausência de autoexistência da bem-aventurança, existe o perigo de experienciar desejo avassalador também quando não estiver meditando. Sempre que abrir os olhos, muitos objetos vão atraí-lo magneticamente, porque seu desejo está estimulado. Se a meditação da chama interior produzir mais e mais desejo, você ficará nervoso, frustrado e estressado.

Quando experienciamos qualquer prazer, normalmente nos agarramos a ele e nossa mente torna-se sombria, acabrunhada e descontrolada. Nosso prazer torna-se um obstáculo que nos bloqueia, como uma parede; é tão concreto que não conseguimos ver além dele.

Isso acontece porque não entendemos a natureza não dual fundamental da existência. Sem esse entendimento, a meditação da chama interior pode produzir tremenda energia sensorial. Se não formos cuidadosos e não canalizarmos a energia do jeito certo, a chama interior pode produzir um desejo tremendo.

Contudo, isso não significa que não devamos ter prazer. Devemos ter prazer! Podemos ter um prazer incrível, mas tem de ser controlado de modo que possa ser transformado em sabedoria penetrante límpida e clara. É bom para os seres humanos experienciar prazer, mas é errado experienciá-lo sem sabedoria. A qualidade singular do tantra é que sempre unifica a energia masculina de bem-aventurança com a energia feminina de sabedoria. Essas duas devem ocorrer sempre juntas. Devemos nos esforçar para garantir isso, porque esse não tem sido nosso hábito há muito tempo.

Lembre-se: a chama interior certa deve trazer a unificação da bem-aventurança e da sabedoria da não dualidade. É perigoso esquecer isso, porque a meditação da chama interior é uma técnica muito sensível. Definitivamente, algo vai acontecer e, se coisas boas não estão acontecendo, coisas ruins com certeza acontecerão.

## KUNDALINI DESCONTROLADA

De acordo com Lama Tsongkhapa, para derreter a kundalini na coroa de modo eficiente, a chama interior deve ser inflamada tanto no chakra do umbigo quanto no secreto e os ventos devem ser absorvidos no canal central. Isso traz a experiência das quatro alegrias para o yogue ou yoguine.

Ele ressalta que pessoas comuns, cujos ares nem mesmo entraram no canal central, também podem experienciar o derretimento da kundalini quando os chakras do umbigo e secreto são energizados. É isso que causa o orgasmo comum. Algumas pessoas experienciam esse fluxo descontrolado de kundalini durante a meditação. Simplesmente por executar a meditação da respiração do vaso, experienciam o resplandecer da chama interior e o derretimento da kundalini. A kundalini bem-aventurada parece vir de todos os lugares, como chuva a cair. Quando isso acontece, há o perigo de se perder o controle sobre a energia kundalini. Um homem, por exemplo, pode perder sêmen.

Lama Tsongkhapa diz que não é desejável ter a kundalini fluindo descontroladamente. Não é correto fazer a meditação da chama interior pela manhã e ter a kundalini fluindo espontaneamente à tarde. Existe um perigo de que isso apenas aumente o desejo físico ordinário.

Como a kundalini é o principal recurso que usamos na meditação da chama interior, é importante, tanto para homens quanto mulheres, não perder a energia sexual. Naturalmente, como novatos, acharemos difícil controlar a energia quando a experienciarmos com força; temos concentração limitada e ainda não aprendemos como levar os ares para dentro do canal central.

Como explica Lama Tsongkhapa, não é bom perder muita energia kundalini durante a meditação, mas é natural perder um pouco ocasionalmente.

Não entre em pânico, pensando: "Oh, perdi um pouco de energia kundalini. Agora quebrei meus votos". Quando você é iniciante, às vezes perde gotas de kundalini. Não se preocupe com isso. Eu perco de vez em quando e não me preocupo com isso.

Perder uma gotinha de líquido durante a meditação não causa perigo real ou perda de vigor. Não torna você incapaz de facilitar a kundalini. Contudo, experienciar o orgasmo através de contato sexual ou durante o sono causará a perda dessa facilidade e danificará seu vigor. Você pode descobrir isso por experiência própria. Quando perde energia kundalini intensamente na meditação, o ponto significativo não é que você esteja quebrando seu voto, mas que esteja perdendo o vigor de sua kundalini. Os exercícios físicos e a concentração vão ajudá-lo a desenvolver controle.

Controlar a energia kundalini é importante até mesmo no orgasmo ordinário. Você não pode ter um orgasmo perfeito se não consegue controlar sua energia. É o mesmo no tantra. Você não pode experienciar a bem-aventurança perfeita se não consegue controlar sua energia. O fato é que, se perdemos nossa energia, não temos energia para utilizar. Para usar energia, precisamos tê-la. Se não a temos, não podemos usá-la. Isso é lógico e você pode ver claramente por experiência própria. Quando você se concentra direito e controla sua energia, pode experienciar mais bem-aventurança, que então você unifica com a sabedoria da não dualidade.

Se a kundalini começar a fluir descontroladamente durante sua meditação e você começar a experienciar o orgasmo, tente segurá-lo tanto quanto possível e fazê-lo expandir-se dentro do chakra secreto. Tente segurar a energia aí tanto quanto for possível. Quanto mais conseguir segurá-la, mais prazer vai experienciar e maior será a possibilidade de utilizar o prazer unificando-o com a realidade universal da não dualidade. Dessa maneira, você aprende a controlar seu corpo, bem como sua mente.

A propósito, o sêmen do órgão masculino durante o orgasmo ordinário não provém do canal central. Para homens e mulheres, a energia e bem-aventurança da experiência sexual ordinária não provém do canal central. Você deve ter clareza a respeito disso. A bem-aventurança do orgasmo ordinário é produzida pela kundalini tocando o canal central pelo lado de fora.

Na lógica da yoga tântrica, se a energia kundalini gera tamanha bem-aventurança quando toca o lado de fora do canal central, não há dúvida de que vai gerar incrível bem-aventurança quando fluir dentro do canal central. Levar todos os ventos para dentro do canal central dá origem a uma experiência de bem-aventurança incomparável.

Puxar os ares para dentro do canal central e ativar essa bem-aventurança é factível principalmente por meio do poder de concentração. Portanto, alguém que perde energia kundalini por estar vivendo a vida normal de um leigo ainda pode ter sucesso na prática da yoga do calor interno, contanto que mantenha firme concentração durante a meditação da chama interior. Isso é lógico. Naturalmente, aqueles que têm concentração fraca e também perdem energia física dessa maneira vão achar difícil gerar uma energia bem-aventurada forte.

Praticantes que experienciam perda descontrolada de kundalini antes de os ares serem absorvidos no canal central devem lembrar-se de levar a energia de volta para o canal antes de perder o controle por completo. Como ressalta Lama Tsongkhapa, praticantes que carecem de concentração firme vão achar mais difícil controlar a kundalini quanto mais para baixo ela escorrer, especialmente se fluir para baixo do chakra do umbigo.

É importante estar ciente do ponto a partir do qual você deve começar a reverter o fluxo de energia. Não só essa energia deve ser levada de volta, como também deve ser espalhada pelo sistema nervoso. Pode ser perigoso e produzir doença se ela ficar bloqueada em algum lugar. Lama Tsongkhapa está dando conselhos por experiência própria, de modo que você deve tentar entender claramente o que ele está dizendo.

A tradição Kagyu ensina muitas técnicas diferentes para reverter o fluxo descendente de energia, mas Lama Tsongkhapa menciona apenas uma em *Tendo as três convicções*. Visualizando-se como uma divindade, você está sentado na posição de lótus completa com a cabeça um pouco curvada à frente. Suas mãos estão unidas no peito em punhos vajras com as palmas para dentro e os dedos indicadores estendidos tocando um no outro, assim formando um triângulo. Seus olhos estão virados para cima. Olhar para cima ajuda a puxar a energia de volta para o alto do canal central. A mente não está usando a percepção do olho; está contemplando o ham no chakra da coroa.

Estique-se para cima com força, contraindo até mesmo os dedos dos pés. Inspire um pouco, foque no *ham* e repita a sílaba *hūṃ* 21 vezes. Sinta que a energia está conectada até embaixo; você está ciente do chakra secreto. Enquanto repete *hūṃ*, você sente a energia subindo de volta. Você está firmemente concentrado e mantém os músculos inferiores retesados. Seu corpo é vazio como um balão e você pode direcionar a energia para onde quiser. Você traz toda energia kundalini de volta do chakra secreto e a espalha pelos chakras do umbigo, do coração, da garganta e da coroa. De lá, você a espalha pelo corpo inteiro.

Outra técnica é visualizar a chama interior movendo-se para baixo e empurrando a kundalini de volta para cima, da mesma forma como o calor empurra a água para cima quando a ferve. Ondas de energia bem-aventurada chegam ao chakra do coração e se espalham por ele. As ondas bem-aventuradas então continuam subindo para os chakras da garganta, da coroa e da testa e se espalham em cada um deles.

Em seu comentário sobre o estágio de completude de Chittamani Tara, o grande yogue Dje Pabongka explica a seguinte técnica de meditação para ajudar a lidar com kundalini descontrolada. Quando néctar bem-aventurado branco é derretido pela chama interior e preenche todos os chakras de baixo até o chakra do umbigo, antes de escorrer para o chakra secreto, visualize que ele entra nos canais direito e esquerdo e por fim preenche todos os canais do sistema nervoso inteiro. Dje Pabongka explicou esse método fácil em relação à prática de Chittamani Tara, mas também podemos usá-lo aqui.

♦♦♦

Às vezes, durante a meditação da chama interior, a experiência de bem-aventurança vai fazer seu corpo tremer; isso está relacionado ao movimento das energias de ar. Você não deve cultivar a ideia de que isso deva acontecer. Ter um corpo inquieto no início é aceitável, mas não permita que se torne um hábito, pois pode ser perigoso. Sua mente reage ao movimento do ar, como um avião pego numa turbulência; portanto, enquanto os ares estiverem se movendo, sua mente estará distraída. A bem-aventurança da chama interior e o movimento da energia kundalini devem ser suaves, bem-aventurados, pacíficos, controlados e sutis.

## EXPERIÊNCIAS TELEPÁTICAS

O Kalachakra Tantra fala das gotas de kundalini como tendo o potencial de céu e inferno, de todos os seis reinos. A meditação da chama interior realmente agita todo seu sistema nervoso e toda sua visão da realidade. Não queremos ter a energia dos reinos inferiores dentro de nosso sistema nervoso, como se ela estivesse ali esperando nossa morte. Queremos sacudi-la e mandá-la agora para o chakra do umbigo. Quando o fazemos, de repente podemos ver o inferno; de repente, podemos estar no inferno.

Experiências de céu e inferno durante a meditação são possíveis porque toda energia universal está dentro de nosso sistema nervoso sutil e pode se manifestar a partir dele. Os lamas de todas as tradições concordam que praticantes podem ter visões súbitas enquanto fazem a meditação da chama interior, como se estivessem sonhando. Tais experiências são similares à telepatia, mas não são clarividência real. Você está se movendo em uma dimensão onde existe energia telepática, de modo que pode adquirir de repente algo que se parece com poder telepático. Contudo, você ainda carece do atingimento de concentração unidirecionada, por isso não fique tão entusiasmado. Você ainda não adquiriu clarividência.

Às vezes, você também pode ser capaz de ler os pensamentos de outras pessoas. Podemos chamar essa capacidade de telepatia, ou não; é óbvio que, quando você estiver mais cônscio da natureza de sua própria mente, ficará mais sensível à mente das outras pessoas. Você será capaz de ler a mente dos outros de acordo com seu nível de desenvolvimento. Isso não tem nada de incomum. Mais uma vez, não creia que possui poderes telepáticos verdadeiros simplesmente porque teve umas boas experiências e não se gabe para mais ninguém sobre isso. Você deve controlar sua boca.

Entretanto, visto que o chakra do umbigo também é conhecido como chakra psíquico, se você quiser desenvolver poder telepático para ler a mente de outras pessoas, deve se esforçar na meditação da chama interior. Os yogues do passado afirmam que surgirão experiências telepáticas. Eles não disseram isso apenas para atrair nossa atenção. Contudo, também nos aconselharam a ser cuidadosos quando as experiências telepáticas começarem a acontecer.

Você poderá ver todo seu sistema nervoso tão nitidamente como vê algo na televisão. Ou poderá ver cores diferentes; cada uma das diferentes energias de ar tem uma cor característica, de modo que isso é natural.[1] Os ventos entram no canal central, você toca a percepção da não dualidade e tais visões surgem naturalmente.

Você pode experienciar as várias visões que ocorrem quando os elementos são absorvidos, como a aparição de miragem, fumaça, faíscas ou uma vela apagando-se. Às vezes pode ver dakas e dakinis ou terras puras. Pode até ver as famílias dos cinco Buddhas e pensar: "Uau, as famílias dos cinco Buddhas! Agora devo ter atingido todas as qualidades deles!". É possível ver os Buddhas dessa forma.

Essas visões podem ser motivo de distração, mas mantenha a calma. Permaneça ciente delas, mas não preste nenhuma atenção especial. É como meditar com um grupo de pessoas. Embora não preste nenhuma atenção

---

[1] O vento portador da vida é branco, o vento que se move para cima é vermelho, o vento permeante é azul-claro, o vento onde reside o fogo é verde-amarelado e o vento descendente do vazio é amarelo.

especial às outras pessoas do grupo, você está ciente de quando alguém se mexe ou faz algo. Do mesmo modo, mantenha a percepção fundamental do a curto e apenas relaxe a respeito de qualquer outra coisa que aconteça.

É possível ter visões incríveis, tanto boas quanto ruins. Não fique deprimido quando lhe parecerem ruins. É importante esperar interferências na prática. Reconheça até mesmo as ruins como algo bom, visto que são sinais de que sua meditação é eficiente. Faça fortes práticas de purificação e medite intensivamente sobre a vacuidade, que é o antídoto para todas as interferências.

Muitos lamas mencionam que você pode experienciar problemas como depressão quando pratica a meditação da chama interior. Lama Tsongkhapa não menciona isso em *Tendo as três convicções*, mas é possível. Você pode esperar que a meditação da chama interior lhe traga apenas bem-aventurança, mas às vezes ocorrem dificuldades.

Nas ocasiões em que sentir sua mente abarrotada e infeliz, essa simples meditação pode ajudar. Respire naturalmente. Ao expirar, sinta que sua mente torna-se una com o espaço claro universal. Concentre-se no espaço claro universal. Essa meditação pode ser útil às vezes.

## APENAS RELAXE

Podem ocorrer experiências supreendentes quando você medita sobre a chama interior. Às vezes, elas são dolorosas; às vezes, são extremamente bem-aventuradas. É uma técnica muito sensível.

Por exemplo, você pode experienciar subitamente uma explosão de incrível bem-aventurança. Você poderia pensar: "Oh, isto não deveria estar acontecendo. Eu deveria estar meditando sobre o a curto em vez de me sentir bem-aventurado. Estou sendo distraído pela bem-aventurança. Isto não é bom!". Ou pode chegar a certo ponto em que tenha uma visão cristalina da realidade. Você poderia pensar: "O que é isto? Eu não deveria estar experienciando isto. Devo me concentrar mais no a curto". Você não deve intelectualizar dessa forma.

Às vezes, você pode sentir uma sensação primitiva, alguma percepção de energia concreta ou de uma forma triangular logo abaixo do umbigo. Estou apenas fazendo algumas projeções. Pode também chegar a um ponto em que experiencie uma espécie de entorpecimento; você perde a clareza da meditação e vai para a escuridão. Isso é semelhante a um dos estágios de absorção da energia, que você pode imaginar com facilidade, porque o orgasmo ordinário também traz a experiência de absorção da energia. Não entre em pânico, pensando: "Isto está errado. Devo manter minha meditação na chama interior". Apenas fique calmo. Mantenha a percepção fundamental do a curto e relaxe quando essas experiências diferentes acontecerem.

Em outras ocasiões, você pode se sentir muito puro e pensar: "Agora devo ser um bodhisattva no primeiro bhumi". Isso é simplesmente a sua imaginação, não algo real. Quando você tem uma boa meditação, pode sentir-se especial, mas não se superestime. Praticar a meditação da chama interior com o pensamento de que você é um grande meditante passando por experiências poderosas é um sintoma de ego. Acontecem muitas coisas quando meditamos, por isso tenha cuidado. Preocupo-me com a mente humana: sempre temos expectativas e nossas expectativas são sempre um problema. Raramente conseguimos ser razoáveis.

Algumas vezes vão surgir sentimentos terríveis e você vai pensar: "Isto é demais! Não quero mais meditar". Quando a meditação da chama interior tornar-se um fardo pesado, volte para o LamRim e medite sobre seu precioso renascimento humano. Quando examina, você descobre que a meditação é o melhor a fazer da sua vida. Nesse sentido, a meditação LamRim apoia sua prática das Seis Yogas de Naropa.

Se você experienciar a sabedoria não conceitual da não dualidade, não pense: "Mas e a minha meditação da chama interior? O que aconteceu com meu a curto e meus chakras?". Não se preocupe. Apenas relaxe. Na meditação, às vezes você aperta o botão certo e experiencia uma superpercepção da não dualidade. Se se preocupar por perder a meditação sobre a chama interior, você vai destruir a experiência. Além disso, se uma energia incrivelmente bem-aventurada surgir quando você começar a meditação da chama interior, é errado pensar: "Oh, não! Quero a chama interior abrasadora. Não quero bem-aventurança".

Você deve unificar qualquer bem-aventurança que surja com a não dualidade. Contudo, a bem-aventurança pode parecer encolher quando você enfatiza a não dualidade. Digamos que você esteja experienciando certa quantidade de energia clara bem-aventurada, uma bola de bem-aventurança. Quando você enfoca a não dualidade, sua bola de bem-aventurança fica menor, mas está tudo bem. Apenas relaxe.

É o mesmo com a chama interior. Enfatizar sua não dualidade pode fazer a chama interior ficar leve e pequena, em vez de forte e concreta. À medida que você continua a relaxar na não dualidade, a chama fica cada vez menor, até restar enfim apenas uma chama muito sutil. A certa altura, até mesmo essa chama sutil poderá desaparecer. Nessa ocasião, dê ênfase de novo à bem-aventurança por meio da meditação do vaso ou qualquer técnica que você use para acionar a bem-aventurança. Quando você apertar o botão certo, a bola de bem-aventurança vai se encher de novo.

Quando existir forte unidade de energia nuclear de bem-aventurança e não dualidade, relaxe. Qualquer que seja a energia bem-aventurada que surgir, relaxe. Quando a energia da não dualidade enfraquecer, coloque mais energia na não dualidade. Você ainda terá energia bem-aventurada, mas será menos e mais sutil. Apenas relaxe.

Ao longo de todo processo, não abandone sua percepção penetrante fundamental do a curto. E não importa o que aconteça, simplesmente relaxe. Meditação é um estado de ser. Você não pode ter expectativas. Cada meditação é única, uma experiência nova. É extremamente importante relaxar em meditações como a da chama interior. Esperteza intelectual não funciona; vai apenas fazê-lo perder experiências incrivelmente valiosas.

Nosso problema é que, com frequência, rejeitamos experiências valiosas porque não reconhecemos seu valor. Por exemplo, ao experienciar bem-aventurança unificada com vacuidade e o a curto desaparecer de sua visão, você pode pensar: "O que está acontecendo com meu a curto? Devo largá-lo ou não?". Claro que deve largar! Você precisa ter clareza cristalina quanto a isso. Quando se experiencia tamanha bem-aventurança unificada, quem se importa se o a curto desaparecer?

Como ressaltei logo no início, a meditação da chama interior é fundamental. É a pedra fundamental de todas as realizações. Quando você medita sobre a chama interior, está usando uma chave secreta para abrir a porta para todas as realizações. Escute suas experiências conscientes sutis e relaxe.

# Grande sabedoria bem-aventurada nascida simultaneamente

## FAZENDO OS VENTOS ENTRAREM, SE ESTABILIZAREM E SEREM ABSORVIDOS

O sucesso na meditação da chama interior faz que os ventos primeiro entrem no canal central, depois se estabilizem e finalmente sejam absorvidos aí.

Qual é o sinal de que as energias de ar entraram no canal central? Normalmente, a passagem do ar é mais forte pela narina direita ou pela esquerda, alternando-se entre as duas. Contudo, uma vez que os ares tenham entrado no canal central, o ar passa com força igual por ambas as narinas. Lama Tsongkhapa diz que, mesmo depois de obtermos um sinal constante de que as energias entraram no canal central, devemos continuar as meditações até o processo acontecer sem esforço.

Entretanto, mesmo quando nossa concentração é unidirecional e os ares entram no canal central sem esforço, precisamos expandir nossa experiência até os ares ficarem estabilizados e serem então totalmente absorvidos no canal central.

Qual é o sinal de que os ares ficaram estáveis? À medida que as energias se estabilizam no canal central, a respiração torna-se mais sutil e reduzida, o movimento da respiração pelas narinas para por completo e o abdômen deixa de se mover. Isso indica que não há movimento de ar nos dois canais laterais.

A essa altura, do ponto de vista médico ocidental, o yogue ou yoguine seria considerado morto porque a respiração parou. Mas não se preocupe! Podemos inalar o ar de muitas outras maneiras, até pelos poros e pelas orelhas, por exemplo. Os médicos ocidentais podem não conhecer esses fenômenos, mas a respiração orgânica é um fato.

Quando yogues e yoguines adquirem controle sobre as energias internas de vento e conseguem dirigi-las para dentro do canal central, também desenvolvem controle sobre as energias externas de vento. Isso é ilustrado pela história que contei antes, sobre Lama Tsongkhapa entrar em meditação e extinguir o incêndio das lamparinas de manteiga no templo de Lhasa. Os lamas tibetanos acreditam que o modo como Lama Tsongkhapa deteve o incêndio é de grande significado. Se tivermos sucesso na meditação da chama interior e aprendermos a controlar nossos ventos internos, também seremos capazes de apagar incêndios com nossa meditação. E seremos capazes de atravessar matéria sólida, como montanhas.

A terceira fase do processo é a absorção das energias de ar no canal central. No momento em que os ventos entram no canal central e ali se estabilizam, nossa concentração e bem-aventurança tornam-se muito poderosas. As energias então começam a ser absorvidas e experienciamos os estágios de dissolução que acontecem naturalmente na hora da morte. Com a dissolução dos quatro elementos, experienciamos visões de miragem, fumaça, vaga-lumes e uma flama tremeluzente, seguidas das visões branca, vermelha e negra e, finalmente, da clara luz. Dessa forma, trazemos todas as experiências do processo de morte para dentro de nossa vida.

É comum os meditantes temerem estar morrendo quando experienciam a absorção das energias pela primeira vez. O desmanchar-se dos quatro elementos tem uma conotação negativa porque normalmente é seguido da morte e não queremos nada com a morte, não é? Mas o yogue ou yoguine traz essa experiência para o aqui e agora e a transforma em algo bem-aventurado.

A absorção dos quatro elementos e a eliminação dos conceitos concretos, dualistas, traz uma explosão de sabedoria da não dualidade. Não é apenas uma experiência intelectual da vacuidade. As percepções dos sentidos foram nocauteadas e não mais percebem objetos externos. O yogue ou yoguine não consegue absolutamente se mexer. Quanto mais forte for a experiência de absorção dos ares, mais profunda a compreensão da não dualidade.

Finalmente, eles percorrem todo o percurso das visões branca, vermelha e negra e chegam à mente mais sutil de clara luz. É um processo natural. Mesmo durante o orgasmo, existe em alguma medida a experiência das três visões e também da clara luz. O problema é que não estamos cientes delas. Temos tais experiências, mas definitivamente não as usamos do jeito certo. Quando as usamos corretamente, podemos produzir a satisfação perene da grande sabedoria bem-aventurada nascida simultaneamente.

## AS QUATRO ALEGRIAS

Nossa meta, nosso destino, é experienciar a bem-aventurança nascida simultaneamente e unificá-la com a sabedoria. Existem muitos níveis de bem-aventurança, mas o que queremos é a experiência de bem-aventurança do estágio de completude, na qual os ventos entram, estabilizam-se e são totalmente absorvidos no canal central. O poder da chama interior e a força da absorção dos ares faz a kundalini na coroa derreter-se. Ela então escorre lentamente canal central abaixo, para os chakras da garganta, do coração, do umbigo e secreto da ponta. O sucesso em fazer a kundalini descer pelo canal central por esses quatro chakras dá origem às quatro alegrias. A quarta alegria é a experiência da bem-aventurança nascida simultaneamente.

Essa bem-aventurança é exclusiva do tantra e não pode ser desenvolvida sem a energia kundalini física. Lama Tsongkhapa é claríssimo quanto a esse ponto.

Ouvimos falar dos quatro estados bem-aventurados da energia kundalini pela primeira vez durante as iniciações do Yoga Tantra Superior. São elas: alegria, grande alegria, alegria extraordinária e alegria nascida simultaneamente. Durante a iniciação, apenas imaginamos esses quatro estados bem-aventurados, mas por meio da meditação da chama interior podemos de fato experienciá-los.

Todo processo de geração das quatro alegrias começa com a concentração penetrante no a curto. Isso ativa a chama interior, que faz os ventos entrarem, se estabilizarem e serem absorvidos no canal central. Lama Tsongkhapa diz que a chama interior deve ser inflamada tanto no chakra do umbigo quanto no secreto. Isso faz a kundalini na coroa derreter-se e escorrer lentamente para baixo pelo canal central. Lama Tsongkhapa ressalta que o fluxo da kundalini é naturalmente lento em virtude da força da absorção do vento. O que estamos buscando é um fluxo prolongado de energia.

Seu chakra da coroa é energizado e todo seu cérebro fica bem-aventurado. A kundalini flui como mel para o chakra da garganta, e você sente alegria. O chakra da garganta é preenchido de bem-aventurança. Penetre no chakra da garganta, segurando a energia aí e sentindo a bem-aventurança unificada com a sabedoria da não dualidade.

A kundalini flui então lentamente da garganta para a sílaba hum no chakra do coração, onde ativa grande alegria. Mais uma vez, fique aí, experienciando essa bem-aventurança especial e unificando-a com a sabedoria.

Lentamente, a energia masculina e feminina unificada da kundalini escorre para o a curto no chakra do umbigo, onde estimula alegria extraordinária. Com essa mente bem-aventurada, medite sobre a vacuidade. Sinta-se tocando a totalidade da realidade universal.

Do chakra bem-aventurado do umbigo, a energia escorre para os chakras secreto e secreto intermediário, preenchendo-os com kundalini bem-aventurada. Gradativamente, ela alcança o chakra secreto da ponta e estimula a alegria nascida simultaneamente. Essa quarta alegria é o pico da bem-aventurança, a enorme bem-aventurança. Essa bem-aventurança nascida simultaneamente unifica-se totalmente com a não dualidade e, de fato, torna-se a sabedoria da vacuidade, a experiência de clara luz.

Para um praticante qualificado, uma vez que os ventos tenham entrado, se estabilizado e sido absorvidos no canal central e a kundalini tenha se derretido e descido até o chakra secreto da ponta, não há como perder gotas de kundalini. Como os ventos que normalmente movem-se dentro do corpo foram absorvidos, não há nada para impelir a kundalini para fora do corpo.

É importante entender o pensamento de Lama Tsongkhapa a esse respeito. A concentração do yogue ou yoguine e, por conseguinte, o controle garantem que a kundalini flua de modo apropriado. À medida que a energia escorre lentamente pelo canal central, é certo que a experiência profundamente bem-aventurada das quatro alegrias vai surgir, culminando na bem-aventurança simultaneamente nascida do estágio de completude, quando a kundalini chega ao chakra secreto da ponta.

É explicado em outro trecho que, com os quatro elementos já absorvidos, a visão branca aparece à medida que a energia entra no chakra secreto. A visão vermelha aparece quando a kundalini alcança o chakra secreto intermediário e a visão negra, pouco antes de a kundalini atingir o chakra secreto da ponta. Finalmente, o yogue ou yoguine experiencia a totalidade da clara luz quando a energia entra no chakra secreto da ponta.

Depois de experienciar as quatro alegrias, você leva a energia de volta por todo o canal central para experienciar as quatro alegrias em ordem reversa. Do chakra secreto da ponta, você leva a energia pelos chakras da joia e secreto para energizar os chakras do umbigo, do coração e depois da garganta. Em cada estágio, você medita sobre a bem-aventurança continuamente crescente. Por fim, a kundalini alcança o chakra da coroa e o preenche totalmente com energia bem-aventurada. Sua mente explode em uma intensa percepção da não dualidade e você descobre a satisfação total. A bem-aventurança experienciada durante o processo reverso é ainda mais intensa do que quando a kundalini flui para baixo.

## GRANDE SABEDORIA BEM-AVENTURADA NASCIDA SIMULTANEAMENTE

A essa altura, os ares entraram, estabilizaram-se e foram absorvidos no canal central e o yogue e yoguine experienciaram as quatro alegrias. Como todas as superstições deixaram de funcionar, podemos dizer que eles estão experienciando sabedoria não conceitual. Mas, do ponto de vista filosófico, o estado de sabedoria de clara luz que eles experienciam quando começam a cessar com essas superstições pela primeira vez ainda é conceitual, porque não engloba totalmente a essência da não dualidade. É como se houvesse uma tênue seda entre o meditante e a realidade. Portanto, após essa experiência inicial de clara luz, o yogue e yoguine devem praticar até alcançar a realização mais sutil da clara luz. Não obstante, de outra perspectiva poderia se dizer que eles experienciam uma mente não conceitual, porque as oitenta superstições foram cortadas naquela ocasião e eles entraram em um estado de paz completa.

Essa experiência de bem-aventurança nascida simultaneamente unificada com a sabedoria da vacuidade é incomparável. A experiência Sutrayana da sabedoria da vacuidade não pode ser comparada com a experiência dessa consciência sutil abraçando a não dualidade. A mente grosseira no normal é limitada firmemente por superstições, de modo que não há espaço para a mente sutil funcionar. A meditação da chama interior elimina todos os conceitos grosseiros e desperta a consciência muito sutil de clara luz, que normalmente não tocamos, e essa consciência muito sutil começa a funcionar.

Quando você atinge certo ponto de percepção bem-aventurada nesse processo, é muito importante relaxar. Você deve parar de intelectualizar e tentar experienciar apenas a percepção penetrante, sem nenhum pensamento conceitual. Kagyupas, Nyingmapas, Sakyapas e Gelugpas, todos concordam nesse ponto. A ênfase dada ao desenvolvimento da mente não conceitual é a mesma em todas as tradições. Isso significa que devemos meditar sobre a natureza fundamental de não dualidade da mente.

A mente superficial, convencional, fantasiosa e dualista não é a natureza real da mente humana. Nossa natureza fundamental é clara e límpida, cristalina. Colocamos nossas fantasias dualísticas em cima desse cristal, mas essas fantasias jamais poderão tornar-se unas com nossa natureza fundamental. Nossa verdadeira natureza é sempre pura. Isso é poderoso.

A totalidade de nossa natureza fundamental não tem a aparência relativa de rosto, braços, pernas e assim por diante. E dentro da realidade fundamental, não há lugar para o aparecimento de nossa imaginação de autopiedade; ela se dissolve automaticamente. Iluminação, a total ausência de imaginação autopiedosa, é a verdade universal de todos os seres. Por isso, relaxe, fique ciente e compreenda essa natureza fundamental.

Ao mesmo tempo, tente realizar a visão da vacuidade do Madhyamaka: suas pernas não são você, seu estômago não é você, sua mente não é você. Não pense que você não tem experiência da vacuidade. "Eu mal e mal conheço a palavra 'vacuidade', que dirá saber algo sobre como meditar sobre ela." Em alguma medida, todos nós temos a experiência de clara luz. Nós a temos na morte, por exemplo; e todos nós já morremos muita vezes. Você também experiencia a morte todo dia quando vai dormir e experiencia a mente de clara luz quando tem um orgasmo. Nessas ocasiões, os conceitos concretos da mente autopiedosa rompem-se naturalmente. O fato de não perceber a concretude das coisas é bom o bastante para ser qualificado como uma experiência de vacuidade.

Experiencie uma intensa superpercepção da não dualidade. Vá ao zero dos objetos emocionais, ao zero dos objetos de apego e ao zero dos objetos de rudeza. Toque essa realidade fundamental e sinta a verdade. Ela é mais real que seus habituais conceitos abarrotados, fanáticos. Relaxe, de modo que o espaço do zero fique pleno de sabedoria, de amor e de alegria.

Capture a natureza de não dualidade da bem-aventurança, contemple-a e relaxe. Não deixe que ela se distraia no prazer samsárico se quiser que os resultados certos apareçam. Deixe-me tentar explicar. Suponha que você esteja atraído pela Mulher Maravilha. Ela aparece diante de você e a atração está aí. De repente, ela se transforma em luz de arco-íris no espaço do céu azul. O desejo desaparece. Todo seu relacionamento com ela muda. Ela está aí, mas também não está. Há uma nova percepção.

De modo semelhante, quando você reconhece a bem-aventurança como a sabedoria transparente, transcendental, da não dualidade, tudo muda. Essa bem-aventurança não é concreta; tem a natureza da luz de arco-íris. Tudo se torna luz quando você unifica bem-aventurança com não dualidade. Tudo assume uma aparência transcendental e se torna claro e límpido como cristal.

Se você tem uma firme orientação para o modo Sutrayana de entender a vacuidade, o modo tântrico de efetivar a vacuidade pode parecer quase uma distração ou interferência. O Sutrayana fala de vacuidade em termos bastante diferentes. Explica-a com uma abordagem de negação, quase como uma experiência niilista. Por outro lado, no tantra você tenta ter uma visão firme da unidade: tudo se torna vacuidade. Contudo, não existe diferença na natureza da vacuidade conforme é descrita no Sutrayana e no Tantrayana. A vacuidade em si é a mesma; mas existe uma grande diferença quando se trata da experiência de vacuidade.

Unificar bem-aventurança com percepção intensa da não dualidade traz mais luz, mais brilho, mais clareza. A bem-aventurança em si é percepção intensa, como um relâmpago no céu. Essa bem-aventurança é transparente, como um reflexo, um arco-íris, um cristal. Um cristal é um bom exemplo para a experiência da unidade de bem-aventurança e não dualidade. O cristal em si existe enquanto, ao mesmo tempo, reflete e contém outros fenômenos. A bem-aventurança também sustenta tudo e reflete sua natureza não dual. A bem-aventurança em si torna-se energia de sabedoria translúcida, onipresente, abraçando todos os fenômenos universais. Em outras palavras, a bem-aventurança torna-se sabedoria; torna-se clara luz abraçando a realidade universal inteira.

Essa bem-aventurança é singular; é uma experiência transcendental sem conceitos concretos mudanos de apego dualista. O prazer ordinário em geral aumenta nosso apego, mas quanto mais experienciamos essa bem-aventurança, mais contentes ficamos e menos olhamos para fora. Quando descobre a sua própria maçã interior, você não fica interessado em procurar por uma maçã em nenhum outro lugar. Sua mente não é distraída por coisas externas. Em virtude de sua atração pela maçã interior, você tem menos superstição dualista funcionando para envolvê-lo no mundo exterior. Você fica psicologicamente satisfeito.

Quando temos uma experiência bem-aventurada, normalmente tentamos nos apossar dela; não a largamos. Pensamos: "Isso é meu, não seu!". Na realidade, isso é universal. Você está experienciando algo, mas aquilo não está acontecendo nem mesmo dentro do espaço do seu próprio corpo. Está acontecendo em algum lugar lá fora. O que estou tentando mostrar é que você tem a experiência, mas você mesmo desaparece totalmente. Você experiencia a coisa em algum lugar no espaço. Essa experiência ultrapassa os limites de seu corpo, de sua posse, de seu circuito normal. É muito importante entender isso. O "você" relativo desaparece, bem como qualquer impressão do objeto sensorial relativo que você esteja experienciando. Nesse momento, estamos envolvidos demais com meu corpo, minhas coisas, meu chakra do coração. Tudo isso tem de ser dissolvido na vacuidade.

Basicamente, temos de unificar bem-aventurança com não dualidade. Enquanto estou falando disso, é apenas um conceito intelectual, mas quero que você tenha algum sentimento quanto a isso. Leva tempo para descobrir a não dualidade da bem-aventurança, para descobrir sua ausência de autoexistência e não concretitude. Precisamos de muita prática e muita experiência. Palavras não podem transmitir uma imagem exata. Unificar bem-aventurança com a sabedoria da não dualidade é algo muito profundo, a mais sutil e profunda experiência do mundo.

Medite até sua mente alcançar tais estados de bem-aventurança e não dualidade. No fim, você vai experienciar a grande sabedoria bem-aventurada nascida simultaneamente, que leva ao estado de Vajradhara.

# Tornando-se Vajradhara

## ABRAÇANDO UM CONSORTE

De acordo com Lama Tsongkhapa, os meditantes estão qualificados a praticar com consorte quando, por meio da meditação da chama interior, tiverem aprendido perfeitamente os três estágios de entrada, estabilização e absorção dos ventos, e, pela familiaridade com esse poder e pelo poder da absorção dos ventos desenvolverem controle completo sobre o fluxo da kundalini e assim experienciarem bem-aventurança nascida simultaneamente. A fim de aumentar a experiência das quatro alegrias, o yogue ou yoguine pode então praticar com consorte.

O grande yogue Dje Pabongka, por outro lado, explica em seu comentário sobre o estágio de completude de Chittamani Tara que o yogue ou yoguine pode praticar com consorte quando o chakra do coração se abre e a kundalini flui. Sua opinião é de que não se deve praticar com consorte até se abrir o aperto dos nós do chakra do coração. Em outras palavras, não se está qualificado para a prática até os ares não apenas serem absorvidos no canal central, mas começarem a ser absorvidos no chakra do coração. Envolver-se nessa prática antes desse ponto é uma ação equivocada e uma causa de renascimento nos reinos inferiores.

Agora, eu gostaria de debater com Lama Tsongkhapa. A opinião de Dje Pabongka é de que um yogue ou yoguine está pronto para praticar com consorte somente quando os ventos forem absorvidos no chakra do coração e o abrirem, soltando os nós que havia ali. Contudo, Lama Tsongkhapa diz que eles podem praticar com consorte quando a entrada, a estabilização e a absorção dos ventos tornam-se uma experiência habitual e eles conseguem controlar o fluxo de kundalini.

Eu mesmo não estou bem certo quanto a essas duas afirmações. Parece-me possível que o chakra do coração não seja aberto embora os ares tenham entrado, se estabilizado e sido absorvidos no canal central, como Lama Tsongkhapa explica. Nesse caso, como o praticante pode estar qualificado para praticar com consorte? Embora a energia tenha entrado, se estabilizado e sido absorvida no canal central, é possível que o yogue ou yoguine ainda não entenda a vacuidade e portanto não esteja pronto para praticar com consorte. Pense nisso.

Por que é necessário um consorte? A essa altura, os ares já entraram no canal central, se estabilizaram e foram absorvidos. Os quatro elementos cessaram e o yogue ou yoguine teve todas as visões. Com o fluxo da energia kundalini, ele experienciou as quatro alegrias, culminando na experiência da bem-aventurança nascida simultaneamente, e com essa bem-aventurança compreendeu a não dualidade. Em outras palavras, ultrapassou o apego. Visto que já experienciou a grande sabedoria bem-aventurada nascida simultaneamente, por que precisa praticar com consorte?

O caso aqui é que existem graus dessas experiências: graus de absorção do ar, graus de bem-aventurança e graus de realização da não dualidade. Praticar com consorte faz que os ares entrem no canal central com mais força e, quanto mais forte os ares entram, mais fortemente vão se estabilizar e ser absorvidos e mais bem-aventurança será gerada. O propósito de se praticar com consorte é aumentar essas experiências e por fim energizar a absorção total dos ventos no chakra do coração, a bem-aventurança total e a realização total da não dualidade. Até esse ponto, o yogue ou yoguine usou um consorte mental na meditação e apenas começou a abrir o chakra do coração. É necessária a ajuda de um daka ou uma dakini para abri-lo totalmente. Para energizar a experiência completa de grande bem-aventurança, homem e mulher devem ajudar um ao outro a levar a energia de abraço para o canal central.

Existe um pouco de confusão sobre a prática com consorte, de modo que você deve entender claramente o que o tantra budista tem a dizer a respeito. A experiência de grande bem-aventurança do estágio de completude obtida com um consorte é incrível. Está além da expressão, além de todos os conceitos, além das palavras. Aceitar um consorte é o caminho insuperável para se atingir a iluminação. De fato, tendo chegado ao ponto de estar qualificado para tomar um consorte, o yogue ou yoguine definitivamente ficará iluminado naquela vida; atingirá o estado de Vajradhara.

Isso explica por que os praticantes, tanto o homem como a mulher, devem estar qualificados para praticar e ser iguais em boa fortuna e inteligência.[1] Quando os parceiros, homem e mulher, estão igualmente qualificados, ambos experienciam as absorções.

Dje Pabongka também explica que o consorte deve ser mostrado a você por sua divindade, por seu lama ou pelas dakinis. Dos quatro tipos de

---

[1] Lama Tsongkhapa descreve como pessoa qualificada da mais alta capacidade quem recebeu iniciações puras, é instruído nas linhas gerais da prática tântrica, é perito na sadhana do ciclo da mandala e na prática de quatro sessões diárias de yoga, é também perito nas 64 artes do amor, é experiente na meditação sobre vacuidade, é experiente nas técnicas de indução das quatro alegrias e da grande sabedoria nascida simultaneamente e consegue controlar as gotas derretidas de modo que não haja emissão.

consorte, ele considera melhor o consorte nascido do mantra, o que significa alguém que tenha se tornado qualificado por meio da prática do tantra.[2]

Uma vez que o yogue ou yoguine tenha experienciado bem-aventurança com um consorte, a cada vez que meditarem sobre a vacuidade, recordarão exatamente a experiência e entrarão direto em samadhi bem-aventurado. Isso não é como nossa experiência de comer queijo muçarela: comemos uma vez e gostamos, mas então temos de comer de novo para obter o prazer. Se não comermos, não obteremos a satisfação. Porém, para yogues e yoguines que alcançaram certo nível de desenvolvimento, basta ter a experiência com consorte uma única vez. A mera lembrança da experiência prévia com um consorte relativo os fará entrar em samadhi profundo sem esforço e experienciar perfeitamente todas as absorções. De qualquer modo, na terminologia do tantra, a vacuidade é a consorte absoluta e, finalmente, isso é o bastante.

## AS OUTRAS CINCO YOGAS

Conforme mencionei antes, Lama Dje Tsongkhapa relaciona as Seis Yogas de Naropa como as yogas da meditação da chama interior, do corpo ilusório, da clara luz, da transferência de consciência, da transferência para outro corpo e do estado intermediário.

Lama Tsongkhapa explica que, depois de praticar com consorte e aprofundar a realização da sabedoria nascida simultaneamente, o yogue ou yoguine medita sobre as práticas da yoga do corpo ilusório e da yoga da clara luz no estado desperto. Esse dois temas derivam-se do Guhyasamaja Tantra.

As pessoas frequentemente entendem mal a expressão "corpo ilusório", pensando que se refere meramente à prática de ver tudo como uma ilusão. Lama Tsongkhapa diz que não é bem assim. De fato, quando o yogue ou yoguine surge da experiência da totalidade da clara luz, seu vento muito sutil manifesta-se instantaneamente como um corpo ilusório. Com o aspecto de uma divindade, esse corpo é conhecido nesse estágio como corpo ilusório impuro. É sutil e delicado, não é composto de carne e ossos, é separado e não depende do corpo grosseiro. O praticante pode manifestar o corpo ilusório, desempenhar muitas ações benéficas para os outros e depois retornar para o corpo grosseiro ordinário. Método e sabedoria estão agora unificados; ocorrem simultaneamente.

---

2 O consorte pode ser classificado de várias maneiras; por exemplo, existem uma classificação quádrupla em função da casta e uma outra divisão tripla dependendo do nível de suas realizações. Um consorte nascido do mantra é perito na yoga do estágio evolutivo e obteve realização dos estágios iniciais do estágio de completude. Um consorte nascido no local reside em um dos lugares sagrados tântricos, tais como um dos 24 lugares sagrados de Heruka. Um consorte nascido simultaneamente permanece em união com a realização da clara luz.

O yogue ou yoguine continua a prática a fim de aprofundar a realização da clara luz e desenvolver o corpo ilusório puro, que é ainda mais sutil do que aquele obtido previamente.

Além de meditar sobre a clara luz durante o estado desperto, yogues e yoguines também praticam a clara luz do sono e, durante o sono, praticam meditação da yoga dos sonhos. Lama Tsongkhapa explica como a yoga dos sonhos é gradativamente desenvolvida com base na meditação da clara luz do sono. Pouco antes de dormir, você medita de novo sobre a energia entrando, estabilizando-se e sendo absorvida no canal central. Você experiencia a absorção dos quatro elementos, as três visões e depois atinge a experiência de clara luz.

Na verdade, esse é um processo natural. Quando vamos dormir, as absorções dos elementos e a experiência de clara luz acontecem automaticamente. Isso parece bom, mas naquele momento nosso sono é uma experiência ignorante. Yogues e yoguines, entretanto, treinam-se para ficar conscientes do processo inteiro. Tendo meditado com sucesso e mantido a experiência de clara luz, eles podem mover-se com facilidade dali para a yoga dos sonhos. Manifestamos naturalmente um corpo de sonho quando sonhamos; yogues e yoguines, porém, manifestam um corpo ilusório após experienciar a clara luz do sono.

Conforme destaca Lama Tsongkhapa, a prática da yoga dos sonhos faz parte da yoga do corpo ilusório. A fim de efetivá-la, precisamos ser peritos na meditação da clara luz do sono; a fim de sermos bem-sucedidos nisso, precisamos ter experienciado a clara luz no estado desperto. Primeiro aprendemos a trabalhar com a clara luz no estado desperto e, a seguir, no sono. Depois disso, podemos ter sucesso na yoga dos sonhos. Contudo, o sucesso nas yogas dos estados desperto e do sono depende da meditação da chama interior. A chama interior é a prática fundamental.

Uma vez que tenhamos atingido proficiência no corpo ilusório do estado de sonho podemos ter sucesso na yoga do estado intermediário. Portanto, isso também depende do poder da meditação da chama interior. O mesmo aplica-se à yoga da transferência de consciência e à yoga para a projeção da consciência para outro corpo. Essas duas também dependem da capacidade de dirigir as energias para dentro do canal central. Sem a preliminar da entrada dos ventos no canal central, essas duas yogas de transferência da consciência não podem acontecer.

Algumas pessoas pensam que transferência de consciência é fácil, mas Lama Tsongkhapa discorda. Ele afirma claramente que você deve praticar antes a meditação da chama interior e ser capaz de direcionar as energias para dentro do canal central a fim de poder praticar a transferência de consciência. Lama Tsongkhapa não está apenas dando sua opinião sobre o assunto. Em seu comentário sobre transferência de consciência, ele cita as palavras do Buddha Shakyamuni extensivamente e transmite a linhagem com perfeição. De acordo com Lama Tsongkhapa, transferência de consciência não é uma tarefa fácil.

Todos esses assuntos precisam ser estudados em detalhe quando chega a hora de serem praticados, de modo que não é necessário estender-se sobre eles agora. Lembre-se de que a chama interior é a prática fundamental para todos eles. É como um elo ligando você a todas as realizações. Entender isso é em si uma realização profunda.

◆◆◆

O campo especial de Lama Tsongkhapa é o tantra e ele é especialmente renomado por seus ensinamentos sobre corpo ilusório. Sua forma de descrever todo processo, completada com instruções de meditação, é distintiva e incrivelmente clara. Seus ensinamentos são muito úteis e inspiradores. Enquanto dava esse ensinamento, senti-me especialmente grato a Lama Dje Tsongkhapa. Suas explicações profundas sobre as Seis Yogas de Naropa inspiraram-me a sentir muita devoção por ele. Em minha mente não há dúvida de que ele foi um grande mahasiddha.

Em um momento anterior do texto, Lama Tsongkhapa cita Marpa, que diz ter recebido a herança desses ensinamentos do "porteiro" de Nalanda, o que significa Naropa. Na antiguidade, os grandes monastérios eram cercados por muros com um portão em cada um dos quatro pontos cardeais. Em cada portão ficava um pandit, cuja tarefa era dar ensinamentos ou debater com qualquer um que quisesse fazer isso.

Marpa também afirma ter recebido as técnicas das nove fusões, da transferência de consciência, da meditação da chama interior e da prática com consorte de acordo com o Hevajra Tantra. Ele continua: "Por meio da chama interior, efetivei as quatro alegrias e, por meio da prática com consorte, desenvolvi-as até a completude".

A fim de nos desenvolvermos e beneficiarmos os outros, também precisamos receber todos esses métodos, assim como Marpa. Vamos rezar para que isso aconteça. "Que todos nós possamos desenvolver meditação samadhi indestrutível sobre o a curto e assim descobrir os grandes chakras bem-aventurados, as grandes energias bem-aventuradas e a grande kundalini bem-aventurada. Que nós possamos desenvolver o verdadeiro calor interno e, com isso, experienciar os estados bem-aventurados das quatro alegrias. Que a bem-aventurança em si possa tornar-se intensa percepção penetrante da sabedoria da não dualidade. Que todos nós possamos atingir nesta vida a união de corpo ilusório e clara luz, tornando-nos assim Vajradhara."

Parte 6

# Vivendo com a Chama Interior

# Seu prazer é responsabilidade sua

A esta altura, você deve ter toda informação de que precisa sobre o tema da chama interior. Pratique as várias técnicas de meditação tanto quanto possível. Se usá-las, seu crescimento espiritual estará garantido, porque você obterá força e energia para praticar continuamente. Você precisa do fortalecimento das experiências positivas, mas não é bom experienciar um pequeno sucesso e então parar a prática. Lama Tsongkhapa destaca que é importante continuar a prática logo que apareçam os sinais de progresso.

Dizem que é possível atingir a iluminação em poucos anos, ou mesmo em um ano, por meio da prática da meditação da chama interior. É um método tão genuíno que, se praticado com sinceridade, faz que a descoberta da totalidade não esteja muito longe.

Qualquer um com inteligência e sorte suficientes pode experienciar os resultados da chama interior simplesmente meditando sobre essas técnicas, seguindo as instruções, mesmo que não acredite nelas em termos religiosos. Isso as torna especialmente apropriadas para os ocidentais, que em geral não são propensos à crença religiosa. A meditação da chama interior é científica e lógica e você pode experienciar seus resultados sem ter de esperar por uma vida futura. Você nem precisa acreditar em vidas futuras. Tem apenas de praticar. Em todo caso, talvez seja melhor acreditar que você ficará iluminado nesta vida por meio da prática das Seis Yogas de Naropa do que acreditar em vidas futuras.

Quero que você tenha uma motivação forte, poderosa. O budismo considera a atitude mental fundamental para a maneira como interpretamos nossa vida e nosso mundo; por isso é tão importante ter a motivação correta para nossa prática. Motivação é a maneira de permanecer interessado e claro, porque nos ajuda a ver que caminho seguir.

Motive-se com força, reze com força, para experienciar calor interno, canais bem-aventurados, ventos bem-aventurados, kundalini bem-aventurada e a união entre bem-aventurança nascida simultaneamente e sabedoria. Seja corajoso! Pense: "Por que não posso fazer o que Milarepa e Lama Tsongkhapa fizeram?". Então decida: "Não tenho escolha – devo praticar a meditação da chama interior!".

## JULGANDO POR SUA PRÓPRIA EXPERIÊNCIA

Tente, na medida do possível, efetivar o samadhi não conceitual, indestrutível, e a união de bem-aventurança e vacuidade. Não pense: "Não sou muito perito na yoga do estágio evolutivo, por isso não devo praticar o estágio de completude". Lama Tsongkhapa fazia quatro sessões de meditação por dia. Praticava a yoga do estágio evolutivo pela manhã e a yoga do estágio de completude à tarde. Praticar as duas juntas é a coisa certa a fazer.

A meditação da chama interior de fato pode ajudá-lo a realizar a yoga do estágio evolutivo. No início, você pode achar difícil concentrar-se na divindade e atingir o samadhi; mas quando começa a praticar a chama interior – pam! – tudo se encaixa. Além disso, a tradição tibetana em geral explica um caminho gradativo para o atingimento das realizações: primeiro se faz isso, depois aquilo. A meditação da chama interior ajuda nesse processo e esse processo gradativo ajuda a meditação da chama interior.

Você também não deve pensar: "Como posso meditar? Primeiro tenho de estudar por vinte ou trinta anos e talvez então seja razoável eu meditar. No momento, sou ignorante em todos os vastos temas do budismo; portanto, possivelmente não conseguiria obter sequer um vislumbre da concentração unidirecionada. De qualquer modo, tenho um emprego e sou muito ocupado. Como é possível tentar desenvolver meditação samadhi? Monges tibetanos que vivem em montanhas e nunca veem ninguém podem desenvolver concentração unidirecionada, mas eu estou sempre cercado por multidões de pessoas. Para mim, a meditação é impossível".

Este pensamento definitivamente está errado. Estamos sempre dando desculpas. Você deve fazer sua meditação todo dia e pode trabalhar, recitar preces e desempenhar outras atividades ao mesmo tempo. É possível envolver-se em outras atividades enquanto desenvolve a concentração unidirecionada, especialmente se você tiver recebido instruções sobre a chama interior. A maioria dos lamas da tradição de Dje Tsongkhapa combina estudo e meditação durante toda a vida. Eles meditam sobre um objeto de concentração todo dia, bem como fazem outras atividades.

Como iniciantes, temos de tentar trazer a experiência de calor e bem-aventurança para os chakras e canais e, assim, atingir a clara luz. Embora ainda não tenhamos alcançado o estágio de clara luz, já tivemos alguma experiência dele. A clara luz é fundamentalmente existente dentro de nós. Temos de expandir essa experiência até atingirmos a totalidade. Isso não é algo que possamos apenas discutir intelectualmente. Você tem de julgar quando precisa de gás e de quanto precisa. Se abrir muito o gás, vai aquecer demais: vai se tornar bem-aventurado demais e aquecido demais. Será um desastre! Por isso, julgue com cuidado.

Na abordagem do Buddha Shakyamuni sobre o crescimento humano, você é o responsável. Buddha, o guru ou Deus não são responsáveis. Você tem de julgar por sua própria experiência e é por isso que precisa desenvolver confiança em si mesmo. Lembre-se da história de Milarepa. Depois de passar uns anos com Marpa, este mandou-o embora. Milarepa então ficou sozinho nas montanhas, sem ninguém a quem pedir conselhos. Ficou de mãos vazias; não tinha nada.

Você certamente pode julgar por si mesmo. Você deve valorizar isso e acreditar em si mesmo. Você sabe de quais meditações técnicas precisa e quando aplicá-las. Às vezes, você não precisa de nenhuma das técnicas. Apenas com a respiração natural, sutil, sua concentração será razoavelmente boa, sua chama interior crescerá e você se sentirá bem-aventurado. Nesse estado de mente você não terá superstição, nem a pressão de pensamentos mundanos. Será um estado claro e límpido, sem isso ou aquilo e sem movimento na direção de objetos sensoriais. Você aprende a se desapegar de muitas coisas.

Além disso, assim como troca de amigos, você pode trocar as estátuas e gravuras de Buddhas e lamas no seu altar. Não pense que você precisa ter uma imagem específica em seu altar senão as outras pessoas vão considerá-lo não respeitoso. Quem se importa com o que os outros pensam? Isso é apenas política. Quando presta atenção a tais críticas, você não está se comunicando consigo mesmo. Coloque Mickey Mouse no seu altar se achar que isso o ajuda. Use o que quer que se comunique com você e o ajude a crescer.

Por exemplo, quando estiver apegado, insatisfeito e subjugado pelo desejo, coloque uma imagem de Buddha jejuando em seu altar e olhe para ela. Ou coloque um esqueleto. Pegue um osso humano, coloque-o no altar e olhe para ele. Isso pode lhe passar uma mensagem mais poderosa do que a que você está recebendo de uma foto do seu lama. Você não está abandonando a religião budista por não colocar uma imagem de Buddha no seu altar. Não se preocupe com o que os outros dizem. Se algo tem significado para você, simplesmente use-o. Você pode trocar seu altar sempre que desejar. Neste mês, você pode ter Buddha jejuando; no mês que vem, alguma outra coisa. Neste momento, tenho uma imagem de Lama Dje Tsongkhapa no meu altar porque estou me sentindo especialmente próximo dele. Sinto muita devoção por Lama Tsongkhapa.

## SEU PRAZER É RESPONSABILIDADE SUA

De acordo com Lama Dje Tsongkhapa, o sucesso na meditação da chama interior traz saúde física e mental porque aumenta a energia kundalini, o que desenvolve o vigor corporal. E quanto mais forte sua energia kundalini fica, mais sucesso você terá com a meditação da chama interior.

Cuidar do seu corpo é importante porque ele é a fonte da bem-aventurança nascida simultaneamente. Por exemplo, a fim de aumentar a energia sexual da kundalini masculina-feminina, você deve comer alimentos ricos em proteína e se exercitar regularmente. É lógico que, quanto mais energia você tem, mais pode usar.

Durante períodos de prática intensiva da meditação da chama interior, mesmo os leigos devem tentar controlar a perda de energia sexual. De acordo com o tantra budista, perder energia sexual durante o intercurso debilita o vigor físico do corpo. Esse enfraquecimento do corpo se estende ao fluxo de kundalini. Você não tem de acreditar nisso simplesmente porque é o que dizem os textos e os lamas tibetanos. Confira pessoalmente.

Isso não significa necessariamente que pessoas leigas devam viver como monges ou monjas. Entretanto, quando você estiver praticando intensamente, deve se controlar e não perder kundalini. Quando não estiver praticando com intensidade, não há compromisso de não perder energia; aja normalmente.

Leigos com vida sexual regular devem usar a força da meditação da chama interior para segurar a kundalini no chakra secreto tanto quanto possível durante o intercurso. Imagine que você experiencia a grande sabedoria bem-aventurada nascida simultaneamente antes de liberar a energia. Ter esse controle causa prazer e satisfação ainda maiores, especialmente quando você gera forte energia dentro de si em virtude da forte atração magnética pela outra pessoa. Você pode utilizar essa energia no caminho secreto para a liberação.

Por que estou dizendo isso? Não quero arruinar minha reputação com as pessoas falando: "Não se aproxime de Lama Yeshe! Ele acabou com minha vida matrimonial e arruinou meu relacionamento". O tantra é muito prático ao enfatizar o uso da energia do desejo. Claro que, assim que conhecemos alguém, estimulamos o prazer e a excitação um no outro, quase ao ponto de energizar kundalini. Mais adiante, tudo que fazemos é energizar sofrimento! Em vez de nos tornamos objetos de prazer um do outro, nos tornamos prisioneiros um do outro.

Cada uma das quatro classes de tantra destina-se a um tipo específico de praticante. O que diferencia uma classe de tantra da outra é a intensidade da energia do desejo usada no caminho para a iluminação. No Tantra da Ação, um simples olhar para todas as lindas divindades estimula a grande bem-aventurança; no Tantra da Atuação, o sorriso e o riso são usados para energizar grande bem-aventurança; no Yoga Tantra, a energia bem-aventurada é gerada ao se unirem as mãos; e no Yoga Tantra Superior, é usada a energia do abraço sexual.

*Tendo as três convicções* declara que praticantes leigos, mesmo no nível da yoga evolutiva, podem contar com um parceiro em certa medida para desenvolver bem-aventurança e sabedoria. Essa prática não é exclusiva de praticantes tântricos de atingimentos elevados. Contanto que use essa energia para gerar a sabedoria da não dualidade, você pode fazer o que quiser. Isso faz sentido. Contanto que estejamos desenvolvendo sabedoria universal brilhante, não importa que ferramentas usamos. Contanto que você tenha clareza de que é responsável pelo crescimento da totalidade da grande sabedoria bem-aventurada nascida simultaneamente de seu estado de Vajradhara, qualquer coisa que faça para beneficiar seu crescimento é boa, mesmo que socialmente inaceitável. Em todo caso, a sociedade tem uma estrutura dualista e suas filosofias podem deixá-lo mais confuso.

Você é responsável por seu próprio crescimento. Contanto que não esteja se prejudicando, transformando-se em um desastre psicológico ou físico e não esteja causando mal a nenhum outro ser senciente, quem se importa com o que você faz? A atitude budista é que você cuida do seu Karma; você cuida do seu bebê. O que a sociedade ou qualquer um lhe manda fazer não é importante. O que você faz é responsabilidade sua. Seu prazer é responsabilidade sua.

Por outro lado, não pense que a felicidade sempre vem de tocar algo fora de você mesmo e nunca de dentro. A felicidade vem de dentro de você, por isso lembre-se de que você não precisa atuar sempre em seus relacionamentos.

Você tem de ser muito forte e direto consigo mesmo. O motivo pelo qual estou dizendo isso é que a prática tântrica pode produzir confusão em sua vida e eu quero que você seja claro e límpido. Além disso, embora possamos não concordar com os padrões da sociedade, devemos não causar mal a outras pessoas em nossa sociedade. Precisamos ter um coração grande o bastante para aceitar as ideias de todos os tipos de pessoas.

◆◆◆

Vamos dedicar o mérito. "Pelo resto de nossas vidas, que nós possamos crescer em vigor e fazer grande esforço para obter sucesso na meditação da chama interior. Poderemos então compartilhar nosso sucesso, de modo que a comunidade universal atinja a bem-aventurança".

# Jamais esqueça a chama interior

A yoga da chama interior é um ensinamento profundo, e deve ser usada de forma significativa. Você deve meditar sobre a chama interior tanto quanto possível. É realmente uma técnica bem simples.

É bom montar um local para meditação onde você estiver morando. Com pouco dinheiro, você pode fazer uma caixa de meditação como a que os meditantes usavam antigamente. Visto que não pode se deitar em uma caixa de meditação, pelo menos enquanto estiver nela você terá de ficar sentado e meditar. É uma boa medida organizar-se dessa maneira.

Fique atento a suas experiências e mantenha um registro por escrito, se desejar. Você tem de entender que essas meditações técnicas são formuladas de tal maneira que você obterá resultados. Todos os que as praticam devem ter algumas experiências.

Devemos praticar com tanta seriedade quanto Naropa. As Seis Yogas de Naropa são uma prática tântrica completa e profunda do estágio de completude. Os seis temas contêm o núcleo das práticas do tantra-pai e do tantra-mãe. O meio de assimilar a essência desses ensinamentos não é a abordagem intelectual, mas a ação. Você simplesmente tem de agir. Você deve praticar continuamente.

Quando praticar a chama interior em retiro, comece fazendo cinco ou seis sessões curtas por dia. No início, é melhor fazer sessões curtas de talvez uma hora e meia cada, porque assim você fará direito. Quando ficar mais experiente, poderá fazer sessões de muitas horas de duração; se fizer sessões longas no início, você apenas vai sentir moleza e sonolência. Além disso, faça os exercícios físicos por meia hora e, no mínimo, uma vez por dia.

Quando não estiver em retiro, é melhor fazer a hatha yoga e as meditações da chama interior pela manhã, em jejum. Além disso, visto que a energia da chama é naturalmente forte ao anoitecer, esse é um bom horário para meditar sobre a chama interior, mas apenas se o estômago estiver vazio. As pessoas tendem a fazer uma grande refeição ao anoitecer no Ocidente; nesse caso, é melhor fazer a prática pela manhã.

Todas as meditações da chama interior devem ser feitas com concentração unidirecionada. Isso inclui as meditações sobre derreter a energia kundalini bem-aventurada; a entrada, estabilização e absorção dos ventos; e todo o processo do desmanchar dos quatro elementos e do surgimento das três visões. Todas são planejadas para ser experiências de samadhi.

As pessoas podem sentir certo conflito entre fazer meditação samadhi forte e seus compromissos de meditação diária. No sistema tibetano, você tem permissão para reduzir as outras preces quando está fazendo meditação unidirecionada forte, tal como em um retiro intensivo sobre a chama interior. Em todo caso, sua prática é a melhor prece. Você pode relaxar quanto a preces relativas porque está fazendo a prece absoluta. Não deve haver realmente nenhum conflito. O ponto mais importante é a meditação. Por outro lado, você não deve pensar de forma negligente: "Estou fazendo a prece absoluta, assim posso abandonar a prece relativa". Racionalizar desse jeito pode ser perigoso. Você tem de pensar cuidadosamente sobre como ajustar sua vida.

Durante períodos de meditação intensiva da chama interior, você não deve se sentar muito perto de fogueiras ou se expor ao sol, pois isso pode estimular as energias erradas. Não há problema quando você não está meditando intensivamente; nessas épocas, você pode ir à praia como sempre e se bronzear.

Infelizmente, você também deve evitar alimentos gelados, como sorvete. Comer coisas muito geladas danifica sua reserva natural para a meditação da chama interior. Além disso, evite alimentos salgados e bebidas alcoólicas quando estiver fazendo a meditação da chama interior. Você pode pensar que os tibetanos não têm noção de química e coisas afins, mas nós as conhecemos há muitas centenas de anos. Você também deve evitar comer alimentos ácidos, como limões. Muitos sucos se dizem livres de acidez, mas descobri que a maioria deles é ácida. Evite peixe também.

Os meditantes da chama interior também são aconselhados a usar roupas leves. Devemos seguir o caminho do meio; nossas roupas não devem ser pesadas e não devemos ficar completamente nus. É especialmente importante não se expor nu ao sol porque os raios quentes podem causar desconforto. Além disso, não durma com cobertas pesadas ou acolchoados espessos de penas, como aqueles usados na Alemanha. Os yogues tibetanos advertem que não se deve deixar o corpo ficar quente demais. Também não se deve erguer cargas pesadas ou respirar com força, como se faz ao encher um balão, por exemplo.

Até sua prática da chama interior ser estável, você não deve se expor a situações conflituosas. Conserve um pouco sua energia. Com a meditação da chama interior você fica extremamente sensível, de modo que deve estar consciente do que está fazendo.

◆◆◆

O ponto mais importante é tentar experienciar calor interno e bem-aventurança e então unificar a experiência bem-aventurada com a sabedoria da não dualidade. Você acabará atingindo um ponto da prática da chama interior em que o simples movimento da sua respiração energizará bem-aventurança e lhe trará satisfação física e mental.

Quanto mais bem-aventurança você sente, mais sabedoria não supersticiosa deve tentar experienciar. É por isso que você precisa da energia gerada pelas várias formas de meditações técnicas. Concentração, bem-aventurança e clareza vão enfraquecer quando sua kundalini estiver fraca; portanto, você deve usar essas meditações para aumentar a energia. Porém, quando a energia está forte, você não precisa das técnicas de meditação. Você para de intelectualizar e simplesmente relaxa e contempla. Não importa o quanto eu fale, são apenas palavras. Isso é algo que você tem de experienciar por si só e, quando adquirir alguma experiência válida, poderá compartilhar com os outros. Você compartilhará com os outros apenas sendo você mesmo.

Você deve cultivar bem-aventurança e não dualidade não só durante sessões de meditação, mas também nos intervalos entre as sessões. Você pode levar a chama interior para todas as suas atividades diárias; use cada prática de prazer ordinário – cada experiência de pizza e chocolate – para contemplar com percepção intensa a chama interior no canal central. Quando andar e falar, leve junto a chama interior. Leve-a com você quando for para a praia ou para as montanhas. Quando tocar a água, sinta que é bem-aventurada; quando olhar um fogo, imagine que é a chama interior; quando vir luz, imagine que é a energia kundalini.

Quando experienciar formas, cores, sons, cheiros, sabores e sensações tácteis bem-aventurados, pense que esse prazer ordinário adiciona combustível à chama interior, fazendo-a flamejar. Direcione toda energia bem-aventurada para a chama interior no canal central no chakra do umbigo. O tantra é muito prático quando fala sobre assimilar o desejo e o prazer samsárico no caminho para a iluminação.

O propósito da meditação da chama interior é aumentar o prazer. O yogue ou yoguine está simplesmente dizendo: "Não estou satisfeito com o prazer que já tenho. Quero mais. É por isso que estou praticando a chama interior". Contudo, você jamais deve esquecer de unificar o aspecto-pai da bem-aventurança com o aspecto-mãe da não dualidade. Desse modo, sua bem-aventurança ajuda no crescimento de sua sabedoria. Por esse motivo, os ensinamentos tântricos dizem-nos para não rejeitar o prazer e sim utilizá-lo. Se você não o utiliza dessa forma, vira veneno. Cada experiência que facilita o prazer torna-se combustível para abastecer sua chama interior, e você unifica aquela energia de prazer com a sabedoria da não dualidade.

Todos nós estamos tentando fazer o melhor para sermos completamente felizes. Casas, carros, geladeiras – compramos tudo na esperança de ficarmos felizes, mas sempre falta algo. Ou a bem-aventurança-pai, ou a sabedoria-mãe está faltando. Olhe objetivamente para a vida da maioria das pessoas. Elas podem ser inteligentes e estar ganhando muito dinheiro em algum grande negócio poderoso, mas não parecem saber como juntar sequer bem-aventurança e sabedoria ordinárias em suas vidas.

O tantra unifica ambas, a bem-aventurança-pai e a sabedoria-mãe, e traz as duas juntas simultaneamente. É por isso que Lama Tsongkhapa falou antes sobre a unidade de relativo e absoluto quando discutiu as características fundamentais da mente. A fim de experimentar a chama interior temos de entender a unificação de relativo e absoluto. Temos de saber como juntar bem-aventurança e sabedoria. A meditação da chama interior é um processo no qual aprendemos a unificar bem-aventurança e vacuidade de modo inseparável. Energia de bem-aventurança é vacuidade; vacuidade é bem-aventurança.

No Ocidente, vemos muitas pessoas inteligentes, mas que não possuem bem-aventurança. Parecem realmente perturbadas. Conseguem fazer muitas coisas técnicas, mas seu conhecimento é árido e intelectual, de modo que não encontram satisfação. Outras, com pouco conhecimento intelectual, mas talvez com uma abordagem mais prática da vida, encontram mais satisfação. O tantra tenta trazer o intelecto para a experiência real e unificá-lo com a energia bem-aventurada. Quando você consegue fazer isso, pode erradicar todos os seus problemas mundanos, todos os seus problemas ligados ao prazer.

Lembre-se: cada momento de nossa vida pode tornar-se meditação. Quando você está desperto, tudo é meditação; quando dorme, tudo é meditação; quando morre, tudo é meditação. Ouvindo isso, você poderia pensar: "Uau! Fantástico! Vamos fazer um filme sobre isso". Mas é verdade. O tantra é muito profundo.

◆◆◆

Espero que você possa obter alguma experiência das meditações da chama interior. O mais importante é que você realmente toque algo dentro de si mesmo. Se isso acontecer, não tenho absolutamente nenhuma dúvida de que vai ocorrer alguma mudança. A beleza da chama interior é que você não tem de acreditar em nada para que funcione. Apenas faça as meditações técnicas e relaxe. Experiências e realizações virão automaticamente.

Não se esqueça de que meditações tântricas do estágio de completude como essas também podem ajudar a trazer realizações Sutrayanas. Por exemplo, a meditação da chama interior pode afrouxar o apego e ajudar a mente de bodhichitta crescer. Algumas pessoas verificam que, embora tenham pequena experiência nas práticas preliminares, ainda assim obtêm experiências do estágio de completude.

Estou muito feliz por ter vindo aqui ao meu centro e dado ensinamentos. Embora a maior parte do que expliquei sejam apenas palavras vazias, tentei ao máximo comunicar-me de uma forma razoável. No século XX todos nós temos vidas ocupadas, de modo que somos afortunados por ter tido essa chance de estudar os ensinamentos de Lama Dje Tsongkhapa. Sinto-me afortunado por ver que vocês tentaram meditar. Isso é importante para minha mente. Tivemos apenas um tempo resumido para meditar, para experienciar, mas todos tentamos ao máximo, de modo que meu coração está feliz. E não me importo de termos abordado apenas umas vinte páginas do comentário de Lama Tsongkhapa.

Se eu estiver vivo e vocês estiverem vivos, talvez nos vejamos de novo. Da próxima vez, discutiremos em detalhes o corpo ilusório, a experiência do sonho, a experiência da clara luz, a transferência de consciência e a ida da consciência para outro corpo. Esses assuntos são mais profundos e sofisticados. Devemos trabalhar com o que já abordamos e vamos rezar para que no futuro façamos o resto das Seis Yogas de Naropa. Se não pudermos fazê-las no ano que vem, poderemos fazê-las na próxima vida. De fato, vou rezar para que vocês recebam esses ensinamentos de um professor realizado e não de um professor fajuto como eu.

Espero não ter causado muita confusão. Se tiverem alguma dificuldade com suas meditações ou com os ensinamentos, por favor não hesitem em escrever para mim. Recebi esses ensinamentos algumas vezes, mas sou um estudante preguiçoso, de modo que posso cometer erros. Se cometi erros, vocês devem me dizer. É bom que me enviem suas perguntas – assim eu aprendo também. Eu tenho tempo; não pensem que não tenho tempo. É importante trabalharmos juntos. Não pensem que eu apenas venho aqui, falo um monte de coisas confusas e então deixo vocês sozinhos com sua confusão. Não é verdade. Não sou o homem mais altamente realizado, mas sou dedicado. Talvez esteja fazendo papel de bobo, mas tenho o desejo de dedicar minha vida aos outros tanto quanto possível. Embora eu seja apenas um monge bem simples, vocês devem sentir que estou com vocês – isso é importante.

Estivemos fazendo algo muito valioso juntos, de modo que devemos nos comunicar uns com os outros. Não é bom visualizar o Lama como Deus ou coisa assim. Precisamos apenas da comunicação pessoal. Podemos fazer isso de maneira simples: "Olá, como vai? Espero que seu coração esteja bem. Espero que seu nariz esteja bem". Entendem?

Muito obrigado por sua cooperação e disciplina; disciplina é importante. E estou muito feliz com a qualidade de sua bondade amorosa e sinceridade. Vocês integraram uma rica qualidade interna com uma rica qualidade externa; assim, penso que foram bem-sucedidos. Muito obrigado. Dedico toda sua energia – mas mesmo que não dedicássemos, o Karma cuidaria disso. É bom ter uma atitude de dedicação aos outros, de querer dar aos outros. Estou satisfeito com o que vocês estão fazendo e vocês devem continuar. Compartilhem seu amor, sua sabedoria e sua riqueza e sirvam uns aos outros tanto quanto possível. Vivam em harmonia uns com os outros e sejam um exemplo de paz, amor, compaixão e sabedoria.

Tentem ser felizes em sua prática, ficar satisfeitos com sua vida. Sejam razoáveis na maneira como crescem e jamais pensem que é tarde demais. E não tenham medo da morte. Contanto que sintam que adquiriram alguma experiência, nem mesmo a morte é grande coisa. A vida foi desfrutada. Mesmo que vocês morram amanhã, pelo menos hoje mantenham-se direitos, límpidos e claros e sejam seres humanos felizes. Como estamos tentando trazer satisfação razoável e alegria razoável para nossa vida e ir razoavelmente além do medo, é da maior importância meditarmos. Quando vocês efetivarem a chama interior, ficarão satisfeitos e também beneficiarão os outros.

Milarepa, por exemplo, basicamente praticou. Ele não ensinou muito em sua vida; ele meditou. Estou certo de que Milarepa tinha compromissos de prática, mas quando ia para as montanhas não levava livros. Seu compromisso estava em seu coração. A certa altura, você vai para além das preces, além das palavras. A meditação da chama interior não é para iniciantes que brincam com palavras e preces. Com a meditação da chama interior, o ritual não é tão importante; o mais importante é se concentrar e penetrar. Este é o ponto. Milarepa é um exemplo perfeito. Ele teve sucesso;

ele atingiu a bem-aventurança. Reze para ser como Milarepa, como Lama Dje Tsongkhapa. Eles fizeram um bom trabalho; nós também devemos fazer um bom trabalho.

♦♦♦

"Que nós possamos jamais esquecer do a curto em meio aos altos e baixos do resto de nossa vida. Que todos nós possamos alcançar as realizações das yogas da chama interior, do corpo ilusório e da clara luz, assim como Milarepa e Lama Tsongkhapa fizeram, a fim de beneficiar todos os preciosos seres sencientes maternos sofredores."

# APÊNDICE 1

## GUIA DE PRONÚNCIA EM SÂNSCRITO

Para aqueles não familiarizados com o modo como as palavras em sânscrito são vertidas para o inglês, a tabela abaixo oferece uma maneira fácil de aproximar a pronúncia de termos em sânscrito neste livro. Para instruções mais precisas, favor consultar *Teach Yourself Sanskrit*, de Michael Coulson (Kent: Hodder and Stoughton, 1992).

Equivalentes ingleses aproximados de sons sânscritos

| SÂNSCRITO | INGLÊS |
|---|---|
| a | but |
| ā | father |
| i | fit |
| ī | see |
| u | who |
| ū | boo |
| ṛ, ṝ | crust |
| ḷ, ḹ | slip |
| ṃ | mom |
| ṅ | ring |
| c, ch | chain |
| ṭ, ṭh, t, th | top |
| ḍ | do |
| ṇ | no |
| ś, ṣ | she |

# Apêndice 2

## RELAÇÃO DE TRANSLITERAÇÕES DE PALAVRAS ESTRANGEIRAS

### SÂNSCRITO

| | |
|---|---|
| Akshobbhya | Akṣobhya |
| Amitabha | Amitābha |
| Amogasiddhi | Amoghasiddhi |
| arhat | arhat |
| Asanga | Asanga |
| Atisha | Atiśa |
| bhumi | bhūmi |
| bodhichitta | bodhichitta |
| bodhisattva | bodhisattva |
| Buddha | Buddha |
| Buddhadharma | Buddhadharma |
| chakra | cakra |
| Chakrasamvara | Cakrasaṃvara |
| Chandrakirti | Candrakirti |
| Charya Tantra | caryā-tantra |
| Chittamani Tara | Cittamaṇi-Tārā |
| Chittamatra | cittamātra |
| Chittamatrin | cittamātrin |
| daka | ḍāka |
| dakini | ḍākinī |
| Dharma | Dharma |
| dharmakaya | dharmakāya |
| Ghantapa | Ghaṇṭapa |
| Ghantapada | Ghaṇṭapada |
| Guhyasamaja | Guhyasamāja |
| guru | guru |
| guru yoga | guruyoga |
| hatha yoga | haṭhayoga |
| Heruka | Heruka |
| Heruka Chakrasamvara | Heruka-Chakrasaṃvara |

| | |
|---|---|
| Heruka Vajrasattva | Heruka-Vajrasattva |
| Hevajra | Hevajra |
| Hinayana | Hīnayāna |
| Karma | Karma |
| kayas, os três | trikāya |
| Kriya Tantra | kriyā-tantra |
| kundalini | kuṇḍalinī |
| Luhipa | Lūipā |
| Madhyamaka | Madhyamaka |
| Maha-anuttara Yoga Tantra | mahānuttarayogatantra |
| mahamudra | mahāmudrā |
| mahapandit | mahāpaṇḍita |
| mahasiddha | mahāsiddha |
| Mahasiddha Naropa | Mahāsiddha Nāropa/Nāḍopa |
| Mahayana | Mahāyāna |
| Maitreya | Maitreya |
| Maitri | Maitrī |
| Maitripa | Maitrīpa |
| mandala | maṇḍala |
| Manjushila | Mañjuśīla |
| Manjushri | Mañjuśrī |
| mantra | mantra |
| Mantrayana | Mantrayāna |
| mudra | mudrā |
| nada | nāda |
| Nagarjuna | Nāgārjuna |
| Nalanda | Nālandā |
| Naropa | Nāropa/Nāḍopa |
| nirmanakaya | nirmāṇakāya |
| nirvana | nirvāṇa |
| Padmasambhava | Padmasaṃbhava |
| pandit | paṇḍita |
| Pandit Naropa | Paṇḍita Nāropa/Nāḍopa |
| Paramitayana | Pāramitāyāna |
| Prasangika-Madhyamaka | Prāsaṅgika-Madhyamaka |
| Ratnasambhava | Ratnasaṃbhava |
| rupakaya | rūpakāya |
| sadhana | sādhana |
| sadhu | sādhu |
| samadhi | samādhi |

| | |
|---|---|
| samaya | samaya |
| Samayavajra | Samayavajra |
| sambhogakaya | saṃbhogakāya |
| samsara | saṃsāra |
| Saraha | Sāraha |
| Sautrantika | Sautrāntika |
| Shakya | S'ākya |
| Shakyamuni, Buddha | S'ākyamuni Buddha |
| Shantideva | S'āntideva |
| shunyata | s'ūnyatā |
| siddha | siddha |
| sutra | sūtra |
| Sutrayana | sūtrayāna |
| Svatantrika-Madhyamaka | Svātantrika-Madhyamaka |
| tantra | tantra |
| Tantrayana | tantrayāna |
| Tara | Tārā |
| Tilopa | Tilopa |
| Tushita | Tuṣita |
| Vaibhashika | Vaibhāṣika |
| Vairochana | Vairocana |
| vajra | vajra |
| vajra, corpo | vajrakāya |
| Vajrabhairava | Vajrabhairava |
| Vajradhara | Vajradhara |
| Vajradhara, estado de | vajradharatā |
| Vajrasattva | Vajrasattva |
| Vajravarahi | Vajravārāhī |
| Vajrayana | Vajrayāna |
| Vajrayogini | Vajrayoginī |
| Vasubandhu | Vasubandhu |
| Yamantaka | Yamāntaka |
| Yoga Tantra Superior | anuttarayogatantra |
| yogue | yogin |
| yoguine | yoginī |

## TIBETANO

| | |
|---|---|
| bardo | bar do |
| Baso Chögyen | ba so chos rgyan |

| | |
|---|---|
| Butön (Rinchen Drup) | bu ston rin chen grub |
| Chökyi Dorje | chos kyi rdo rje |
| Damchö Gyeltsen | dam chos rgyal mtshan |
| den | ldan |
| Dorje Khadro | rdo rje mkha' 'gro |
| Dragpa Wangchug | grags pa dbang phyugs |
| Drigungpa | 'bri gung pa |
| Drilbupa | dril bu pa (Ghaṇṭapa em sânscrito) |
| Dromtönpa | 'brom ston pa |
| Gampopa | sgam po pa |
| Ganden | dga' ldan |
| Ganden Tripa | dga' ldan khri pa |
| Gelug(pa) | dge lugs (pa) |
| Gen | rgan |
| Gen Jampa Wangdu | rgan byams pa dbang 'dus |
| Gueshe Jampa Tegchog | dge bshes byams pa theg mchog |
| Gueshe Lama Könchog | dge bshes bla ma dkon mchog |
| Gueshe Lobsang Donyo | dge bshes blo bzang don yod |
| Gueshe Ngawang Gendun | dge bshes ngag dbang dge 'dun |
| Gueshe Norbu Dorje | dge bshes nor bu rdo rje |
| Gueshe Sopa Rinpoche | dge bshes bzod pa rinpoche |
| Gueshe Tashi Tsering | dge bshes bkra shis tshe ring |
| Gueshe Thinley | dge bshes 'phrin las |
| Jamchen Chöge | byams chen chos rje |
| Jampa Pel | byams pa dpal |
| Jampa Thinley | byams pa 'phrin las |
| Jampel Nyingpo | 'jam dpal snying po |
| Je Pabongka Rinpoche | rje pha bong kha rin po che |
| Je Tsongkhapa | rje tsong kha pa |
| Jigten Sumgön | 'jig rten gsum dgon |
| Kadampa | bka' gdams pa |
| Kagyu(pa) | bka' brgyud (pa) |
| Kelsang Tenzin | skal bzang bstan 'dzin |
| Khedrub Je | mkhas grub rje |
| Khenpo Tsultrim Gyatso | mkhan po tshul khrims rgya mtsho |
| Khensur Lobsang Tharchin | mkhan zur blo bzang mthar pyin |
| Kirti Tsenshab Rinpoche | ki rti'i mtshan zhabs rin po che |
| kun-da da-bu jang-sem | kun da lta bu byang sems |
| Kyabje Ling Dorjechang | skyabs rje gling rin po che |
| Kyabje Trijang Dorjechang | skyabs rje khri byang rdo rje 'chang |

| | |
|---|---|
| Lama Tenzin Osel Rinpoche | bla ma bstan 'dzin 'od gsal rin po che |
| Lama Thubten Yeshe | bla ma thub bstan ye shes |
| Lama Thubten Zopa Rinpoche | bla ma thub bstan bzod pa rin po che |
| lam-kyi mang-do | lam gyi rmang rdo |
| LamRim | lam rim |
| Lhasa | lha sa |
| linhagem Mey | mes brgyud |
| Losang Chökyi Gyeltsen | blo bzang chos kyi rgyal mtshan |
| Losang Döndrup | blo bzang don grub |
| Losang Dragpa | blo bzang grags pa |
| lung | lung |
| Lungtok Rinpoche | lung rtogs rin po che |
| Marpa | mar pa |
| Milarepa | mi la ras pa |
| Miwang Dragpa Gyaltsen | mi dbang grags pa rgyal mtshan lam |
| Mönlam Chenmo | smon chen mo |
| Nada | nāda |
| Na-ro chö druk | na ro chos drug |
| Ngawang Jampa | ngag dbang byams pa |
| Ngawang Jigdol | ngag dbang 'jigs grol |
| Ngawang Tenpa | ngag dbang bstan pa |
| Ngok, linhagem | rngog brgyud |
| Ngokton | rngog ston |
| ngöndro | sngon 'gro |
| Nyingma(pa) | rnying ma (pa) |
| Pabongka Dechen Nyingpo | pha bong kha bde chen snying po |
| Padma Dorje | pad ma rdo rje |
| Pagmo Drupa | phag mo gru pa |
| Panchen Lama | paṇ chen bla ma |
| Rechungpa | ras chung (pa) |
| Sakya Pandita | sa skya paṇḍita |
|    (Kunga Gyaltsen) |    (kun dga' rgyal mtshan) |
| Sakya Trizin | sa skya khri 'dzin |
| Sakya(pa) | sa skya (pa) |
| Samten Chhosphel | bsam gten chos 'phel |
| Sangye Yeshe | sangs rgyas ye shes |
| Sera (Je) | se ra (byas) |
| Sönam Senge | bsod nams seng ge |
| Sönam Wangpo | bsod nams dbang po |
| sum | gsum |

| | |
|---|---|
| thangka | thang ka |
| Thubten Ngödrup | thub bstan dgnos grub |
| Thubten Samphel | thub bstan bsam 'phel |
| tigle | thig le |
| torma | gtor ma |
| Trijang Rinpoche | khri byang rin po che |
| tsa-tsa | tsha tsha |
| Tsawa | tsha ba |
| Tsongkhapa | tsong kha pa |
| Tsur, linhagem | mtshur brgyud |
| Tsurton | mtshur ston |
| tummo | gtum mo |
| Wangchug Menkangpa | dbang phyugs sman khang pa |
| Wolka | 'ol kha |
| Yang Tsewa | yang brtse ba |
| Yangtse Rinpoche | yang rtse rin po che |
| Yeshe Gyeltsen | ye shes rgyal mtshan |
| Yeshe Tenzin | ye shes bstan 'dzin |
| yi-che | yid ches |
| yidam | yi dam |
| Zong Rinpoche | zong rin po che |

# APÊNDICE 3

## RESUMO DE *TENDO AS TRÊS CONVICÇÕES*: UM GUIA PARA OS ESTÁGIOS DO CAMINHO PROFUNDO DAS SEIS YOGAS DE NAROPA

I. Práticas preliminares

   A. As práticas comuns do caminho do grande veículo em geral

      *1. A necessidade de treinar no caminho comum mesmo neste sistema*
      *2. Os estágios do treinamento da mente em tais caminhos*

   B. As preliminares do Yoga Tantra Superior, o caminho incomum

      *1. Preliminares gerais*

         a. A necessidade de receber uma iniciação plena
         b. A necessidade de se observarem os compromissos

      *2. Preliminares incomuns*

         a. Meditação e recitação de Vajrasattva para purificar negatividades e obscurecimentos
         b. Meditação sobre guru yoga para receber poderes inspiradores

            1) Meditar sobre o guru como um campo de mérito
            2) Fazer oferendas e súplicas ao guru

II. O Modo da prática em si baseada nas preliminares

   A. Meditações do estágio de geração
   B. Meditações do estágio de completude

      *1. A natureza das bases*

         a. A natureza da mente
         b. A natureza do corpo

      *2. Os estágios para se cruzar o caminho*

         a. As práticas dos exercícios físicos de yoga e do corpo vazio como primeiro passo

            1) Os exercícios físicos de yoga

               a) Segurar a respiração como um vaso cheio
               b) Girar como uma roda
               c) Curvar o corpo como um gancho

   d) O mudra de ligação vajra, jogando-se no ar e caindo
   e) Endireitar a coluna como uma flecha, como um cachorro a vomitar
   f) Sacudir o corpo inteiro e alongar as juntas para permitir o fluxo suave do sangue nas artérias
  2) Visualização do corpo vazio
 b. Os estágios práticos dos caminhos subsequentes
  1) Os vários modos de dividir o caminho
  2) Os estágios que conduzem ao caminho
   a) As práticas próprias do caminho
    (1) As práticas principais do caminho
     (a) Puxar os ventos para dentro do canal central e gerar as quatro alegrias
      i) O método interno da chama interior
       (a) A entrada dos ventos no canal central por meio da prática da chama interior
        (i) A prática da yoga da chama interior
         a. Visualização dos canais de energia
         b. Visualização das letras
         c. A prática da respiração do vaso
        (ii) O processo de entrada, estabilização e absorção dos ventos dentro do canal central por meio da prática da chama interior
       (b) A experiência das quatro alegrias seguindo-se à entrada dos ventos no canal central
        (i) O surgimento de sinais (associados ao processo de dissolução dos elementos) e a ignição da chama interior
        (ii) A experiência das quatro alegrias induzida pelo derretimento das gotas de bodhichitta
        (iii) Meditação sobre a sabedoria transcendental nascida simultaneamente
      ii) O método externo de confiar em um selo de ação
     (b) As práticas da clara luz e do corpo ilusório baseadas na geração das quatro alegrias
      i) Discussão geral das práticas dos caminhos restantes com base na prática da meditação da chama interior

ii) Práticas individuais dos caminhos específicos
   (a) As práticas do corpo ilusório
      (i) Meditação sobre a natureza ilusória das aparências
      (ii) Meditação sobre a natureza ilusória dos sonhos
         a. Reconhecer os sonhos como sonhos
         b. Treinar na yoga dos sonhos e sua intensificação
         c. Superar a ansiedade nos sonhos e treinar na percepção de sua natureza ilusória
         d. Meditar sobre a real natureza dos sonhos
      (iii) Meditação sobre a natureza ilusória do estado do bardo
         a. Discussão geral sobre o estado do bardo
         b. Os estágios das práticas relacionados ao estado do bardo
            (1) Tipos de pessoas que adquirem controle sobre a existência no bardo
            (2) A maneira como esse controle é adquirido
   (b) As práticas da clara luz
      (i) A prática da clara luz durante o estado desperto
      (ii) A prática da clara luz durante o sono
(2) As práticas secundárias, a transferência (de consciência) e ressurreição em um corpo morto
   (a) Transferência (de consciência) para um estado mais elevado
   (b) Ressurreição em um corpo morto
b) Empenhando-se em condutas para acelerar o processo do caminho

*3. O modo pelo qual o estado resultante é efetivado*

Esse resumo foi preparado por Gueshe Thupten Jinpa para o comentário de *Tendo as três convicções* dado por Sua Santidade o 14º Dalai Lama em Dharamsala, Índia, de 22 a 26 de março de 1990.

# Glossário

*20 delusões secundárias.* Grupo de fatores mentais, ou estados de mente, dentro do grupo de 51, que estão relacionados a uma ou mais das seis delusões-raízes.

*35 Buddhas da Confissão.* Grupo de 35 Buddhas visualizados enquanto se recita O Sutra dos Três Montes e se executam prostrações.

*80 superstições.* Oitenta mentes conceituais; oitenta concepções indicativas. Vários estados conceituais de mente que se dissolvem na hora da morte antes do quinto estágio, a mente de aparência branca. Para uma lista das oitenta superstições, ver pp. 39-41 de *Death, Intermediate State, and Rebirth in Tibetan Buddhism* (Ithaca, NY: Snow Lion Publications, 1980), de Lati Rinbochay e Jeffrey Hopkins.

*84 Mahasiddhas.* Grandes yogues da Índia antiga, como Nagarjuna, Tilopa, Naropa, Drilbupa e Luhipa, que por meio da prática do tantra atingiram a iluminação em uma única vida e ocasionaram o florescimento do Tantrayana.

*a curto (tibetano a tung).* Sílaba visualizada no chakra do umbigo, é o principal objeto de concentração durante a meditação da chama interior. (Esse termo é usado para diferenciar a vogal sânscrita "a" da vogal longa "a".

*absorções.* Ver processo da morte.

*aparência clara.* Clareza. A vívida visualização pelo yogue e yoguine de si mesmos como uma divindade e de seu ambiente como a mandala da divindade. Essa prática, combinada com a do orgulho divino, é cultivada durante o estágio evolutivo.

*ares.* Ventos; energia dos ventos; energias vitais. Energias sutis que fluem nos canais do corpo, que permitem ao corpo funcionar e que estão associadas com os diferentes níveis de mente.

*Asanga.* Pandit indiano do século V que recebeu diretamente do Buddha Maitreya a linhagem extensiva, ou método, dos ensinamentos do Buddha Shakyamuni. Suas obras são a base da escola Chittamatra da doutrina budista.

*Atisha* (982-1054). Renomado mestre indiano budista que foi ao Tibete para ajudar a revitalizar o budismo, passando lá os últimos dezessete anos de sua vida. Lama Atisha escreveu o primeiro texto LamRim, *Lâmpada no caminho para a iluminação*, e fundou a tradição dos Kadampas, praticantes famosos por sua renúncia e bodhichitta.

*ausência de autoexistência.* Ver não dualidade.

*autoexistência*. Existência dualística; existência inerente; existência verdadeira. Tipo de existência que o eu e todos os fenômenos parecem ter e no qual a ignorância acredita. De fato, tudo que existe é vazio até mesmo de um átomo de autoexistência.

*bem-aventurança nascida simultaneamente*. Grande bem-aventurança nascida simultaneamente; a quarta alegria. Estado sublime de bem-aventurança experienciado pelo yogue ou yoguine quando, por meio de meditação da chama interior bem-sucedida, os ares entraram, estabilizaram-se e foram absorvidos no canal central e a kundalini no chakra da coroa derreteu-se e escorreu canal central abaixo até o chakra secreto da ponta. Essa bem-aventurança também é experienciada quando a kundalini é levada de volta pelo canal central até a coroa.

*bhumi* (sânscrito). Literalmente, estágio ou terreno. Os bodhisattvas devem atravessar dez bhumis em sua jornada para a iluminação, o primeiro deles sendo atingido com a realização não conceitual inicial da não dualidade.

*Bodhgaya*. Aldeia no estado de Bihar, no norte da Índia, onde o Buddha Shakyamuni tornou-se iluminado.

*bodhichitta* (sânscrito). O desejo altruístico livre de esforço e continuamente presente na mente dos bodhisattvas de atingir a iluminação para o bem de todos os seres sencientes. No tantra, também se refere à kundalini.

*bodhisattva* (sânscrito). Aquele que possui bodhichitta. Uma pessoa torna-se um bodhisattva quando atinge a bodhichitta livre de esforço.

*Buddha* (sânscrito). Um ser iluminado.

*Buddha Shakyamuni* (563-483 a.C.). Quarto dos mil Buddhas fundadores da presente era do mundo, o Senhor Buddha nasceu como príncipe do clã Shakya no norte da Índia, renunciou ao reino, obteve a iluminação aos 29 anos, e então ensinou os caminhos para a liberação e iluminação até falecer, aos 84 anos.

*Buddhadharma*. Ver Dharma.

*Butön* (1312-64). Historiador erudito Sakya e grande yogue; um dos lamas da linhagem das Seis Yogas de Naropa.

*caminho da acumulação*. Primeiro dos cinco caminhos que levam ao estado de Buddha; os outros quatro são os caminhos da preparação, da visão, da meditação e do não mais aprendizado. Os praticantes do sutra e do tantra Mahayanas entram no caminho da acumulação quando realizam bodhichitta pela primeira vez.

*caminho da meditação*. O quarto dos cinco caminhos que levam ao estado de Buddha. Praticantes do sutra Mahayana entram no caminho da meditação quando começam a aprofundar e intensificar a percepção direta da vacuidade e praticantes tântricos, quando atingem uma união de aprendiz do corpo ilusório puro e da verdadeira clara luz.

*caminho da preparação.* O segundo dos cinco caminhos que levam ao estado de Buddha. Praticantes do sutra Mahayana entram nesse caminho quando experienciam pela primeira vez a união de permanência serena e *insight* especial tendo a não dualidade como objeto e praticantes tântricos, quando começam a experienciar a entrada, a estabilização e a absorção dos ares no canal central.

*caminho da visão.* O terceiro dos cinco caminhos para o estado de Buddha; adentrado pelos praticantes do sutra Mahayana quando realizam a não dualidade diretamente pela primeira vez e pelos praticantes tântricos, quanto experienciam a verdadeira clara luz pela primeira vez.

*caminho de não mais aprendizado.* O quinto dos cinco caminhos, o real atingimento do estado de Buddha; no tantra é conhecido como a união de não aprendiz do corpo ilusório puro e da verdadeira clara luz.

*canais.* Os 72 mil canais de energia do corpo que, com os ares e a kundalini, constituem o corpo sutil e com os quais se trabalha em práticas como a da chama interior.

*canal central.* O mais importante dos milhares de canais do corpo sutil. Durante a meditação da chama interior, é visualizado como azul, correndo bem em frente à coluna, começando no chakra da testa e terminando quatro dedos abaixo do umbigo.

*canal direito.* Canal à direita do canal central. Durante a meditação da chama interior, é visualizado como vermelho, começando na narina direita e se curvando para dentro do canal central quatro dedos abaixo do umbigo.

*canal esquerdo.* Canal à esquerda do canal central. Durante a meditação da chama interior, é visualizado como branco, e começando na narina esquerda, e se curvando para dentro do canal central quatro dedos abaixo do umbigo.

*chakras* (sânscrito). Literalmente, rodas. Formados pelas ramificações dos canais em vários pontos ao longo do canal central, os seis chakras principais são o da testa, da coroa, da garganta, do coração, do umbigo e do órgão sexual. O chakra do umbigo é o foco primário durante a meditação da chama interior.

*chama interior.* Em tibetano, tummo; literalmente, fêmea corajosa. Primeira das Seis Yogas de Naropa. Técnica de meditação tântrica do estágio de completude para levar todos os ares para dentro do canal central, despertando assim a mente de clara luz. Se efetuado com êxito, o processo pode levar à iluminação em uma única vida.

*Chandrakirti.* Pandit indiano do século VI, discípulo de Nagarjuna, que elucidou a exposição de Nagarjuna sobre o Madhyamaka, apresentando-a especificamente como Prasangika-Madhyamaka. Os textos de Chandrakirti são a base do estudo do Madhyamaka em todas as tradições tibetanas.

*Chittamani Tara* (sânscrito). Aspecto da divindade feminina Tara no Yoga Tantra Superior.

*Chittamatra*. Mente-apenas. Uma das duas principais escolas Mahayanas de doutrinas budistas, para a qual a ausência de eu sutil é a ausência de diferença em entidade entre mente e fenômenos externos, sujeito e objeto.

*cinco famílias dos Buddhas*. As cinco linhagens de Buddhas: Akshobbhya, Vairochana, Ratnasambhava, Amitabha e Amoghasiddhi. Eles representam (1) a purificação dos cinco agregados contaminados, (2) a purificação das delusões da raiva, ignorância, orgulho, desejo e ciúme e (3) o atingimento das cinco sabedorias transcendentais.

*clara luz*. A mente muito sutil; o último dos quatro vazios; também refere-se ao objeto, vacuidade, da mente de clara luz; uma das Seis Yogas de Naropa. Esse estado de mente mais sutil ocorre naturalmente na morte, por exemplo, e por meio da prática bem-sucedida da chama interior e é usado por yogues e yoguines para realizar a não dualidade. Quando obtida por meio da chama interior, essa clara luz inicial é a seguir aperfeiçoada, tornando-se a clara luz verdadeira, que é unificada com o corpo ilusório puro para ocasionar a efetivação da iluminação. Ver também quatro vazios.

*concentração unidirecionada*. Ver samadhi.

*consorte*. Um parceiro real ou imaginário usado por um yogue ou yoguine para intensificar a experiência de bem-aventurança nascida simultaneamente.

*corpo grosseiro*. Sangue, ossos, órgãos dos sentidos e todo o resto que compõe o corpo físico ordinário.

*corpo ilusório*. Corpo feito de energias do ar na forma de uma divindade, mas de cor branca; uma das Seis Yogas de Naropa. O yogue ou yoguine surge em um corpo ilusório impuro imediatamente antes da experiência inicial de clara luz e em um corpo ilusório puro após a efetivação da clara luz verdadeira.

*corpo muito sutil*. Vento muito sutil que é inseparável da mente muito sutil na gota indestrutível no chakra do coração.

*corpo sutil*. Corpo vajra. Sistema de canais, ares e gotas de kundalini dentro do corpo humano.

*corpo vajra*. Ver corpo sutil.

*daka* (sânscrito). O equivalente masculino de uma dakini.

*dakini* (sânscrito). Literalmente, andarilha do céu. Um ser feminino com realizações tântricas que ajuda a estimular a bem-aventurança em um yogue.

*divindade*. Em tibetano, yidam. Um ser divino, um Buddha, como Heruka ou Vajrayogini.

*Dharma* (sânscrito). Buddhadharma. Em geral, prática espiritual; especificamente, os ensinamentos budistas, que protegem do sofrimento e levam à liberação e à iluminação plena.

*dharmakaya*. Ver três kayas.

*Drilbupa*. Também conhecido como Ghantapa; um dos 84 Mahasiddhas e fundador de uma das três linhagens principais de Heruka Chakrasamvara.

*Dromtönpa* (1005-64). Discípulo do coração de Lama Atisha e principal tradutor no Tibete; propagador da tradição Kadampa.

*dualístico*. Ver autoexistência.

*energias vitais*. Ver ares.

*estado intermediário*. Em tibetano, bardo. O estado entre a morte e o renascimento, que dura de um instante a 49 dias.

*estágio de completude*. O mais avançado dos dois estágios do Yoga Tantra Superior. O yogue ou yoguine entra nesse estágio quando começa a efetuar a entrada, estabilização e absorção dos ares no canal central por meio da prática de métodos como a chama interior.

*estágio evolutivo*. Estágio de geração. O primeiro dos dois estágios do Yoga Tantra Superior, durante o qual o yogue ou yoguine pratica a transformação das experiências ordinárias da morte, do estado intermediário e do renascimento nas experiências puras de dharmakaya, sambhogakaya e nirmanakaya; então, visualizando a si mesmo como a divindade nirmanakaya, cultiva a aparência clara e o orgulho divino de realmente ser aquele ser divino.

*existência inerente*. Ver autoexistência.

*Gampopa* (1079-1153). Um dos principais discípulos de Milarepa, um lama da linhagem das Seis Yogas de Naropa e autor de *A joia ornamento da liberação*, um célebre texto LamRim.

*Gelug* (tibetano). Uma das quatro tradições do budismo tibetano, foi fundada por Lama Dje Tsongkhapa no início do século V e tem sido propagada por mestres ilustres como os sucessivos Dalai Lama e Panchen Lama.

*Gelugpa* (tibetano). Um seguidor da tradição Gelug.

*Gen* (tibetano). Literalmente, ancião. Um título de respeito.

*Ghantapa*. Ver Drilbupa.

*gota indestrutível*. A gota vermelha e branca, do tamanho de uma semente de mostarda, localizada no canal central no chakra do coração. Ela contém a mente e o vento muito sutis.

*gotas.* Ver kundalini.

*grande sabedoria bem-aventurada nascida simultaneamente.* Sabedoria bem-aventurada nascida simultaneamente; sabedoria nascida simultaneamente; sabedoria que realiza a não dualidade unificada com a bem-aventurança nascida simultaneamente.

*Gueshe* (tibetano). Literalmente, amigo espiritual. Título conferido àqueles que completaram estudos extensivos e exames nas universidades monásticas Gelugpas.

*Gueshe Lama Könchog.* Meditante ascético e amigo de Lama Yeshe; atualmente vive no Monastério de Kopan, no Nepal.[1]

*Gueshe Sopa Rinpoche.* Eminente erudito budista e guru de Lama Yeshe e Lama Zopa Rinpoche; aposentou-se recentemente, após atuar por trinta anos como professor de Estudos Sul-asiáticos na Universidade de Wisconsin (Estados Unidos).

*Guhyasamaja* (sânscrito). Divindade masculina do Yoga Tantra Superior, pertencente ao tantra-pai. O tantra de Guhyasamaja é conhecido como o Rei dos Tantras devido a suas extensas instruções, especialmente sobre o corpo ilusório. Principal divindade de meditação de Lama Dje Tsongkhapa.

*guru* (sânscrito). Em tibetano, lama. Literalmente, pesado, no sentido de pesado devido ao conhecimento do Dharma. O guia espiritual, professor ou mestre.

*guru absoluto.* A mente bem-aventurada e onisciente dos Buddhas; o dharmakaya.

*Guru Heruka.* O guru tântrico visto como inseparável de Heruka.

*Guru Vajradhara.* O guru tântrico visto como inseparável de Vajradhara.

*guru yoga* (sânscrito). Prática tântrica na qual o yogue ou yoguine medita sobre o guru e a divindade como unos e inseparáveis, e então funde esse guru-divindade com sua própria mente; as várias sadhanas que incorporam essas meditações.

*Guru Yoga de Lama Tsongkhapa.* Prática de guru yoga relacionada a Lama Dje Tsongkhapa que é executada diariamente nos monastérios Gelugpas.

*habilitação.* Ver iniciação.

*hatha yoga* (sânscrito). Exercícios físicos conhecidos como As Seis Rodas Mágicas ensinados nas Seis Yogas de Naropa, ajudam o praticante a ser bem-sucedido na meditação da chama interior, removendo os bloqueios que impedem o fluxo das energias nos canais: (1) respiração do vaso;

---

[1] Gueshe Lama Könchog faleceu em 15 de outubro de 2001. Sua reencarnação já foi encontrada (NT).

(2) girar como uma roda; (3) curvar o corpo como um gancho; (4) o mudra da "ligação vajra", jogando-se para cima e se deixando cair; (5) endireitar a coluna como uma flecha, como um cachorro a vomitar; e (6) sacudir o corpo inteiro e alongar o corpo e as juntas para permitir o fluxo suave do sangue nas artérias.

*Heruka* (sânscrito). Heruka Chakrasamvara. Divindade masculina de meditação do Yoga Tantra Superior, pertencente ao tantra-mãe, cujo tantra enfatiza especialmente a clara luz.

*Hevajra* (sânscrito). Divindade masculina de meditação do Yoga Tantra Superior, pertencente ao tantra-mãe.

*Hinayana* (sânscrito). Literalmente, Veículo Menor. O caminho dos arhats, cuja meta é o nirvana, ou liberação pessoal do samsara.

*iluminação*. Estado de Buddha; onisciência; totalidade; iluminação plena; despertar; estado de Vajradhara; estado de Heruka; unificação. Meta última da prática Mahayana budista e o potencial de todos os seres sencientes, a iluminação é caracterizada por compaixão infinita, sabedoria infinita e poder infinito. No tantra, é a união final da clara luz verdadeira e do corpo ilusório puro.

*iniciação*. Habilitação. A transmissão da prática de uma divindade particular de um mestre tântrico para um discípulo, o que permite ao discípulo engajar-se naquela prática.

*Jampa Wangdu* (falecido em 1984). Meditante asceta que era amigo íntimo de Lama Yeshe e um dos gurus de Lama Zopa Rinpoche; Lungtok Rinpoche, um garoto chinês de Hong Kong, foi reconhecido por Sua Santidade o Dalai Lama como sua reencarnação.

*Kagyu* (tibetano). Uma das quatro tradições do budismo tibetano, tem sua fonte em ilustres lamas da linhagem como Marpa, Milarepa e Gampopa.

*Kagyupa* (tibetano). Seguidor da tradição Kagyu.

Kalachakra (sânscrito). Divindade masculina do Yoga Tantra Superior. O Kalachakra Tantra contém instruções de medicina, astronomia e outras.

*Karma* (sânscrito). Literalmente, ação. A lei de causa e efeito: processo pelo qual as ações positivas de corpo, fala e mente levam à felicidade e as negativas, ao sofrimento.

*Khedrub Je* (1385-1438). Um dos discípulos do coração de Lama Dje Tsongkhapa e principal propagador de seus ensinamentos tântricos, segue Lama Tsongkhapa na linhagem das Seis Yogas de Naropa. Foi o terceiro Ganden Tripa ou Detentor do Trono de Ganden.

*kundalini* (sânscrito). Em tibetano tigle, gotas; energia bem-aventurada; também referida como bodhichitta. Energia líquida sutil vermelha e branca que existe ao longo dos canais do corpo, com a vermelha predominando no chakra do umbigo e a branca, no chakra da coroa.

*Kyabje* (tibetano). Literalmente, senhor do refúgio. Um título de respeito.

*lama* (tibetano). Ver guru.

*Lama Chöpa* (tibetano). Ou, em sânscrito, guru puja; uma prática extensiva de guru yoga envolvendo preces, pedidos e oferendas para o lama.

*Lama Dje Tsongkhapa* (1357-1419). Mahasiddha, erudito e professor que fundou a tradição Gelug do budismo tibetano; autor de muitos textos, inclusive o comentário sobre as Seis Yogas de Naropa intitulado *Tendo as três convicções*.

*lamas da linhagem*. Professores espirituais que constituem a linha guru-discípulo de transmissão direta dos ensinamentos, de Buddha até os professores de hoje.

*LamRim* (tibetano). Literalmente, caminho gradativo. Originalmente delineado no Tibete pelo mestre do século XI Lama Atisha em *Lâmpada no caminho para a iluminação*, o LamRim é uma organização passo a passo dos ensinamentos de Buddha, apresentados como meditações a serem praticadas. Incorpora o Hinayana, o Paramitayana e o Tantrayana.

*liberação*. Nirvana, o estado além da tristeza; liberação do sofrimento por meio do abandono de todas as delusões; meta do praticante Hinayana.

*Ling Dorjechang* (1903-83). Ling Rinpoche. Falecido Tutor Sênior de Sua Santidade o 14º Dalai Lama. Foi o 97º Detentor do Trono de Ganden.

*Luhipa*. Um dos 84 Mahasiddhas e fundador de uma das três principais linhagens da prática de Heruka Chakrasamvara.

*lung* (tibetano). Literalmente, vento. Estado no qual os ares do corpo estão desequilibrados ou bloqueados, desse modo causando várias enfermidades.

*mahamudra* (sânscrito). Literalmente, grande selo. No sutra, refere-se à vacuidade da mente; no tantra, refere-se à união da sabedoria nascida simultaneamente e vacuidade. Mahamudra também se refere aos tipos de meditação para se desenvolver essas realizações.

*mahasiddha* (sânscrito). Mestre tântrico consumado; um santo.

*Mahayana* (sânscrito). Literalmente, Grande Veículo. O caminho dos bodhisattvas, cuja meta última é o estado de Buddha; inclui o Paramitayana e o Tantrayana.

*Maitripa*. Mahasiddha indiano do século XI, famoso por seu domínio do mahamudra; foi um dos gurus de Marpa.

*mandala* (sânscrito). Ambiente purificado de uma divindade tântrica; diagrama ou pintura que representa isso.

*Mandala do Corpo de Heruka.* Prática na qual o corpo de Guru Heruka é visualizado como as partes da mandala.

*Manjushri* (sânscrito). Divindade masculina que simboliza a sabedoria da não dualidade. Lama Dje Tsongkhapa recebeu ensinamentos diretamente de Manjushri.

*mantra* (sânscrito). Literalmente, proteção da mente. A mente é protegida das aparências e concepções ordinárias, de ver a si mesma e os outros fenômenos como mundanos; sílabas sânscritas recitadas em conjunto com a prática de uma divindade particular que representa as qualidades daquela divindade.

*Mantrayana.* Ver Tantrayana.

*Marpa* (1012-99). Tradutor e yogue, discípulo de Naropa e o principal guru de Milarepa. Fundador da tradição Kagyu, Marpa foi detentor de muitas linhagens tântricas e levou a linhagem das Seis Yogas de Naropa para o Tibete.

*mente grosseira.* As cinco consciências dos sentidos.

*mente muito sutil.* Mente de clara luz. Nível mais sutil de mente, reside na gota indestrutível no chakra do coração e é despertada por meio de práticas como a chama interior.

*mente sutil.* Estados de mente conceituais, tais como raiva, desejo e assim por diante.

*Milarepa* (1040-1123). Asceta yogue e poeta tibetano, discípulo mais destacado de Marpa, famoso por sua prática intensiva, devoção ao guru, suas muitas canções de realização espiritual e atingimento da iluminação em uma única vida. Importante lama da linhagem de transmissão das Seis Yogas de Naropa.

*Monastério de Ganden.* A primeira das três grandes universidades monásticas Gelugpas nas proximidades de Lhasa, fundada em 1409 por Lama Dje Tsongkhapa. Destruída na década de 1960, agora foi restabelecida em exílio no sul da Índia.

*Monastério de Sera.* Uma das grandes universidades monásticas Gelugpas perto de Lhasa, fundada no início do século XV por Jamchen Chöje, discípulo de Lama Tsongkhapa; hoje também estabelecida em exílio no sul da Índia.

*mudra* (sânscrito). Literalmente, gesto. Gestos de mão simbólicos, usados durante vários rituais tântricos. Mudra também refere-se a consorte.

*nada* (sânscrito). Linha fina com três curvas, às vezes chamada de rabisco, visualizada acima da sílaba de cada chakra durante a meditação da chama interior.

*Nagarjuna.* Erudito e adepto tântrico indiano, nascido cerca de quatrocentos anos depois do parinirvana de Buddha; ao expor o Madhyamaka, elucidou o significado dos ensinamentos de Buddha sobre vacuidade.

*Nalanda.* Universidade monástica do budismo Mahayana fundada no século V no norte da Índia, não longe de Bodhgaya; foi uma fonte importante de ensinamentos budistas disseminados pelo Tibete. Naropa foi abade de Nalanda por oito anos.

*não dualidade.* Vacuidade; ausência de autoexistência; natureza fundamental; totalidade. Não dualidade é a natureza absoluta do eu e de todos os fenômenos; em última análise, tudo é vazio de existir dualística, inerente, verdadeiramente ou por si só.

*Naropa* (1016-1100). Mahasiddha indiano que transmitiu muitas linhagens tântricas, inclusive as de Heruka e Vajrayogini; discípulo de Tilopa e guru de Marpa e Maitripa.

*negatividades naturais.* Ações negativas outras que não as criadas pela quebra de quaisquer dos três conjuntos de votos: de liberação individual, de bodhisattva ou tântricos.

*nirmanakaya* (sânscrito). Ver três kayas.

*nirvana* (sânscrito). Ver liberação.

*nove fusões.* Executados ao se acordar, dormir e morrer, são os principais métodos para se usar a morte, o estado intermediário e o renascimento ordinários como caminhos para os três kayas. Práticas essenciais da meditação do estágio de completude.

*Nyingma* (tibetano). A mais antiga das quatro tradições do budismo tibetano, cujos ensinamentos remontam a Guru Padmasambhava, poderoso yogue indiano do século VIII.

*Nyingmapa* (tibetano). Seguidor da tradição Nyingma.

*oferenda de talidade.* Oferenda da realização da vacuidade ao guru-divindade.

*oferenda externa.* Oferendas de objetos materiais, reais ou visualizados ao guru-divindade.

*oferenda interior.* Ver oferenda interna.

*oferenda interna.* Substâncias abençoadas de oferenda visualizadas como néctar da sabedoria transcendental e oferecidas ao guru-divindade.

*oferenda secreta.* Oferenda de consortes ao guru-divindade.

*oferendas de mandala.* Oferenda visualizada do universo inteiro ao guru-divindade; uma das preliminares tântricas.

*oferendas de tigelas d'água.* Tigelas cheias d'água, visualizadas como várias oferendas para os sentidos, oferecidas ao guru-divindade; uma das preliminares tântricas.

*ordenação bodhisattva.* Tomada formal dos votos de bodhisattva, um conjunto de compromissos Mahayanas de dedicar a vida a atingir a iluminação para o benefício de todos os seres sencientes.

*orgulho divino.* A firme convicção do yogue ou yoguine de que de fato é a divindade que está visualizando em sua meditação. Essa prática, combinada com a da aparência clara, é cultivada durante o estágio evolutivo.

*Pabongka Rinpoche* (1871-1941). Dje Pabongka; Pabongka Dechen Nyingpo. Influente e poderoso lama Gelugpa, emanação de Heruka Chakrasamvara; principal guru dos tutores Sênior e Júnior de Sua Santidade o 14º Dalai Lama.

*Pagmo Drupa* (1110-70). Discípulo mais importante de Gampopa e um dos lamas da linhagem da Seis Yogas de Naropa.

*pandit* (sânscrito). Grande erudito e filósofo.

*Paramitayana* (sânscrito). Literalmente, Veículo da Perfeição. O veículo do bodhisattva; seção dos ensinamentos do sutra Mahayana; uma das duas formas do Mahayana, sendo a outra o Tantrayana.

*pílulas relíquias.* Pequenas pílulas semelhantes a pérolas que se manifestam espontaneamente de objetos sagrados como estátuas, stupas, relíquias ou corpos cremados de grandes yogues ou yoguines.

*portas inferiores.* As aberturas do ânus, da uretra e da vagina.

*Prasangika-Madhyamaka* (sânscrito). Literalmente, Caminho do Meio Consequencialista. A mais elevada das duas escolas Madhyamakas de doutrinas budistas. Afirma que nada existe por si só, em termos de eu ou quaisquer outros fenômenos, seja absoluta ou convencionalmente. Essa é a visão da ausência de eu sutil adotada pela maioria das tradições budistas tibetanas.

*preliminares tântricas.* Práticas que preparam a mente para meditação tântrica bem-sucedida, removendo empecilhos e acumulando mérito, qualificando assim o yogue ou yoguine a praticar o tantra.

*processo da morte.* Absorção ou dissolução gradual das faculdades físicas e mentais de uma pessoa, que ocorre naturalmente na morte. Essa absorção também ocorre durante a meditação de um yogue ou yoguine que faz que os ares entrem, se estabilizem e sejam absorvidos no canal central. Cada um dos oito estágios da morte é acompanhado por um sinal interno ou visão. As primeiras quatro visões, que acompanham a absorção dos quatro elementos e dos cinco sentidos, são miragem, fumaça, faíscas ou vaga-lumes e chama tremeluzente. As quatro visões seguintes são experienciadas como luz branca, luz vermelha, negritude ou escuridão e clara luz.

*prostrações.* Prestar respeito ao guru-divindade com corpo, fala e mente; uma das preliminares tântricas.

*protetores*. Seres mundanos ou iluminados que protegem o budismo e seus praticantes.

*purificação*. Remoção ou limpeza da mente de Karma negativo e suas marcas.

*quatro alegrias*. Quatro bem-aventuranças. Consciências de bem-aventurança geradas pelo yogue ou yoguine depois de os ares serem absorvidos no canal central e o calor ter sido gerado por meio de meditação da chama interior bem-sucedida, fazendo a kundalini da coroa derreter-se. Ela flui canal central abaixo pelos chakras da garganta, do coração, do umbigo e secreto, culminando na quarta alegria, conhecida como bem-aventurança nascida simultaneamente. As quatro alegrias são experienciadas em ordem reversa quando a kundalini é levada de volta para cima até o chakra da coroa.

*quatro elementos*. Terra, água, fogo e ar; junto com os canais e a kundalini, constituem as seis características distintivas do corpo humano. São os componentes de todos os fenômenos físicos.

*quatro iniciações*. As iniciações do vaso, secreta, da sabedoria e da palavra, que são pré-requisitos para a prática dos estágios evolutivo e de completude do Yoga Tantra Superior. As três últimas são iniciações exclusivas do Yoga Tantra Superior.

*Quatro Nobres Verdades*. Tema do primeiro discurso do Buddha Shakyamuni: sofrimento verdadeiro, causa verdadeira de sofrimento, cessação verdadeira do sofrimento e caminho verdadeiro para a cessação do sofrimento.

*quatro vazios*. Quatro tipos sutis de consciência – as mentes de aparência branca, aumento vermelho, negra próxima ao atingimento e de clara luz – que ocorrem naturalmente na morte, por exemplo, ou como resultado da meditação da chama interior bem-sucedida, quando os ares foram absorvidos no canal central. Essas mentes sutis são usadas pelo yogue ou yoguine para realizar a não dualidade.

*realidade absoluta*. Não dualidade; vacuidade; existência absoluta; natureza absoluta; realidade última; natureza fundamental. O modo como o eu e todos os fenômenos realmente existem – ou seja, como vazios de autoexistência.

*realidade convencional*. Existência convencional; realidade relativa; surgimento dependente; interdependência. O modo como o eu e todos os fenômenos existem em termos convencionais, ou seja, relativa e interdependentemente, como surgimentos dependentes.

*realizações mundanas*. Poderes extraordinários, tais como a capacidade de voar e enxergar a distâncias incríveis, que podem ser desenvolvidos por meio da meditação.

*refúgio*. Confiança sincera no Buddha, no Dharma e na Sangha para orientação no caminho para a iluminação.

*reinos inferiores*. Ver samsara.

*relativo*. Surgimento dependente; interdependência. O modo como o eu e todos os fenômenos existem convencionalmente: eles vêm a existir, surgem, na dependência de: (1) causas e condições, (2) suas partes e (3) mais sutilmente, da mente que os imputa ou rotula.

*renúncia*. Desejo continuamente presente de ficar livre de todos os sofrimentos do samsara, baseado na realização de que a felicidade ordinária é destituída de essência.

*Rinpoche* (tibetano). Literalmente, o precioso. Termo honorífico dado a lamas reencarnados reconhecidos; título respeitoso usado para o guru pessoal ou outros lamas.

*sabedoria da não dualidade*. Realização da não dualidade.

*sadhana* (sânscrito). Literalmente, método de efetivação. Conjunto de meditações e preces passo a passo relacionadas a uma prática de divindade específica.

*sadhu* (sânscrito). Yogue andarilho hindu.

*Sakya* (tibetano). Uma das quatro tradições do budismo tibetano, fundada no século XI por Drokmi Shakya Yeshe (933-1047).

*Sakya Pandita* (1182-1251). Título de Kunga Gyaltsen, mestre da tradição Sakya que difundiu o budismo na Mongólia.

*Sakyapa*. Seguidor da tradição Sakya.

*samadhi* (sânscrito). Literalmente, estabilização mental. Estado de profunda absorção meditativa do yogue ou yoguine que consumou a concentração unidirecionada, que é a capacidade de enfocar um objeto de meditação sem esforço e pelo tempo que desejar.

*samaya* (sânscrito). Promessa de um yogue ou yoguine de manter seus votos e compromissos.

*sambhogakaya* (sânscrito). Ver três kayas.

*samsara* (sânscrito). Existência cíclica. Existem seis reinos samsáricos: os reinos inferiores dos seres dos infernos, fantasmas famintos e animais, e os reinos superiores dos humanos, semideuses e deuses. Samsara refere-se também ao processo contínuo de morte e renascimento dentro desses seis reinos sob o controle do Karma e das delusões. É também os agregados contaminados, o corpo e a mente de um ser senciente.

*Sautrantika* (sânscrito). Os Escrituralistas, uma das duas escolas Hinayanas da doutrina budista. Afirma que a ausência sutil de eu é a vacuidade de um eu autossuficiente e real.

*seis delusões-raízes.* Desejo, raiva, ignorância, orgulho, dúvida e visões erradas.

*seis perfeições de um bodhisattva.* Práticas a serem aperfeiçoadas durante os dez bhumis de um bodhisattva: generosidade, moralidade, paciência, perseverança entusiástica, concentração e sabedoria.

*Seis Rodas Mágicas.* Ver hatha yoga.

*Seis Yogas de Naropa.* Conjunto de práticas tântricas do estágio de completude listadas por Lama Dje Tsongkhapa em *Tendo as três convicções* como meditação da chama interior, yoga do corpo ilusório, yoga da clara luz, transferência de consciência, transferência para outro corpo e yoga do estado intermediário.

*Senhor Buddha.* Ver Buddha Shakyamuni.

*ser senciente.* Qualquer ser dos seis reinos; de acordo com o Mahayana, aquele que ainda não atingiu a iluminação.

*sílaba-semente.* Sílaba; letra. Uma letra sânscrita, como ham ou om, que é visualizada nos chakras durante práticas de meditação como a chama interior.

*surgimento dependente.* Relativo; interdependente. O modo como o eu e todos os fenômenos existem convencionalmente: eles vêm a existir na dependência de: (1) causas e condições, (2) suas partes e (3) mais sutilmente, da mente que os imputa ou rotula.

*sutra* (sânscrito). Os discursos Hinayana e Paramitayana de Buddha; os discursos públicos; um texto escritural e os ensinamentos e práticas que ele contém.

*Sutrayana* (sânscrito). Veículo não tântrico do budismo conforme exposto nos sutras Hinayana e Mahayana.

*Svatantrika-Madhyamaka* (sânscrito). Literalmente, Caminho do Meio Autônomo. Uma das duas escolas de doutrina budista dentro do Mahayana, que afirma que, embora o eu e todos os fenômenos careçam de existência verdadeira, existem por si mesmos convencionalmente.

*tantra* (sânscrito). Ensinamentos secretos do Senhor Buddha; um texto escritural e os ensinamentos e as práticas que ele contém. Ver Tantrayana.

*Tantra da Ação.* Em sânscrito, Kryia Tantra. A primeira das quatro classes do tantra, na qual a bem-aventurança gerada ao se olhar para uma divindade é utilizada no caminho para a iluminação.

*Tantra da Atuação.* Em sânscrito, Charya Tantra. Segunda das quatro classes de tantra, na qual a bem-aventurança experienciada por sorrir e rir com uma divindade é utilizada no caminho para a iluminação.

*tantra-mãe*. Tantras que enfatizam a prática da clara luz, tais como Heruka e Hevajra.

*tantra-pai*. Tantras que enfatizam a prática do corpo ilusório, como o Guhyasamaja.

*Tantrayana* (sânscrito). Vajrayana; Mantrayana; Mantra Secreto; caminho rápido. Ensinamentos secretos do Senhor Buddha, dados por ele no aspecto de Vajradhara; estágios avançados do caminho Mahayana para a iluminação, cuja prática bem-sucedida pode levar à iluminação em uma única vida.

*Terra Pura de Tushita*. Terra Jubilosa. A terra pura dos mil Buddhas, onde o futuro Buddha Maitreya reside atualmente.

*terras puras*. Estados bem-aventurados de existência além do samsara, cada um deles associado com seu próprio Buddha. Um praticante renasce em uma terra pura pela força da meditação e prece e pode continuar a obter realizações do caminho para a iluminação.

*thangkas* (tibetano). Representações pintadas ou aplicadas de divindades, geralmente montadas em uma moldura de brocado colorido.

*Tilopa* (988-1069). Mahasiddha indiano do século X, guru de Naropa; fonte de muitas linhagens de ensinamentos tântricos.

*torma* (tibetano). Bolo ritual (tradicionalmente feito de farinha de cevada tostada, manteiga e açúcar) oferecido aos Buddhas e a outros seres sagrados durante cerimônias religiosas.

*totalidade*. Ver iluminação.

*transferência de consciência*. Método usado por um yogue ou yoguine para transferir sua mente para uma terra pura na hora da morte; uma das Seis Yogas de Naropa.

*transferência para outro corpo*. Método usado por um yogue ou yoguine para transferir sua mente para o corpo de alguém que acaba de morrer e desse modo revivê-lo; uma das Seis Yogas de Naropa.

*três aparências*. Ver três visões.

*três caminhos principais*. Os pontos essenciais do LamRim: renúncia, bodhichitta e vacuidade ou visão correta.

*três kayas* (sânscrito). Os três corpos de um Buddha: dharmakaya (corpo da verdade) é a mente bem-aventurada e onisciente de um Buddha; sambhogakaya (corpo de desfrute) é o corpo de luz sutil de uma divindade, no qual o Buddha aparece para bodhisattvas; e nirmanakaya (corpo de emanação) é a forma em que o Buddha aparece para seres ordinários.

*três mentes venenosas*. Desejo, raiva e ignorância, as três delusões principais das seis delusões-raízes.

*três visões*. Três aparências. A visão branca, a visão vermelha e a visão negra, que são as aparências dos três primeiros dos quatro vazios.

*Trijang Rinpoche* (1901-81). Falecido Tutor Júnior de Sua Santidade o 14º Dalai Lama e guru-raiz de Lama Thubten Yeshe. Era considerado uma emanação de Heruka Chakrasamvara. A reencarnação de Trijang Rinpoche nasceu na Índia em 1983.

*tummo* (tibetano). Ver chama interior.

*unificação*. Iluminação; a união final da clara luz verdadeira e do corpo ilusório puro.

*vacuidade*. Ver não dualidade.

*Vaibashika*. Escola da Grande Exposição, uma das duas principais escolas Hinayanas da doutrina budista. Ver Sautrantika.

*vajra e sino*. Implementos usados durante rituais tântricos: o vajra, segurado na mão direita, simboliza a bem-aventurança; o sino, segurado na esquerda, a não dualidade; juntos, simbolizam a união de bem-aventurança e não dualidade.

*Vajrabhairava*. Ver Yamantaka.

*Vajradhara* (sânscrito). Aspecto tântrico do Buddha Shakyamuni.

*Vajrasattva* (sânscrito). Divindade tântrica masculina usada especialmente para purificação. A meditação sobre Vajrasattva e a recitação de seu mantra são uma das preliminares tântricas.

*Vajravarahi* (sânscrito). Consorte de Heruka Chakrasamvara.

*Vajrayana* (sânscrito). Ver Tantrayana.

*Vajrayogini* (sânscrito). Divindade feminina no Yoga Tantra Superior, pertencente ao ciclo de mandalas de Heruka Chakrasamvara.

*Vasubandhu*. Erudito budista indiano do século V; irmão de Asanga.

*ventos*. Ver ares.

*visão absoluta*. A visão da realidade absoluta.

*visão correta*. Visão da realidade absoluta.

*Yamantaka* (sânscrito). Vajrabhairava. Divindade irada masculina que é o aspecto de Manjushri no Yoga Tantra Superior.

*yoga* (sânscrito). Literalmente, jungir, unir. Disciplina espiritual à qual a pessoa junge-se, une-se, a fim de atingir a iluminação.

*yoga dos sonhos*. Parte da yoga do corpo ilusório, na qual o yogue ou yoguine transforma seu corpo de sonho na divindade e desempenha prática espiritual.

*Yoga Tantra.* Terceira das quatro classes do tantra budista, na qual a bem-aventurança experienciada de se dar as mãos e abraçar é usada no caminho para a iluminação.

*Yoga Tantra Superior.* Em sânscrito, Maha-anuttara Yoga Tantra. A quarta e suprema classe do tantra, consistindo nos estágios evolutivo e de completude, que devem ser efetivados a fim de se atingir a iluminação.

*yogue* (sânscrito). Meditante tântrico masculino consumado.

*yoguine* (sânscrito). Meditante tântrica feminina consumada.

*Zong Rinpoche* (1905-84). Poderoso lama Gelugpa renomado por seu aspecto irado, que possuía conhecimento impecável dos rituais, da arte e da ciência do budismo tibetano.

# BIBLIOGRAFIA

"P" refere-se a *The Tibetan Tripitaka*, edição Peking, Tibetan Tripitaka Research Institute, Tokyo e Kyoto, 1956.

Para obras canônicas, "Toh" refere-se a *A complete catalogue of the Tibetan Buddhist canons* (Sendai: Tohoku Imperial University Press, 1934), um índice para a edição Derge do bKa' 'gyur e bsTan 'gyur. Para as obras de Tsongkhapa, "Toh" refere-se a *A catalogue of the Tohoku University Collection of Tibetan Works on Buddhism* (Sendai: Seminary of Indology/Tohoku University, 1953).

Atisha, *Lâmpada no caminho para a iluminação*, bodhipathapradipa, byang chub lam gyi sgron ma, Toh. 3947; p. 5343, v. 103. Traduções em inglês: Richard Sherburne, *A lamp for the path and commentary* (London: Allen and Unwin, 1983); Gueshe Sonam Rinchen e Ruth Sonam, *Atisha's lamp for the path to enlightenment* (Ithaca: Snow Lion, 1997).

Chandrakirti, *Guia para o caminho do meio*, madhyamakavatara, dbu ma la 'jug pa, Toh. 3861; p. 5262, v. 98. Traduções em inglês: C. W. Huntington Jr., *The emptiness of emptiness* (Honolulu: University of Hawaii Press, 1989); Jeffrey Hopkins, *Compassion in Tibetan Buddhism* (Ithaca: Snow Lion, 1980) [capítulos 1-5]; Gueshe Rabten e Stephen Batchelor, *Echoes of voidness* (London: Wisdom, 1983) [capítulo 6].

Maitreya, *Ornamento da Realização Clara*, abhisamayalamkara, mngon par rtogs pa'i rgyan, Toh. 3786; p. 5184, v. 88. Tradução em inglês: Edward Conze, *Abhisamayalamkara*, Serie Orientale Roma VI (Roma: I.S.M.E.O., 1954).

Maitripa [Advayavajra; Maitripada], *Dez reflexões sobre talidade simples*, tattvadasaka, de kho na nyid bcu pa, Toh. 2236/54; p. 3080, v. 68.

Nagarjuna, *Os cinco estágios*, pancakrama, rim pa lnga pa, Toh. 1802; p. 2667, v. 61.

Pabongka Rinpoche, Dechen Nyingpo, *Coleção de Notas*, gsung thor bu, em Collected Works of Pha-bon-kha-pa Byams-pa-bstam-'dzin-phrin-las--rgya-mtsho (Nova Delhi, 1972).

*A Yoga das Três Purificações*, dpal 'khor lo sdom pa'i dag pa gsum gyi rnal 'byor em bla ma'i rnal 'kyor dang, yi dam khag gi bdag bskyed sogs zhal 'don (Dharamsala: Tibetan Cultural Printing Pr., s.d.), p. 322-332.

Buddha Shakyamuni, *Tantra do Rosário de Diamante*, vajrajnana--samuccaya-tantra, ye shes rdo rje kun las btus pa, Toh. 447; p. 84, v. 3.

*O ornamento essencial*, vajra-hrdayalamkara-tantra, rdo rje snying po rgyan gyi rgyud, Toh. 451; p. 86, v. 3.

*Hevajra Tantra em Duas Seções*, hevajra-tantra-raja, kye'i rdo rje, Toh. 417/8; p. 10, v. 1. Traduções em inglês: David Snellgrove, *The Hevajra tantra* (London: Oxford, 1959); G. W. Farrow e I. Menon, *The concealed essence of the Hevajra tantra* (Nova Delhi: Motilal Banarsidass, 1992).

Shantideva, *Guia para o modo de vida do bodhisattva*, bodhisattvacaryavatara, byang chub sems dpa'i spyod pa la 'jug pa, Toh. 3871; p. 5272, v. 99. Traduções em inglês: Stephen Batchelor, *A guide to the bodhisattva's way of life* (Dharamsala: Library of Tibetan Works and Archives, 1979); Padmakara Translation Group, *The way of the bodhisattva* (Boston: Shambala, 1997); Vesna A. Wallace e B. Alan Wallace, *A guide to the bodhisattva way of life* (Ithaca: Snow Lion, 1997).

Tsongkhapa, *Tendo as três convicções*: um guia para os estágios do caminho profundo das Seis Yogas de Naropa, zab lam na ro'i chos drug gi sgo nas 'khrid pa'i rim pa yid ches gsum ldan, p. 6202, v. 160; Toh. 5317; Collected Works v. 9 (Ta). Tradução em inglês: Glenn H. Mullin, *Tsongkhapa's Six Yogas of Naropa* (Ithaca: Snow Lion, 1996).

*A grande exposição dos estágios do caminho para a iluminação*, lam rim chen mo; skyes bu gsum gyi rnyams su blang ba'i rim pa thams cad tshang bar stong pa'i byang chub lam gyi rim pa, p. 6001, v. 152; Toh. 5392; Collected Works v. 13 (Pa). Traduções em inglês: Alex Wayman, *Calming the mind and discerning the real* (New York: Columbia, 1978) [tradução parcial]; Elizabeth Napper, Dependent-arising and emptiness (Boston: Wisdom, 1989) [excertos].

*Lâmpada iluminando completamente os cinco estágios (de Nagarjuna)*: instruções quintessenciais do rei dos tantras, o Glorioso Guhyasamaja, rgyud kyi rgyal po dpal gsang ba 'dus pa'i man ngag rim pa lnga rab tu gsal ba'i sgron me, p. 6167, v. 158; Toh. 5302; Collected Works v. 7 (Ja).

*A exposição intermediária dos estágios do caminho para a iluminação* lam rim chung ba, p. 6002, v. 152-53; Toh. 5393; Collected Works v. 14 (Pha). Tradução em inglês: Elizabeth Napper, *Dependent-arising and emptiness* (Boston: Wisdom, 1989) [excertos].

*Canções de experiência*: significado conciso dos estágios do caminho para a iluminação, byang chub lam gyi rim pa'i nyams len gyi rnam gzhag mdor bsdus te brjed byang du bya ba; lam rim bsdus don, p. 6061, v. 153; Toh. 5275(59); Collected Works v. 2 (Kha). Traduções em inglês: Sherpa Tulku, Khamlung Tulku, Alexander Berzin e Jonathan Landaw, *Lines of experience* (Dharamsala: Library of Tibetan Works and Archives, 1973); Gueshe Wangyal, *The door of liberation* (Boston: Wisdom, 1995), p. 173-181.

# Sugestões de leitura adicional

CHANG, Garma C. C., Translated. *The hundred thousand of songs of Milarepa.* Boulder: Shambala, 1979. v. 1 e 2.

COZORT, Daniel. *Highest yoga tantra:* an introduction to the esoteric Buddhism of Tibet. Ithaca, NY: Snow Lion, 1986.

GUENTHER, H. V. *The life and teachings of Naropa.* London: Oxford University, 1963.

GYATSO, Tenzin, 14º Dalai Lama. *Opening the eye of new awareness.* Translated by Donald S. Lopez Jr. Boston: Wisdom, 1985.

\_\_\_\_. *The Buddhism of Tibet.* Translated e edited by Jeffrey Hopkins. Ithaca, NY: Snow Lion, 1987.

\_\_\_\_. *The wisdom of bliss & emptiness:* a commentary on the Lama Choepa Guru yoga practice. Translated by Thupten Jinpa. Ithaca, NY: Snow Lion, 1988.

\_\_\_\_. *Kalachakra Tantra:* rite of initiation. Translated e edited by Jeffrey Hopkins. 2. ed. Boston: Wisdom, 1989.

\_\_\_\_; BERZIN; Alexander. *The Gelug/Kagyu Tradition of Mahamudra.* Ithaca, NY: Snow Lion, 1997.

\_\_\_\_. *The world of Tibetan Buddhism:* an overview of its philosophy and practice. Translated, edited, and annotated by por Gueshe Thupten Jinpa. Boston: Wisdom, 1995. (Edição bras.: *O mundo do budismo tibetano*: uma visão geral de sua filosofia e prática. Rio de Janeiro: Nova Fronteira, 2001.)

HOPKINS, Jeffrey. *Meditation on emptiness.* London: Wisdom, 1984.

KONGTRUL, Jamgon. *Creation and completion:* essential points of tantric meditation. Translated, annotated, and introduced by por Sarah Harding. Boston: Wisdom, 1996.

LANDAW, Jonathan; Weber, Andy. *Images of enlightenment*: Tibetan art in practice. Ithaca, NY: Snow Lion, 1993.

RINBOCHAY, Lati; HOPKINS, Jeffrey. *Death, intermediate state, and rebirth in Tibetan Buddhism.* Ithaca, NY: Snow Lion, 1980.

LHALUNGPA, Lobsang. Translated. *The life of Milarepa.* London: Granada, 1979.

MACKENZIE, Vickie. *Reincarnation:* the boy Lama. Boston: Wisdom, 1996.

MULLIN, Glenn H. (Ed.) *Selected Works of the Dalai Lama II:* the tantric yogas of sister Niguma. Ithaca, NY: Snow Lion, 1985.

_____. *The practice of Kalachakra.* Ithaca, NY: Snow Lion, 1991.

_____. (Ed.) *Readings on the Six Yogas of Naropa.* Ithaca, NY: Snow Lion, 1997.

NALANDA Translation Commitee. *The life of Marpa the Translator.* Boulder: Prajna, 1982.

THURMAN, Robert A. F. (Trad. e ed.) *Life and teachings of Tsongkhapa.* Dharamsala: Library of Tibetan Works and Archives, 1982.

TSONG-KA-PA. *Tantra in Tibet:* the great exposition of secret mantra. Jeffrey Jeffrey Hopkins. London: George Allen & Unwin, 1977.

_____. *The Yoga of Tibet:* the great expositon of secret mantra, Parts 2 and 3. Jeffrey Jeffrey Hopkins. London: George Allen & Unwin, 1977.

_____. *The tantric path of purification:* the yoga method of Heruka Vajrasattva. Compiled, edited e annoted by Nicholas Ribush. Boston: Wisdom, 1995.

YESHE, Lama Thubten. *Introduction to tantra:* a vision of totality. Compiled and edited by Jonathan Landaw. Boston: Wisdom, 1987. (Edição bras.: *Introdução ao tantra*: a transformação do desejo. São Paulo: Gaia, 2007.)

_____; RINPOCHE, Thubten Zopa. *Wisdom energy.* Boston: Wisdom, 1982.

# ÍNDICE REMISSIVO

**A**

a curto
    benefícios de se contemplar o, 119-20, 136-7, 142-3
    como principal objeto de concentração, 119, 125, 133-41
    descrição do, 117-8, 135-6
    localização do, 117-8
    meditação samadhi e o, 133
    meditações da chama interior e o, 132-41
    quatro alegrias e o, 156-7
    respiração do vaso e o, 125-9

a tung. Ver a curto

A Yoga das Três Purificações, 89-90

absoluto, 100. Ver também vacuidade; natureza fundamental; não dualidade; ausência de autoexistência
    união de relativo e, 97-102, 176

absorções. Ver ares/ventos: entrada/estabilização/absorção no canal central dos; quatro elementos: absorção/dissolução/desmanchar dos

aḥ, 72, 74

alimento, 10, 13, 17, 106, 171, 174

aṃ, 119

aparência branca. Ver três visões: branca, vermelha e negra

aparência clara, 31, 78, 85-6, 190. Ver também clareza

apego, 29-30, 52, 159-62, 170, 177

ares/ventos
    descrição dos, 92-3
    entrada/estabilização/absorção no canal central dos, 41, 109, 111, 114, 116-7, 122, 124-9, 132-6, 139-42, 145-6, 148, 150, 154-9, 161-4
    meditações da chama interior e, 132-41
    respiração do vaso e, 125-9
    reunindo-se nos chakras, 121-2, 126-8, 133, 136-40, 142

Asanga, 26, 94-5, 190

Atisha, 26, 61, 108, 190

aumento vermelho. Ver três visões: branca, vermelha e negra

ausência de autoexistência, 80, 82, 97-101, 145, 160. Ver também vacuidade; natureza fundamental; não dualidade
    visão de Nagarjuna da, 97-8, 101

autoexistência, 97-101

autoimagem, 29-31, 64-5. Ver também autopiedade

autopiedade, 81, 86-9, 105, 139, 158


# B

bardo. Ver estado intermediário

bem-aventurança. Ver também sabedoria: grande, bem-aventurada nascida simultaneamente
    calor e, 27, 101, 137-8, 140-1, 143-6, 169, 175
    chama interior e, 100-1, 132-46, 149, 151-2, 178-9
    concentração e, 105-6, 117, 128, 142-3, 148
    consorte e, 161-6
    iniciação e, 64-5
    nascida simultaneamente, 41, 100-1, 132-3. 155-62, 168, 171, 191
    ordinária, 101, 144, 147, 176
    quatro alegrias e, 117, 132, 155-60
    unificando não dualidade e, 42-3, 72, 79, 82, 84, 86, 135, 140-3, 145-7, 152-3, 157-60, 162, 169, 175-6
    unificando sabedoria e, 41-3, 64-5, 72, 79, 84, 107, 141, 145-7, 155-60, 164, 168, 175-6

bem-aventurança nascida simultaneamente. Ver bem-aventurança: nascida simultaneamente

bloqueios de energia, 95, 104-6, 125

Bodhgaya, 9, 51, 191

bodhichitta, 40, 43, 60, 62, 80, 83, 105, 191
    como sinônimo de gotas, 93. Ver também gotas; kundalini
    realização de Lama Yeshe de, 10-5

bodhisattva, 9, 12, 32, 61, 83-4, 152, 191

Buddha. Ver Buddha Shakyamuni

Buddha Shakyamuni, 19, 25-9, 40, 45-6, 70-1, 74, 97, 100, 165, 170, 191

Buddhadharma. Ver Dharma

budismo tibetano, 11-2, 49, 56-7, 61
Butön, 72, 191
Buxa Duar, 15, 26

C
caixa de meditação, 173
calor, 42-3, 137-8, 143-4. Ver também chama interior; calor interno
    bem-aventurança e, 101, 137-8, 140-1, 143-6, 169, 175
    ordinário, 118, 143-4
calor interno, 117-8, 120, 122, 137-9, 141-4, 147, 168, 175. Ver também chama interior
    ordinário, 117-8, 143-4
caminhos, 14, 62, 75n.3
canais, 39, 92-4, 106, 110-1, 116, 122, 140-3, 149, 169, 192. Ver também canais secundários; canal central; canal esquerdo; canal direito; canais laterais
    bloqueados, 116, 122, 135
    treinando nos, 114-6
    visualizando os, 105, 109-12, 115, 125
canais laterais, 92, 110-3, 118, 122, 125-7, 136-7, 154
canais secundários, 111-3, 115, 120, 122
canal central
    absorção de ares no. Ver ares: entrada/estabilização/absorção no canal central
    descrição do, 110-1
    localização do, 92, 110-3
    orgasmo e, 146-7
    sílabas e, 117-9, 126, 132-42
canal direito, 110-1, 112n.1, 125, 129, 136, 138-9, 149, 192. Ver também canais laterais
canal esquerdo, 110-1, 112n.1, 125, 129, 136, 138-9, 149, 192. Ver também canais laterais
    chakra da coroa, 108, 115-6, 119-20, 126, 133-41, 144, 148-9
    benefícios de se contemplar o, 120-1
    descrição do, 112
    kundalini no, 93, 117, 138, 146
    localização do, 113
    quatro alegrias e o, 156-7

chakra da garganta, 69, 74, 115-6, 121-2, 133, 137-41, 148-9, 156-7
    benefícios de se contemplar o, 120-1
    descrição do, 111
    localização do, 113
    quatro alegrias e o, 156-7
    sílaba no, 72, 74, 119-20, 135, 138

chakra da joia, 113, 115, 121, 157. Ver também chakra secreto intermediário

chakra da testa, 113, 115, 121, 141, 149

chakra do coração, 72, 74-5, 93-4, 115, 118, 126-7, 135, 137-41, 148-9, 156-7, 160-2
    benefícios de se contemplar o, 120-1
    descrição do, 111-2
    localização do, 113
    perigos de se contemplar o, 114, 116
    prática de consorte e o, 161
    quatro alegrias e o, 156-7

chakra do umbigo, 114-22, 125-8, 133-42, 144, 146, 148-51, 156-7, 175
    benefícios de se contemplar o, 120-1
    descrição do, 111-2
    gotas vermelhas no, 93
    localização do, 112-3
    quatro alegrias e o, 156-7
    respiração do vaso e, 125-9
    sílaba-semente no, 117

chakra secreto da ponta, 113, 115, 156-7, 191

chakra secreto intermediário, 113, 156-7. Ver também chakra da joia

chakra secreto, 114-5, 121, 144, 146-9, 156-7
    bem-aventurança a partir do, 128, 144, 157, 171
    benefícios de se contemplar o, 144, 146
    descrição do, 113-4
    localização do, 113-4
    quatro alegrias e o, 156-7

chakras, 69, 92, 105, 107, 111-22, 125, 132, 136, 140-3, 152, 169, 192. Ver também chakra da testa; chakra da coroa; chakra do coração; chakra da joia; chakra secreto intermediário; chakra do umbigo; chakra secreto; chakra da garganta

chama interior. Ver também calor; calor interno
    bem-aventurança e, 27, 100-1, 132-46, 149, 151-2, 178-9

    meditação sobre a, 107, 151-3, 173-5
    prática diária da, 169, 173-6
    reações negativas da, 43, 143-6, 151
    retiro e, 87, 105, 173-4
    tantra e, 28, 40-3, 175-6
Chandrakirti, 26, 98, 192
Chittamani Tara, 149, 161, 192
Chittamatra, 98, 193
cinco famílias dos Buddhas, 115, 193
cinto de meditação, 109-10
clara luz, 15, 17, 23, 27, 33, 40-1, 74, 120, 160, 169, 176, 193
    da morte, 83, 93, 96, 159
    do sono, 164
    meditação do dharmakaya e, 81-4
    quatro alegrias e, 155-9
    união do corpo ilusório e, 19, 41, 45-6, 66, 72, 93, 109, 114, 132-5, 163-4, 166
clareza, 114, 132-3, 142-3, 145, 151-2, 159, 175. Ver também aparência clara
compaixão, 10-4, 29, 32-3, 40, 75, 86-8, 178
concentração, 28, 40, 64-5, 67, 105, 117, 120, 126-9, 133, 146-51, 154-7, 169, 175
    bem-aventurança e, 105-6, 117, 128, 142-3, 148
    chama interior e, 42, 129, 134-41, 143, 169-70, 173-4, 178-9
    estágio de completude e, 78-9
    nas sílabas, 117-23, 128, 133, 135, 137-8, 140, 144, 156
    nos chakras, 112-22, 125, 133, 144
    quatro alegrias e, 155-60
    respiração do vaso e, 125-9
consciência. Ver também mente
    como criadora da realidade, 80-1
    como nada, 83-4
    como o a curto, 119, 135-8
    corpo e, 88, 123
    de sabedoria, 76, 82
    egocêntrica, 29
    grosseira, 83
    iluminada, 27
    muito sutil, 82-3, 93, 132, 158
    não dualidade e, 158

215

no estado intermediário, 84, 94
sutil, 32, 41, 93, 98

consorte, 85, 162, 163n.2, 193
prática de, 45, 121, 161-6

corpo. Ver também corpo grosseiro; corpo sutil; vento sutil; vento muito sutil; mente muito sutil
características do, 33, 40, 92-5, 127-8
como recurso no tantra, 25, 40
cuidando do, 53, 55-6, 93-5, 106-8, 171
desenvolvimento do, 17, 106-8, 171
hatha yoga e o, 104-8
mente e, 25, 33, 69, 75, 81, 92-6, 106, 110, 123, 147
sacudindo o, 106

corpo da verdade. Ver dharmakaya

corpo de arco-íris, 83-4, 106, 110, 117, 134, 138. Ver também corpo psíquico; corpo sutil; corpo vajra

corpo de deleite. Ver sambhogakaya

corpo de emanação. Ver nirmanakaya

corpo grosseiro, 33, 92-3, 163-4, 193

corpo ilusório, 17-8, 45-6, 74, 83-4, 164-5, 177, 193
união com a clara luz, 19, 40-1, 45-6, 66, 72, 93, 109, 114, 132-5, 163-4, 166

corpo muito sutil, 92-3, 193

corpo oco. Ver meditação do corpo vazio

corpo psíquico, 83-4, 88, 110. Ver também corpo sutil; corpo vajra

corpo sutil, 18-9, 88, 92-6, 193

corpo vajra, 32-3, 92-5, 103-29, 193. Ver também corpo sutil

Corpos do Buddha, 32-3, 204. Ver também três kayas

# D

dakas e dakinis, 52, 76, 93, 110, 134, 150

dakinis, 162-3

Dalai Lama, Sua Santidade o, 12-4, 17, 25, 27-8, 31, 45n.1, 53-5, 144

delusões, 30, 41-3, 87, 96, 143, 190, 203. Ver também mente: negativa, negatividades da depressão, 17, 151

desejo, 52, 72, 87, 96, 124, 159, 170. Ver também apego
    chama interior e, 137, 145-6
    tantra e uso do, 29-31, 40, 171-2, 175
    visão Sutrayana do, 29-30, 40

devoção, 9, 61, 71, 123

Dharma, 10-7, 47, 50, 53-6, 61, 67-8, 71, 74, 75-6, 91, 108, 134, 193

Dharmakaya, 32, 75-6, 78, 82-4, 90, 204. Ver também nirmanakaya; sambhogakaya; três kayas

divindade
    do estágio de completude, 85
    do estágio evolutivo, 78-80
    iniciação e, 27, 64-5
    visualizando a si mesmo como a, 29, 78-9, 84-9, 105, 110, 115, 125, 134, 141, 148, 163
    yoga da, 24, 31, 78, 156

Dje Tsongkhapa. Ver Lama Tsongkhapa

doença do vento. Ver lung

Drilbupa, 25, 85, 194

Dromtönpa, 108, 192

# E

energia bem-aventurada, 28, 74, 84, 106, 108, 110, 120, 123, 128, 135, 138-41, 144, 148-9, 153, 157, 172, 175-6. Ver também gotas; kundalini

energias de ar/vento, 92-4, 109, 114-5, 121-2, 126, 129, 131, 139, 149-50, 154-5. Ver também ares/ventos

energias vitais. Ver ares/ventos

estabilidade, 114

estado de Buddha, 27, 29, 32, 75n.3. Ver também estado de Vajradhara

estado de Vajradhara, 110, 135, 160, 162, 172. Ver também estado de Buddha

estado intermediário, 32-3, 40-1, 45-6, 78-80, 83-4, 94, 163-4, 192

estágio de completude, 10, 12, 15, 17-8, 32-3, 45-6, 67, 89-90, 147, 161, 163n.2, 173, 177
    bem-aventurança no, 33, 114, 155-7, 162
    chama interior no, 33, 41, 79, 89, 96, 132
    corpo e mente, base do, 92

estágio evolutivo e, 30-2, 62, 79-80, 90, 132, 169
não dualidade e, 98
postura de meditação no, 109-10
visualização da divindade no, 85

estágio de geração. Ver estágio evolutivo

estágio evolutivo, 46, 61-2, 78, 80, 85, 169, 172
estágio de completude e, 30-2, 62, 79-80, 90, 132, 169
nível grosseiro do, 79
nível sutil do, 79

exercícios. Ver hatha yoga

existência inerente. Ver autoexistência

# F

fazer a chama interior resplandecer, 136, 137-8

feminino(s), (a), (as)
chakras, 113-4
energia, 84, 94, 112, 120, 139-40, 146, 154, 171
gotas/kundalini, 84, 93, 139-40, 171
lótus/órgão, 113-4
masculino e, 68, 124-5, 139-40, 146, 154

flamejar e gotejar, 136, 138-40

flamejar e gotejar extraordinários, 136, 140-1

# G

Gampopa, 42, 60, 64, 72, 133-4, 141, 194

Gelug, 12, 26, 61-2, 194

Gen Jampa Wangdu, 14-5

Ghantapa. Ver Drilbupa

gota indestrutível, 93, 96, 194

gotas, 17, 33, 40, 115-6, 121, 145, 147, 149, 157, 162n.1, 196. Ver também energia bem-aventurada; kundalini; sexual: energia
vermelhas/femininas e brancas/masculinas, 92-3, 120

grande sabedoria bem-aventurada nascida simultaneamente. Ver sabedoria: grande, bem-aventurada nascida simultaneamente

Gueshe Sopa Rinpoche, 15, 195

Guhyasamaja, 17-8, 27, 49n.1, 51, 85, 101, 163, 195

guru absoluto, 76, 195. Ver também dharmakaya
guru yoga, 61-2, 70-6, 80, 105, 195
Guru Yoga de Lama Tsongkhapa, 76

# H

habilitação. Ver iniciação
haṃ, 80-1, 108, 120, 132, 135, 138-40, 148
hatha yoga, 104-8, 114, 122, 124, 173, 195
Heruka, 31, 84, 86, 101, 105, 110, 163n.2, 196
    iniciação de, 27, 64-6, 73, 89-90
    prática de Lama Yeshe de, 15, 17, 27
    Seis Yogas de Naropa e, 17, 64, 85
    visualizando a si mesmo como, 31, 84, 85-91, 110, 115, 117, 134-41
Hevajra, 25, 64, 85, 165, 196
Hinayana, 52, 132-3, 196
hūṃ
    benefícios de se contemplar o, 119-20
    quatro alegrias e o, 156-7
    recitação do, 148-9, 156
    visualização do, 118-9

# I

iluminação, 11-2, 27-33, 40-5, 48, 52, 56-7, 60n.2, 66, 75-6, 80, 95-6, 109, 132, 158, 162, 168, 171-2, 175, 196
inflamar a chama interior, 136-7
iniciação, 47-8, 64-6, 108, 156, 196
    da palavra, 66, 74-5
    da sabedoria, 66, 74-5
    do vaso, 66, 74-5
    secreta, 66, 74-5
iniciação da palavra, 66
iniciação da sabedoria, 66
iniciação do vaso, 66
iniciação secreta, 66
insatisfação, 28-31, 47-8, 56, 64, 73-6, 119-20, 133-4

*insight* penetrante, 29, 33

interdependência, 68, 97-8. Ver também realidade convencional; realidade relativa; surgimento dependente

**K**

Kagyu, 12, 61-2, 129, 148, 196

Kalachakra Tantra, 94, 121, 149, 196

Karma, 16, 53, 61, 67-8, 71, 100, 172, 178, 194

Khedrub Dje, 51-2, 73

kundalini. Ver também energia bem-aventurada; gotas; sexual: energia
    alimentos e, 106, 171
    branca/masculina, 93, 120, 171
    como divindades, 93
    controlando o fluxo de, 107-8, 117, 146-9, 161-2, 171
    hatha yoga e, 106-8
    localização da, 134-41
    meditações da chama interior e, 41-2, 132-41
    quatro alegrias e, 155-60, 162
    sílabas e, 118-20, 138-9
    vermelha/feminina, 93, 120, 171
    visualizando a si mesmo como gota de, 84

**L**

Lama Chöpa, 14-5, 197

Lama Tenzin Osel Rinpoche, 23, 27-8

Lama Thubten Zopa Rinpoche, 20, 22-3, 27

Lama Tsongkhapa
    a morte de, 50-1
    cinco visões de Khedrup Dje de, 52, 72
    como lama da linhagem, 72-3, 134, 141
    como mahasiddha, 49-52
    como não sectário, 60-1
    debate de Lama Yeshe com, 161-2
    devoção de Lama Yeshe por, 17-8, 165, 170
    instruções de, sobre
        a curto, 117-8
        bem-aventurança nascida simultaneamente, 100-1

benefícios da chama interior, 151, 154-5, 171
canais, 111-2, 127, 142
chakra do umbigo, 111-2, 127, 133, 156
chakras, 111-2, 121
chama interior, 45, 132-3, 143, 151, 156
concentrar-se por tempo demais no chakra do coração, 114, 116
corpo, 92-5
corpo ilusório, 45, 163-6
derreter a kundalini, 156
entrada dos ares no canal central, 118, 154-5
guru yoga, 70-2
hatha yoga, 104-8
iniciação, 64-6
kundalini descontrolada, 146-9
não dualidade, 98-102
natureza absoluta da mente, 97-9
necessidade do estágio evolutivo, 79-80
orgasmo, 107
postura de meditação, 109-10
prática, 168
prática de consorte, 161-3
preliminares, 60-2
quatro alegrias, 157
relativo e absoluto, 100, 176
respiração do vaso, 105, 125-9
respiração em nove rodadas, 124-5
sabedoria nascida simultaneamente
Seis Yogas de Naropa, 60, 85n.1, 163
sílabas-sementes, 117-20
transferência de consciência, 45, 164-5
três kayas, 90
unificar relativo e absoluto, 98-100
vacuidade semelhante ao espaço, 101
Vajrasattva, 68-9
visualização da divindade no estágio de completude, 85
yoga da divindade, 78, 156
yoga dos sonhos, 121, 164-5
mal interpretado, 55, 98
milagres de, 19, 49-50, 154-5
modo de praticar de, 56, 62, 129

qualidades dos ensinamentos de, 18, 46-7, 52, 100-1
vida de, 25-7, 49-51, 56, 62, 80, 169
Lama Yeshe, 9, 12, 19-20, 21-3, 24-8, 31, 45n.1
lamas da linhagem, 21, 23, 46, 60, 67, 72, 74, 85, 105, 110, 123, 141, 197
LamRim, 11, 15, 41-2, 48, 53-4, 60-1, 72, 152, 197
liberação, 31, 43, 61, 64, 66, 171, 197
linhagem, 25-6, 65, 165
Luhipa, 85, 197
lung, 17, 127, 142, 197

# M

Madhyamaka, 15, 158
mahamudra, 19, 132, 197
mahasiddha, 25, 49-52, 53, 66, 72-4, 165, 195
Mahayana, 22, 29, 60, 197
Maitripa, 98, 197
mandala, 48, 52, 64, 79, 85, 162n.1
Mandala do Corpo de Heruka, 89
Manjushri, 26, 50-2, 56, 197
mantra, 68, 162-3
mantra da vacuidade, 80
Marpa, 45-6, 60-1, 70, 72, 79, 98, 109, 121, 134, 141, 165, 170, 198
masculino(s), (a), (as)
    chakras secretos, 11-4
    energia, 84, 94, 112, 139, 144, 154
    feminino e, 68, 124-5, 139-40, 146, 154
    gotas/kundalini, 84, 93, 120, 169
    vajra/órgão, 113-4, 147
meditação, 16-7, 26-8, 31, 42, 48, 51, 55-6, 62, 64-5, 67, 75n.3, 81-90, 95-6, 105, 108, 120, 146-55, 165, 168-9, 173-9. Ver também meditação do corpo vazio; guru yoga; chama interior; respiração em nove rodadas; meditação não conceitual; samadhi; treinamento nos canais; respiração do vaso; Vajrasattva
meditação do corpo vazio, 110, 114-6, 122

mente. Ver também consciência; mente grosseira; mente sutil; mente muito sutil; oitenta mentes conceituais
    características da, 95-6
    como criadora da realidade, 80-1
    conceitual, 42, 78
    corpo e, 25, 33, 69, 75, 81, 92-6, 106, 110, 123, 147
    dualística, 81
    não conceitual, 158
    natureza absoluta da, 22, 97-9
    negativa, 54. Ver também delusões; negatividades
    supersticiosa, 42
    ventos e, 122-3, 149

meditação não conceitual, 49

mente conceitual. Ver mente: conceitual

mente convencional, 68, 100, 158

mente do ego, 76, 79. Ver também autopiedade

mente grosseira, 95-7, 158, 198

mente muito sutil, 95-7

mente sutil, 95-7

método e sabedoria, 163-4

Milarepa, 43, 45-6, 60-1, 70, 72-4, 79, 90-1, 100, 109, 133, 134, 141, 168, 178-9, 198
    Gampopa e, 42, 64, 133

Monastério de Ganden, 50, 198

Monastério de Sera, 14, 26-8, 50, 198

morte, 15, 29-30, 32-3, 51, 78-84, 93, 149, 155, 159, 178, 200
    de Lama Tsongkhapa, 50-2
    de Lama Yeshe, 19-20, 27
    três kayas e a, 80

motivação, 26, 30, 51, 57, 80, 83, 135, 141, 168

# N

nada, 83, 117-9, 135, 198

Nagarjuna, 25, 82, 97-8, 101, 198

Nalanda, 16, 47-8, 73, 165, 198

não dualidade, 41, 72, 81-4, 101-2, 132-5, 139, 147, 150, 172. Ver também

vacuidade; ausência de autoexistência
  como consorte absoluta, 163
  intelectualizar a respeito da, 82-3, 98-101, 140, 142-3, 152-3, 155
  luz azul e, 72, 83, 87, 115, 134
  meditação sobre os três kayas e, 83
  negatividade e, 67-9
  semelhante ao espaço, 81-2, 101
  unificando bem-aventurança e, 42-3, 72, 79, 82, 84, 86, 135, 140-3, 145-7, 152-3, 157-60, 162, 169, 175-6
  vendo a si mesmo como, 82-3
  visão de Nagarjuna da, 97
  visão Prasangika-Madhyamaka da, 82, 98

Naropa, 24-6, 45-8, 53, 70, 72, 90-1, 104, 123, 125, 134, 141, 165, 173, 199
  Tilopa e, 25, 44, 47-8, 65, 73, 108

natureza fundamental, 81, 98, 101-2, 158. Ver também absoluto; vacuidade; não dualidade; ausência de autoexistência

negatividades, 55-6, 75. Ver também delusões; mente: negativa
  purificando, 67-9

negra perto do atingimento. Ver três visões: branca, vermelha e negra

nirmanakaya, 32, 78, 83-5, 90, 204. Ver também dharmakaya; sambhogakaya; três kayas

nirvana, 57, 98, 100, 197

nós, 112, 161

nove fusões, 165, 199

Nyingma, 12, 62, 199

## O

oferenda de mandala, 61-2, 74, 199

oferendas de tigelas de água, 61n.3, 62, 199

oferendas, 49-50, 74, 199

oitenta e quatro Mahasiddhas, 50, 190

oitenta mentes conceituais, 96, 199

oṃ, 70, 74, 119-20, 132, 135, 138-9

orgasmo, 107, 146-7, 151-2, 155, 159

orgulho divino, 22, 31, 78, 83-6, 89, 105, 200

## P

Pabongka Rinpoche, 17, 73, 101, 149, 161-3, 200

Pagmo Drupa, 60, 72, 104, 200

Paramitayana, 52, 132-3, 200

pílulas de relíquia, 51, 200

poder telepático, 50, 133, 149-51

pontos vitais, 122. Ver também chakras

portas inferiores, 126, 136, 200

postura de meditação, 16, 108-10, 134

Prasangika-Madhyamaka, 82, 98, 200

prática de sete ramos, 62, 74

práticas preliminares, 60-76
    comuns, 60-1
    incomuns, 61-3, 67, 187

prazer, 41, 66, 95, 107-8, 116, 134, 140, 143-7, 163, 171-2, 175-6. Ver também desejo
    ordinário, 41, 50, 88, 107, 145-6, 159-60, 171, 175
    tantra e uso do, 40, 64, 101

preces de dedicação, 44, 63, 69, 102, 129, 141, 172

preliminares incomuns, 61-3, 187

preliminares tântricas. Ver práticas preliminares: incomuns

prostrações, 61n.3, 62, 200

punhos vajras, 125, 148

purificando negatividades, 67-9


## Q

quatro alegrias, 104, 109, 115, 132, 146, 155-62, 165-6, 201

quatro bem-aventuranças, 117, 201

quatro elementos, 40, 50, 157, 162, 164, 201
    absorção/dissolução/desmanchar dos, 78-9, 81, 93, 139, 150, 153, 164, 174

quatro iniciações, 64-5, 201

quatro vazios, 93, 201

## R

realidade convencional, 68, 80, 201. Ver também surgimento dependente; interdependência; realidade relativa
    união de realidade absoluta e, 98-100

realidade relativa, 68, 97. Ver também realidade convencional
    união de realidade absoluta e, 98-100

realidade universal, 57, 81, 84, 99, 138-41, 147, 156,160. Ver também vacuidade; natureza fundamental; não dualidade; ausência de autoexistência

realizações, 11, 15, 17, 25-7, 42, 47, 52, 67-9, 72, 74-5, 79-80, 90, 106-7, 116, 120-3, 158, 162-5, 169, 177, 201
    chama interior como fundação de, 41-3, 114, 132-4, 153
    de Lama Yeshe, 10-9

refúgio, 60-1, 80, 105, 202

reinos inferiores, 64, 149, 161, 202

renascimento, 32, 78-80, 94, 152, 161

renúncia, 14-5, 49, 43, 50, 60-3, 79, 90

respiração, 13, 45, 124, 128-9, 143, 154, 170, 174. Ver também respiração em nove rodadas
    durante a hatha yoga, 105

respiração do vaso, 125-9
    contagem da, 129
    hatha yoga e, 104-5, 122
    meditações da chama interior e, 132-41
    reações negativas da, 142

respiração em nove rodadas, 124-5

retiro, 27-8, 49n.1, 53-6, 62, 65, 67, 89, 105, 173-4

roupas
    chama interior e, 144, 174
    de mahasiddha, 72-3
    hatha yoga e, 105
    rupakaya, 32

## S

sabedoria. Ver também vacuidade; não dualidade; ausência de autoexistência
    grande, bem-aventurada nascida simultaneamente, 22, 40-2, 85, 101, 104-5, 109, 132, 143, 154-60, 162, 171-2, 194

método e, 163-4
unificando bem-aventurança e, 41-3, 64-5, 72, 79, 84, 107, 141, 145-7, 155-60, 164, 168, 175-6

sadhana, 80, 89, 162n.1, 202

Sakya, 12, 202

Sakya Pandita, 55, 202

samadhi, 49, 72, 79, 107-8, 133-4, 163, 169, 174, 202
chama interior e, 40-4, 132-41
Sutrayana e, 42
Tantrayana e, 40, 132-3

samaya, 61, 107, 202

sambhogakaya, 32, 78, 83-4, 85, 90, 202. Ver também dharmakaya; nirmanakaya; três kayas

samsara, 43, 54, 57, 98, 100, 202

satisfação, 40-1, 47-8, 65, 91, 134, 136, 19, 155, 157, 163, 171, 175-8

Sautrantika, 98, 202

Seis Yogas de Naropa
diferentes formas de divisão das, 45-6
Lama Yeshe e as, 12, 17-8, 27-8
lamas da linhagem das, 34-7, 61-2, 72, 74, 85, 105, 110, 123, 141, 197
termo tibetano para as, 47

Senhor Buddha. Ver Buddha Shakyamuni

sexual
energia, 84, 107, 146, 171. Ver também gotas; kundalini
órgão, 107, 113
união, 30

Shantideva, 16, 26

shunyata. Ver vacuidade

sílaba-semente. Ver sílabas

sílabas. Ver também āḥ; aṃ; haṃ; hūṃ; oṃ; a curto
como objeto de concentração, 117-23, 128, 133, 135, 137-8, 140, 144, 156
kundalini e, 118-20, 138-9
localização das, 72, 117-20, 132, 138, 156
tamanho das, 117, 120, 137

sistema nervoso sutil, 40-1, 95, 149-50

sonho(s), 32, 80, 90, 98, 121, 132, 150, 164, 177

sono, 32, 121, 147, 164

surgimento dependente, 99, 203. Ver também realidade convencional; interdependência; realidade relativa

sutra. Ver Sutrayana

Sutrayana, 29, 42, 121, 177
    desejo e, 29-30, 40
    visão da vacuidade no, 158-9

Svatantrika-Madhyamaka, 98, 203

## T

Tantra da Ação, 30, 85, 171-2, 203

Tantra da Atuação, 171-2, 203

tantra. Ver Tantrayana

tantra-mãe, 124-5, 173, 204

tantra-pai, 124-5, 173, 204

Tantrayana
    chama interior e, 40-4
    desejo e, 29-30, 40. Ver também desejo; prazer
    perigos do, 145-6
    prática de consorte no, 161-6
    visão da vacuidade no, 159

Tendo as três convicções, 24, 27, 45, 60, 67-8, 70, 97-100, 114, 121, 124, 126n.2, 148, 151, 172
    Resumo de, 187-9
    significado do título, 46-7

terceiro olho, 113

Terra Pura de Tushita, 73, 204

Tilopa, 25, 45-8, 65, 72-3, 108, 125, 134, 141, 204

totalidade, 24, 75-6, 80-1, 97, 100, 132-41, 156-8, 163, 168-72, 196

transferência de consciência, 23, 40-1, 45-6, 163-5, 177, 204

transferência para outro corpo, 23, 40-1, 45, 163-4, 177, 204

três aparências. Ver três visões

três caminhos principais, 14-5, 62, 204

três kayas, 31, 80-4, 98. Ver também corpos do Buddha; dharmakaya; nirmanakaya; sambhogakaya

meditação sobre os, 83, 90
três visões, 164, 174, 205
    branca, vermelha e negra, 81-2, 93, 96n.4, 139, 155, 157
Trijang Rinpoche, 14, 17-8, 45n.1, 53, 73, 89, 118, 205
Trinta e cinco Buddhas da Confissão, 62, 190
Tsongkhapa. Ver Lama Tsongkhapa
tummo, 21, 41, 133, 192. Ver também chama interior

## V

vacuidade, 31, 40-1, 60-4, 74n.2, 75, 80-3, 97-101, 134, 151-3, 155-7, 160-3, 169, 176. Ver também absoluto; natureza fundamental; não dualidade; ausência de autoexistência
    como consorte absoluta, 163
    realização de Lama Yeshe da, 15
    semelhante ao espaço, 81, 101
    visão de Nagarjuna da, 82, 98
    visões do Sutrayana e Tantrayana da, 158-9
Vaibashika, 98, 205
Vajrabhairava. Ver Yamantaka
Vajradhara, 25-7, 40, 72-6, 85, 105, 110, 134-5, 160, 161-6, 172
Vajrasattva, 61-2, 67-9, 71, 85, 89, 105, 205
Vajravarahi, 84-6, 88, 205
Vajrayana. Ver Tantrayana
Vajrayogini, 25-7, 85, 205
Vasubandhu, 94-5, 205
veículo resultante, 29
vento muito sutil, 93, 163. Ver também corpo muito sutil
vento sutil, 93, 96. Ver também corpo sutil
ventos. Ver ares/ventos
visão correta, 14, 40, 43, 101, 205. Ver também vacuidade; não dualidade; ausência de autoexistência
visões, 25, 50, 52, 55n.1, 73, 79, 87, 112, 150-1. Ver também três visões
visualização
    das sílabas, 83, 135, 117-20, 127, 131, 135-6, 143
    de si mesmo como Heruka, 85-9, 110, 115, 125, 136, 148

de Vajrasattva, 68-9, 72, 74, 105
dos canais, 105, 109-15, 122, 125-7, 131, 136, 149
dos chakras, 109, 111-9, 122-3, 125, 141, 149
na chama interior, 132-41, 149
na guru yoga, 70-5, 105

votos de bodhisattva, 61

votos tântricos, 22, 30, 61, 67, 106

votos, 67, 147

## Y

Yamantaka, 27, 85, 205

yoga do estado desperto, 121, 163-4

yoga do estado do sono, 121, 164

yoga dos sonhos, 46, 120, 164

Yoga Tantra Superior, 24, 27-8, 30-2, 64, 78, 85, 121, 156, 172, 206

Yoga Tantra, 172, 206

yogue, 114
    yoguine e, 93, 105, 109-10, 129, 146, 154-8, 161-4, 175-6
    Lama Tsongkhapa como, 49, 52, 141
    Lama Yeshe como, 16-9
    Tilopa como, 45, 47

yoguine, 114. Ver também yogue: yoguine e

## Z

Zong Rinpoche, 18, 206

## FUNDAÇÃO PARA A PRESERVAÇÃO DA TRADIÇÃO MAHAYANA

A Fundação para a Preservação da Tradição Mahayana (FPMT) é uma rede internacional de centros e atividades budistas dedicados à transmissão do budismo Mahayana como uma tradição praticada e vivida. A FPMT foi fundada em 1975 por Lama Thubten Yeshe e hoje está sob a direção espiritual de Lama Thubten Zopa Rinpoche. É composta por centros de ensino do Dharma, monastérios, centros de retiro, editoras, centros de cura, hospices e projetos para a construção de stupas, estátuas e outros objetos sagrados.

Para receber uma lista desses centros e projetos, bem como informações sobre as atividades dessa rede global, por favor solicite uma edição de cortesia da revista Mandala para:

FPMT International Office

PO Box 888, Taos, NM 87571 USA

Tel.: 505-758-7766

www.fpmt.org

## LAMA YESHE WISDOM ARCHIVE

Lama Yeshe Wisdom Archive (LYWA) são as obras reunidas de Lama Thubten Yeshe e Lama Thubten Zopa Rinpoche. O LYWA foi fundado em 1996 por Lama Zopa Rinpoche, seu diretor espiritual, para disponibilizar de várias formas os ensinamentos ali contidos. Atualmente, o LYWA conta com cerca de cinco mil fitas cassete e aproximadamente quarenta mil páginas de ensinamentos transcritos para computador.

Ensinamentos editados de Lama Yeshe e Lama Zopa foram publicados pela Wisdom Publications como livros e transcrições e como livretos para distribuição gratuita pelo Archive. Outros podem ser vistos no *website* da FPMT: www.fpmt.org. Para livretos grátis, por favor contate:

The Lama Yeshe Wisdom Archive

PO Box 356, Weston, MA 02493 USA

Tel.: 781-259-4466

www.lamayeshe.com

Impressão e Acabamento
*Bartira*
Gráfica
(011) 4393-2911